全国“八五”普法
领导干部民法典推荐教材

领导干部民法典十讲

第二版

刘　锐 / 著

中国法制出版社
CHINA LEGAL PUBLISHING HOUSE

做实施民法典的表率

（再版代序）

习近平总书记指出，民法典的实施水平和效果，是衡量各级党和国家机关履行为人民服务宗旨的重要尺度。实施好民法典，需要领导干部带头学好民法、用好民法，切实推动民法典配套制度建设和普法。

领导干部应当学点民法。一说民法，很多人本能地以为那是老百姓的法，无论是物权、合同，还是婚姻、家庭、继承，都是老百姓自己的事，与领导干部没有关系或者关系不大。其实，领导干部“全心全意为人民服务”不仅要有为民服务的初心，还需掌握为民服务的本领，“好心办坏事”的现象在现实中并不少见。习近平总书记 2020 年 5 月 29 日在十九届中央政治局第二十次集体学习时的讲话中就实施好民法典的重大意义，特别强调了三个“要讲清楚”，即要讲清楚，实施好民法典是坚持以人民为中心、保障人民权益实现和发展的必然要求；要讲清楚，实施好民法典是发展社会主义市场经济、巩固社会主义基本经济制度的必然要求；要讲清楚，实施好民法典是提高我们党治国理政水平的必然要求。首先，以人民为中心，要求实现好、维护好、发展好人民的根本利益，而人民的根本利益主要体现在人民的民事权利中。不了解权利，就无法精准把握老百姓的根本利益所在，为人民服务，实现好、维护好、发展好人民的根本利益就可能成为一句空话；不了解权利，就很难做到尊重权利、不侵犯权利，也就很难指望严格依法行政、依法办事。其次，市场经济是交换经济，交换需要适格的交换主体、清晰的可交换权利、有效的交换工具和妥当的责任机制，而这些都是由民法建构起来的，民法典是市场经济的基本法。民法以平等、自愿、公平、诚信等为基本价值指引，以“慈母般的眼神”鼓励意思自治、自由创造和全面发展，又不忘秩序、安全维护和弱者保护，通过主体制度、权利制度、行为制度和责任制度的构建为市场经济运行提供基本遵循。民法典在以往民事规范的基础上，进一步优化了民事主体分类，丰富了民事权利种类，完善了民事交易规则，平衡了民事责任和行为自由，为社会主义市场经济体制的健全提供了良法支撑。最后，治国理政，法治是基本方式，而法治的核心使命是规范约束公权力、保护私权利。这就需要妥当处理权力与权利的关系。权力与权利的关系，既敏感又复杂，权力不是一定要关进笼子的“猛兽”，否则它怎么保护权利。权利是权力的边界，但权力和权利并非总是界限泾渭分明、老死不相往来，权利的实现还需要权力辅助，典型的如不动产产权过户登记。何况为了公共利益的需要，权力还要对权利进行限制。因此，真正的问题不是公权力能不能限制私权利，而是公权力对私权利的限制本身也是有限度的。学点民法，有利于领导干部更好地认识权力的边界、规范权力的运行、把握权力限制权利的度，从而提高治国理政的水平。

领导干部应当用好民法。学法的目的是用法，法治本领的提高需要在法治实践中不断磨炼。学习民法，目的是更正确地、更好地为人民服务。比如，全国正在推进的老旧小区加装电梯这件事，有的领导说加装电梯是小区老百姓的私事，除非整栋楼或整个小区的业主一致同意，只要有一户不同意就不组织安装；而有的领导在绝大多数业主同意之后，不管不顾个别业主的反对和利益诉求，就强行推动安装。老旧小区加装电梯，是业主的私事，毕竟除了少数产权公有或者土地划拨的老旧小区之外，绝大多数小区的业主对土地享有建设用地使用权、对房屋享有所有权，整个小区就是私的领域，装不装电梯，当然应由小区业主说了算。可是，加装电梯这种事情完全交由业主自治是否可行呢？很多小区还没有成立业主大会和业主委员会，加装电梯又往往涉及业主个人、本楼业主、小区所有业主的复杂利益平衡和损害赔偿补偿，等到本楼所有业主一致同意再组织安装是否正当？在没有有效平衡各种利益关系，没有公正合理地解决矛盾纠纷之前就强行推动，是否妥当？从上海、杭州等地出台的老旧小区加装电梯管理办法来看，政府部门、乡镇街道及居委会等基层组织，不仅要有所为，比如出台政策、统筹规划、指导协调、化解矛盾，而且要正确地“为”，要贯彻民法典尊重私权、保障私权的基本精神，严守民法典物权编住宅小区业主共同决策的不同门槛底线，要充分尊重业主的权利和自治主体地位，当然也要对个别无理取闹、漫天要价的业主进行必要的说服教育甚至依法采取必要措施。也就是说，要综合运用自治、法治和德治方法，推进老旧小区加装电梯工作。领导干部学习民法，不仅要学会运用民法正确处理权力与权利的关系、政府与市场的关系，更要树立平等、自由、公平、诚信等基本法治精神，养成平等思维、权利思维、契约思维等民法思维。

领导干部应当切实推动民法典实施。一是推动民法典配套制度建设。我们的民法典虽然有1260条，但依然不能满足纷繁复杂且不断变化的实践需要，民法典的配套制度建设任务相当繁重。两年来，一批司法解释出台、个人信息保护法颁行，但农村集体经济组织法、不动产登记法、数据和虚拟财产保护的法律、住宅建设用地期限届满自动续期缴费制度等的制定尚未完成，集体经济组织成员身份的认定、居住权和土地经营权登记、数据和虚拟财产的保护等还没有成熟的制度支撑，不动产征收征用的法律还不完善，宅基地“三权分置”改革尚未入法，房地产抵押制度的修改还没有完成，等等，都影响民法典的实施效果和人民对民法典实施的满意度。领导干部尤其是高级领导干部一定要下决心着力推动民法典配套制度建设，发挥高位制度的引领规范作用。二是推动民法典普法工作。领导干部不仅要带头尊法、学法、用法，还要加大民法典普法的力度，提高民法典普法的成效。民法典诞生的第二天，中央政治局就围绕“切实实施民法典”举行集体学习，习近平总书记在讲话中指出，“要广泛开展民法典普法工作，将其作为‘十四五’时期普法工作的重点来抓”[①]。“广泛开展民法典普法工作”是对普法对象广度的要求，民法典的普及不能局限于某一个或某几个重点群体。“将其作为‘十四五’时期普法工作的重点来抓”是对民法典普法工作长期性和重要性的强调，民法典的普及不可能通过一两场报告、讲座即可完成，青少年的民法教育更是一个百年

---

① 习近平：《充分认识颁布实施民法典重大意义 依法更好保障人民合法权益》，载《求是》2020年第12期。

树人的漫长过程。民法典的普法，需要科学规划，要早日推动民法典的精神和基本制度进入中小学教材和课堂，要尽快提高领导干部的民法素养，要为老年人、小微企业等弱势市场主体提供及时有效的法律帮助。实施好民法典，需要持续发力、久久为功。

本书第一版出版以来，受到了市场的欢迎，也收到了不少领导干部和读者提出的中肯、宝贵修改意见。其实，民法典颁布两年来，我为领导干部至少讲了百余场民法典，从党政机关到企业高校，从中央到地方，从省部级领导到居委会干部，每一次都在进步，但每一次总感觉还没有完全讲到点子上。我常常在想，给领导干部讲民法究竟该讲些什么？记得有一次一个省政府请我为政府主要领导讲民法典，去了之后才得知他们已经请大学教授讲过一次，但领导觉得还不解渴，让我重点围绕民法典和法治政府建设的关系再讲讲。是啊，民法典内容那么多，领导干部尤其是高级领导干部不可能抽出太多的时间学习民法典，在有限的时间里给领导干部讲民法典，关键在于讲对路，让领导干部树立民法思维和民法精神。两年来，我的民法典讲题换了又换，从“民法典解读”“民法典若干重大问题”“民法典与依法行政”……到今天基本定格在“活学活用民法典”，所反映的是我对领导干部民法典普法的认识深化过程，当然也是今天修订本书的主要认识来源和一点底气。领导干部应当学点民法，但这只是第一步，可能更为重要的是如何学习民法典。面对“千条万语”的民法典及其配套制度，如果解决不好如何学的问题，实际上也影响领导干部学习的动力和热情。

本书基于领导干部为什么要学习民法典、如何学习民法典、学习哪些主要内容，以及如何推动民法典实施四个板块，安排十讲内容。即第一讲领导干部应当学点民法和第二讲活学活用民法典分别讲解“为什么学民法”和“怎么学民法”的问题，第三讲至第八讲依次围绕民法典中的主体、权利、行为、责任和时间制度进行介绍。第九讲加快推动配套制度建设和第十讲民法典普法如何“普”为推动民法典实施板块。

本书的出版得到了中国法制出版社戴蕊和程思女士的大力支持，在此表示衷心感谢！此外，在中央电视台《法律讲堂》栏目录制民法典系列节目《走进民法典》过程中，总编导李燕佳对讲稿完善提出了不少宝贵修改建议，本次修改吸收了讲稿不少内容，在此特别感谢燕佳女士！由于本书作者对博大精深的民法及民法典的理解还不够深刻全面，对领导干部的民法需求的把握也不是很到位，不当甚至错误在所难免，恳请广大读者不吝赐教！

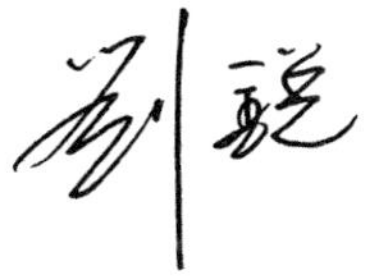

民法典诞生两周年之际于北京

目 录

第一讲　领导干部应当学点民法

金句名言

民法典在中国特色社会主义法律体系中具有重要地位，是一部固根本、稳预期、利长远的基础性法律。

——习近平

法典是人民自由的圣经。

——［德］马克思[①]

在民法慈母般的眼神中，每个人就是整个国家。

——［法］孟德斯鸠

不是公法而是私法才是各民族政治教育的真正学校。

——［德］耶林

法治的历史也充分说明，没有民法和民法传统的社会，要实行法治是极其困难的，甚至是不可能的。[②]

——张文显

① 本书“金句名言”部分涉外国人署名的，均用人名简称。
② 张文显：《中国步入法治社会的必由之路》，载《中国社会科学》1989年第2期。

要点提示

- 民法所表达的是商品生产与交换的一般条件，包括社会分工与所有权、身份平等、契约自由。民法规范、调整社会普通成员之间的人身关系、财产关系，是社会生产、生活的基本准则，被誉为百姓权利的宣言书、社会生活的百科全书。
- 民法视野中的人，是个理性的人、谦卑的人、善良的人。民法以平等为基石，以自治为手段，以公平为尺度，以诚信为纽带，以社会公德、公序良俗为底线，相信每个人是理性的人、是自己利益的最佳判断者。
- 权力和权利存在以下三种关系：一是权利需要权力的保护和救济。二是权利的实现需要权力的辅助。三是权利是权力的边界，权力对权利进行限制是不可避免的，关键在于把握好限制的度。
- 中国的古代文献中，“法”与“刑”通用，中国几千年的法制史主要是刑法史，而民法却始终欠发达。推进全面依法治国，我们在民法传统、民法文化方面的确有所缺乏，这一课必须补上，而且应当从作为“关键少数”的领导干部开始。

思考问题

如何处理自治、法治与德治的关系

——从老旧小区加装电梯说起

近十多年来，各地陆续开展了老旧社区加装电梯工作。在这项事关百姓重大利益的工作推进过程中，有的要求本单元或本楼或本小区的所有业主一致同意，结果就因为一两户不同意装不了电梯，一些七八十岁的老人还不得不爬上爬下。有的要求按照原物权法规定经过两个三分之二的多数通过即可（具体内容后文介绍），只要表决通过了，即使有人反对，也强行安装，结果造成了不少矛盾纠纷和上访缠访。其实，有的业主之所以不同意加装电梯，根本原因在于认为加装电梯过程中增加的利益没有得到公平分配，对造成的损害没有得到公正弥补。老旧小区加装电梯，到底谁说了算？因加装电梯带来的利益或造成的损害如何处理？老旧小区加装电梯，究竟如何推进？我们先看一些地方的规定。

2019年，上海市住建委、房管局等10部门联合印发《关于进一步做好本市既有多层住宅加装电梯的若干意见》，规定征求所在楼幢全体业主意见，经所在楼幢专有部分占建筑物总面积三分之二以上的业主且占总人数三分之二以上的业主同意。加装电梯拟占用小区业主共有部分的，应当征求建筑区划内全体业主意见，经建筑区划内专有部分占建筑物总面积过半数的业主且占总人数过半的业主同意。加装电梯拟占用业主专有部分的，应当征得专有部分权利人的同意。业主之间通过协商等方式解决加装电梯中的利益平衡等事宜。2020年12月31日，上海市住房和城乡建设管理委员会又印发《关于调整本市既有多层住宅加装电梯业主表决比例的通知》，规定从2021年1月1日起，本市既有多层住宅加装电梯的业主表决比例依照《民法典》第二百七十八条的规定执行，即申请人应当就加装电梯的意向和具体方案等问题进行充分协商，并征求所在楼幢全体业主意见，由专有部分面积占比三分之二以上的业主且人数占比三分之二以上的业主参与表决，经参与表决专有部分面积四分之三以上的业主且参与表决人数四分之三以上的业主同意。加装电梯拟占用小区业主共有部分的，应当征求建筑区划内全体业主意见，由专有部分面积占比三分之二以上的业主且人数占比三分之二以上的业主参与表决，经参与表决专有部分面积过半数的业主且参与表决人数过半数的业主同意。

2021年1月4日，杭州市政府公布了《老旧小区住宅加装电梯管理办法》，规定老旧小区住宅需要加装电梯的，申请人应当征求所在单元全体业主意见，经本单元建筑物专有部分面积占比三分之二以上的业主且人数占比三分之二以上的业主参与表决，并经参与表决专有部分面积四分之三以上的业主且参与表决人数四分之三以上的业主同意后，签订加装电梯项目协议书。拟占用业主专有部分的，还应当征得该专有部分的业主同意。商品房性质的老旧小区住宅加装电梯，需要占用小区范围内业主共有的道路、绿地等公共场所的，应当按照民法典关于业主共同决定事项的规定执行。因加装电梯直接受到影响的利害关系人有实名制书面反对意见的，由相关当事人协商解决加装电梯过程中的利益平衡、权益受损等事宜，也可以委托业主委员会、人民调解组织和其他社会组织等进行协调。

思考问题：上海和杭州的规定是如何体现自治、法治和德治的？

主要内容

德国法学家耶林曾言："不是公法而是私法才是各民族政治教育的真正学校。"[①]我国有学者认为："宪法是万法之父，民法是万法之母。欲明宪法，先知民法。"[②]

之所以特别强调领导干部要学点民法，是因为学习民法，有利于领导干部"修身、齐家、治国、平天下"。"修身、齐家、治国、平天下"，不仅意味着四个方面内容，也突出强调彼此之间的关系。"古之欲明明德于天下者，先治其国；欲治其国者，先齐其家；欲齐其家者，先修其身；欲修其身者，先正其心；……心正而后身修，身修而后家齐，家齐而后国治，国治而后天下平。"

一、学习民法典有利于"修身"

民法以平等、自愿、公平、诚信等为基本原则，平等、自由、公正、诚信也是社会主义核心价值观的主要内容。

民法视野中的人，是个理性的人、谦卑的人、善良的人。民法以平等为基石，以自治为手段，以公平为尺度，以诚信为纽带，以社会公德、公序良俗为底线，相信每个人是理性的人、是自己利益的最佳判断者，为权力划界以求个体张扬个性、自我实现的空间，定权利明归属以求定分止争、各得其所，尊重个体利益但又不以牺牲公共利益为代价，构筑起了庞大的权利之网，从而为个人自由发展、家庭幸福美满、社会有序运转奠定基本准则。具体而言，民法规范、调整社会普通成员之间的人身关系、财产关系。在市场经济社会，市场交换的基本原则、主体、对象、行为、参与交换造成的不当后果等都由民法规定。在民法的世界里，每个人不仅是平等的人、自主的人，还是一个自己负责、自我担当的人。民法对强者、弱者一视同仁、一体保护，但容不下恃强凌弱、欺诈胁迫、乘人之危。民法所张扬的为人之道就是"诚实生活、不害他人、各得其所"。对于领导干部而言，学习民法有利于"正其心"，无疑具有"修身"的

---

① ［德］耶林：《为权利而斗争》，中国法制出版社2000年版，第37页。

② 郝铁川：《宪法是万法之父，民法是万法之母》，载《法治日报》2018年11月7日。

重要价值。

实践中，有的领导干部惯于长官意志，动辄改变规则、“运动式”执法、“一刀切”执法，不能最大限度尊重市场主体的理性，不能平等对待各类市场主体，不能充分尊重市场主体的权利，不善于运用合同安排事务……凡此种种，深层次的原因还是平等、自由、公平、诚信的民法精神没有入脑入心，平等思维、权利思维、契约思维等民法思维还没有养成。学好用好民法典的关键在于树立民法思维，正如奥地利哲学家维特根斯坦所言：“一旦新的思维方式得以确立，旧的问题就会消失；实际上人们很难再意识到这些旧问题……”

（一）平等思维

平等是民法的基石，民法调整的人身关系和财产关系是平等主体之间的关系。在民法的视野中，各类主体的法律地位平等，自然人的权利能力一律平等，各类物权平等受法律保护，婚姻关系中男女平等，继承权男女平等……可以说，民法处处洋溢着平等的精神。

平等也是市场交换的前提，“无平等无交换”。平等思维要求在资源配置，以及立法、执法、司法等活动中做到内资外资、国企民企一视同仁，公私产权同等保护，反对行业垄断、部门割据、地方保护，反对各种形式的歧视。当然，民法强调平等，但也重视对未成年人、老年人、妇女、消费者及小微企业等特殊群体的保护。当市场主体的实力和谈判能力严重失衡时，民法不会坐视不管，强制缔约、强制性规定的设定，反对“霸王条款”，就是为了矫正事实上的过于不平等可能造成严重不公平的后果。

（二）权利思维

法律是权利义务的规范系统，权利和义务是法律的最小构成单位。对于法律现象，若从权利义务的角度去衡量、判断就会清晰得多、轻松得多。民法是权利法，虽也强调义务，但更突出权利，以权利为本。因此，典型的民法思维是权利思维。

权利思维首先要求认真对待权利。市场经济是权利经济，作为公权力的行使者，权利思维首先要求领导干部认真对待权利，既要认真对待政府的权利，也要重视市场主体的权利。政府等公权力机构不总是以公权力的行使者身份出现，在市场经济舞台上，政府是最大的买家，诚信的政府是诚信社会的基础，领导干部既要重视权利实现，防止国有资产流失，也要重视义务履行，避免不履行或不完全履行合同的市场失信行为。此外，作为权力执掌者的领导干部，不仅要知晓自己手中的公权力，更要明白市场主体享有的私权利，只有如此，方可“知己知彼，百战不殆”。实践中很多社会矛盾的产生、激化，都与对老百姓、企业的权利重视、尊重不够有关。领导干部一定要认识到：相对于公权力，私权利更具有本源性；无财产即无人格；无恒产便无恒心；无救济就无权利。正如美国哲学家罗纳德·德沃金所言：如果政府不认真地对待权利，那么它也不能够认真地对待法律。

权利思维还要求规则的制定、执行及矛盾纠纷的解决要注重权利、利益的平衡。规则的制定需要平衡好私人利益与公共利益以及不同利益主体的利益，因此需要多元主体的广泛参与。规则运用到实践的过程，往往也不是简单地套用规则设定的“公式”，很多时候需要对规则进行具体化作业，执法自由裁量所强调的不是“自由”，而是不同利益的艰难取舍与权衡。矛盾纠纷的解决，包括历史遗留问题的处理，关键还是梳理清楚权利的流变过程及争议各方利益的大小，在各自权利所蕴含的利益的限度内适当调整、谋求解决。调解需要各方让步妥协，但让步妥协的前提是各自权利义务的明确或大致明确，而且让步妥协也是有限度的，即让“三分”，而不是让“六分”“七分”。

（三）契约思维

契约是当事人为自己立的法。企业是各种生产要素所有者之间以及他们和顾客之间的一系列契约的集合。市场是契约的总和，任何形式的交换，必须借助于契约这一形式方可实现。契约连接了企业，构成了市场，影响了社会，培育了平等、自由、独立、诚信的品格和环境，我们没有理由不尊重契约。尊重契约，就要相信市场主体的理性，相信市场的力量，相信社会的自治能力。

契约不仅是市场交换的工具，也是社会治理、政府治理的有效手段。契约不仅存在于私法领域，也存在于公法领域。善用契约，就是要善于运用平等协商的契约方法，通过当事人自主参与，事先理性、周密地安排各种事务，并对自己参与的后果负责。善用契约，不仅仅是简单地借用契约这一形式，而是要用契约精神深化改革、推进创新。要尊重市场主体的理性，更要尊重其正当的利益。善用契约，也要避免滥用契约的问题。

二、学习民法典有利于“齐家”

民法典是“民”的法，当然包括“齐家”的内容。民法典的婚姻家庭编和继承编是主要的“家法”，总则编关于监护、代理等的规定，也是“家法”的内容。《民法典》第一千零四十三条更是规定：“家庭应当树立优良家风，弘扬家庭美德，重视家庭文明建设。夫妻应当互相忠实，互相尊重，互相关爱；家庭成员应当敬老爱幼，互相帮助，维护平等、和睦、文明的婚姻家庭关系。”虽然这样的规定属于倡导的内容，不能作为诉讼的依据，但作为领导干部，更应当带头守法、维护法律规定的权威。

民法典全面规定了结婚，夫妻关系、父母子女关系等亲属关系，夫妻财产关系，离婚、收养等家庭关系，以及财产继承等与家庭非常密切的财产关系。民法典的这些规定，是包括领导干部在内的自然人在家务事处理方面的根本遵循。虽然家庭是情理法交融交织之地，并非只有且只需冷冰冰的法律规则，并不需要类似开车上路那样时时按照“红绿灯”指示行为，但男女平等、一夫一妻、婚姻自由、夫妻平等、家庭成员平等、善待老幼妇女、继承权男女平等、照顾弱者等基本原则准则要坚守。同时，在夫妻之间、家庭成员之间发生矛盾纠纷时，民法典规定的基本制度很可能就是化解矛盾的准绳，甚至底线。

我们常说“清官难断家务事”，家务事真有那么难处理吗？法国政治家莫鲁瓦曾说，没有冲突的婚姻，几乎同没有危机的国家一样难以想象。在我们的生活中，对于如何处理夫妻关系，有人说：“在婚姻里讲理，开口你就输了！”“夫妻之间最愚蠢的行为，就是讲道理。”也有人说：“好的婚姻，从来都是讲理的！”还有人说：“夫妻之间最好别‘太讲理’，否则婚姻容易走进‘死胡同’。”家务事涉及婚姻、家庭、继承等复杂关系，是传统与现代错综交织甚至激烈碰撞的领域，需要感情、道德滋养，也需要理性、法律维护，还需要良好家风养成。如何妥当处理，既需要把握法律划定的底线，也需要讲情讲理，否则就会陷入“公说公有理、婆说婆有理”的怪圈。有这样一个案例，张某与王某是夫妻，张某的父亲得了重大疾病需要巨额医疗费用。张某想卖掉家里的另一套房子为父亲治病，可妻子王某死活不同意。张某该如何是好？我们不少人碰到这样的问题，往往要么听爱人的，放弃治疗；要么即使闹到离婚也要卖房为老人治病。其实，不管是哪一种做法，都没有按照夫妻平等原则妥当处理这种关系。按照民法典，张某的父亲是王某的公公，王某对其公公无法定赡养义务，王某的公公也不是王某的家庭成员，因此，王某不同意支付巨额医疗费用从法律上讲也无可厚非。而张某却不同，他对父亲有法定赡养义务，他虽然无权用夫妻共有的财产为父亲治病，但有权用共有财产中属于自己的部分尽孝。作为妻子，王某虽然有权反对丈夫动用夫妻共同财产，但却无权干涉丈夫用属于自己的部分财产为老父亲尽孝。正是基于这一原因，民法典规定，在这种情况下夫妻一方可以向人民法院请求分割共同财产。这就意味着，张某可以通过请求分割夫妻共同财产的方式，在最大限度地尊重妻子意愿的基础上，实现自己赡养老人的愿望，同时保持了家庭的稳定。而在夫妻财产分割之后，如果妻子能够从道义出发，适当承担一点老人的治疗费用，那将更加有利于家庭关系的和谐健康。当然，如果大家知道民法典的这一规定，自觉按照民法典处理不是更好，何必闹到法院分割财产？

民法典婚姻、家庭及继承等的规定，是这个时代中国人处理家务事的基本共识、最大公约数。不同地域、不同习惯，甚至不同民族的男女组建家庭，发生一点矛盾纠纷很正常。但如果能够多学点民法，彼此之间就会多一些共识、多一些共同遵循，从而有利于预防矛盾、减少矛盾，至少在矛盾发生后也有利于化解矛盾。

三、学习民法典有利于“治国平天下”

（一）有利于正确处理民事或民事相关事务

法有公法、私法之分，宪法、行政法、刑法、诉讼法等属于公法，民法是典型的私法。公法直接规范调整公权力，公权力的赋予、行使离不开公法，而民法调整平等主体的自然人、法人和非法人组织之间的人身关系和财产关系。提到学法，大多数领导干部首先想到的是宪法，其次是作为行政执法直接依据的行政处罚法、行政许可法、行政强制法等，最后可能是其岗位需要的某个领域的管理性法律，如城市规划法、土地管理法、税收征管法、道路交通安全法等。所以很多领导干部本能地以为依法执政、依法行政之“法”是公法，领导干部没有必要学习民法。其实，这是一个重大误解。地方政府的很多法律事务直接或间接地与民法相关，例如悬赏缉凶、土地出让、政府采购、国企改制、财产征收征用、土地确权、劳动人事争议处理，等等。如果领导干部不知道《民法典》第四百九十九条关于悬赏广告的规定采纳的是单方行为说，即只要行为人完成了悬赏人公开声明的特定行为即有权获得报酬，而不管此前是不是知道悬赏广告的存在，就可能在兑现悬赏报酬时引发纠纷。又如，实践中有很多因为领导人的更替而撕毁合同或者不认真履行合同的情况，对此，《民法典》第五百三十二条专门规定，合同生效后，当事人不得因姓名、名称的变更或者法定代表人、负责人、承办人的变动而不履行合同义务。实践中，大量地方政府债务的形成与不理性举债、违法违规担保不无关系。另外，从国家和地方的立法和制度改革来看，相当部分涉及民事权利或利益调整，不了解民法，何以做到权利或利益的平衡？至于司法机关的领导干部，尤其是负责民商事案件的领导干部，更是离不开对民法的学习。

（二）有利于妥当处理公权和私权关系

我们常说要将权力关进制度的笼子里，要明确权力的界限或边界，该为的大胆为，不该为的不越雷池一步，可问题是，权力果真存在清晰的边界吗？或者说权力之间、权力和权利之间真的存在“楚河汉界”吗？国与国之间往往存在领土主权冲突，民与民之间也难免出现地块边界纠纷，何况无形的权力和权利之间。我们希望在权力与权利之间划出一条明确的界限，可这条界限并不能轻易找到。我们为了规范约束公权力，推行“权力清单”“责任清单”和“负面清单”的三张清单建设，但这种努力只能使一些领域的权力边界明晰或相对明晰，不可能划清所有的权力边界。权利和权力是此消彼长的关系，法谚“行政权力退出的空间有多大，民事权利伸展的空间就有多大”讲的就是这个道理。兵家常言“知己知彼，百战不殆”，对于执掌权力的领导干部来说，只知道公法，只知道手中的公权力，不知道民法，不懂得老百姓的民事权利，是无法真正做到依法执政、依法行政的。何况民法典也规定了不少行政职责，例如：民政部门对监护人有争议时的指定监护人、充当临时监护人职责，以及监护人在紧急状态下无法履行监护职责时对被监护人予以临时照料的职责。实践中已经出现了由民政部门担任监护人的案例。其实，民法典对权利的规定，不仅是在为老百姓之间划清行为自由的界限，也是在为公权力的行使者指示行权履责的边界。认真对待权利，不仅是依法行政的要求，也是对依法立法、依法决策和依法办案的要求。权利需要权力维护、保障，但权力行使不当又会伤及权利，而且与民事主体之间的侵权相比，公权力对私权利的伤害风险更大、影响更坏。总体来看，权力和权利存在以下三种关系。

第一，权利需要权力的保护和救济。权利遭受其他民事主体，甚至公权力侵犯似乎在所难免，权利与权利之间发生冲突也似乎不可避免，保护遭受侵犯的权利，对权利纠纷予以权威裁决，这是公权力的主要职责。

第二，权利的实现需要权力的辅助。权利的实现，可能不需要任何他人的主动作为，但更多需要的是他人义务的履行，包括公权力的协助配合。例如，房屋所有权人对房屋的占有、使用权利不需要其他人的协助即可实现，但房屋租赁之后租金收益的取得需要承租人支付租金义务的履行，房屋买卖、赠与情形所有权的变动还需要登记机构的过户登记。从民法典的规定来看，权利的实现需要公权力协助配合的不少，比如居住权设定登记、收养登记等。其中居住权是民法典新规定的权利，不到不动产登记部门办理登记就不生效。民法典已实施一年多，但还有不少地方的不动产登记部门没有开展居住权登记。对这些地方的老百姓来讲，其设立居住权的愿望就暂时无法实现。

第三，权利是权力的边界，权力对权利进行限制是不可避免的，关键在于把握好限制的度。从一定意义上讲，权利就是权力的边界，了解民事权利，有助于知晓权力的边界。权利是市场主体的核心利益载体，需要领导干部认真对待。当然，认真对待权利并不意味着权利绝对不可限制，但对权利的限制是有原则的、有限度的。为了公共利益，政府不仅可以征收征用私人财产、限制公民自由，还可以征收税款。不仅财产权和自由可以被限制，在没有废除死刑的国家生命也可以被剥夺。所以，真正的问题不在于权利能不能被限制，而是权力限制权利的限度在哪里？美国著名法学家霍姆斯曾经说过："长期以来，人们承认价值的享有受到不言而喻的限制。但是，这不言而喻的限制也有其自身的界限……"对于领导干部来说，当运用权力限制权利时，应从以下几个方面把握权力限制权利的限度。一是目的的正当性——公共利益。公共利益是公权力限制私权利的正当理由，也是唯一理由。征收之所以正当，就在于其目的的公益性，从1954年《宪法》到1982年现行《宪法》，从1986年《土地管理法》到2007年《物权法》，再到2020年《民法典》，法律对征收均要求以公共利益为前提，所彰显的就是公权力限制私权利的目的正当性。限制公民人身、财产自由的疫情防控措施为什么要采取，也在于公共利益。二是形式的正当性——法定性。对生命、人身自由等的限制只能通过法律为之，《立法法》将犯罪和刑罚、限制人身自由的强制措施和处罚规定为法律绝对保留事项，将税种的设立、税率的确定和税收征收管理等税收基本制度，对非国有财产的征收、征用及民事基本制度确立为法律相对保留事项，体现的就是公权力限制私权利应当遵守的形式正当性。也就是说，在法律还不是很健全的情况下，除生命、人身自由之外的一些权利可以通过法规予以限制，但需要特别强调的是，没有法律法规依据，规范性文件“不得违法减损公民、法人和其他组织的合法权益或者增加其义务，侵犯公民人身权、财产权、人格权等基本权利”。三是程序的正当性——纠纷的可诉性。对权利的限制应当遵守基本的告知理由、听取意见等正当程序，权利人对权利的限制不服的，应当允许其通过诉讼等途径得到救济。2014年《行政诉讼法》修改时将“对征收、征用决定及其补偿决定不服的”纳入行政诉讼受案范围，就是为了满足程序正当性的要求。在疫情防控、突发事件应对过程中，虽然有些程序可以简化，但告知理由、听取意见等基本的程序应当遵守，权利被限制之人不服的，应当允许其通过诉讼等途径寻求救济。四是征收征用情形补偿的正当性——公正补偿。征收征用是对个别人财产权的限制，即使出于公共利益，也不能让少数人牺牲过多。不过，这里的公正补偿，不仅指补偿标准和数额的公正，还要求补偿的及时到位，过于延迟的补偿难谓公正。领导干部一定要把握这些公权力限制私权利的基本要求，在诸如传染病防控等活动中涉及限制民事权利时，多问问是否符合公共利益、是否有法律依据、是否履行了正当程序、是否给予了公正补偿，就会平衡好公权力行使和私权利保障的关系，从而少犯一些“低级错误”，减少社会矛盾，降低舆情风险。

总之，所谓权力的边界，除个别法律规定对部分领域的明确划定外，最常见的恰恰不是明确的“楚河汉界”，而是在于公共利益及权利的反复斟酌、权衡、平衡中存在的原则、精神，很多时候似乎是变动不居的“心里的那杆秤”。从某种程度上讲，不懂民法，不了解民事权利，就很难做到很好地为人民服务，因为人民的根本利益、主要需求就体现在权利之中。实现好、维护好、发展好老百姓的民事权利和利益，是对我们党和政府提出的实实在在的要求。“全心全意为人民服务”，首先需要“全心全意”学习民法，掌握基本的民法知识，培育民法精神和民法思维。唯有不断提高治理能力，方能满足人民的权益需求、法治需求。

（三）有利于正确处理政府和市场关系

政府和市场的关系问题，是改革开放40多年来中央着力解决的重大问题。从本质上讲，市场经济是权利经济。中国推行改革开放的过程，就是政府权力在资源配置等领域不断退出、市场主体权利不断拓展的过程。

我们全面深化改革，要让市场在资源配置中发挥决定性作用，首先要相信市场主体的理性、相信市场的力量，从而认真对待市场主体的权利，最大限度地减少政府直接配置资源和干预微观经济，避免行政垄断、行业保护、地区封锁等乱作为。目前，我们在土地、矿产等资源要素的市场化配置方面还没有改革到位，一些经营性国有企业长期使用划拨土地，或者通过租赁的方式低成本享有和出让类似的土地权利。同时，我们的反垄断工作近年来取得了一定成效，但对行政垄断还没有拿出长期有效、切实可行的硬办法。

我们要“更好发挥政府作用”，就要对政府发挥作用的领域有清醒的认识，从而更加自觉地在该为的领域大胆、负责地作为，避免不作为、慢作为。比如，市场交换的前提是产权明晰，而不动产确权登记的职责在于政府，如果确权登记不到位、不准确，不仅影响市场交换的活跃度，而且越是交换频繁，可能造成的矛盾纠纷就越多。这也就是近一二十年来中央下大力气推动农村土地确权登记、不动产统一登记以及自然资源统一确权登记的原因所在。事实上，我国的农村土地确权、不动产统一登记都取得了不菲成绩，但目前仍有不少难啃的“硬骨头”，尤其是在国有农用地和集体土地的权属界定方面，在林地和其他土地的重复确权方面，争议的面积不小，问题已延续多年。有资料反映，北方某县林草重叠面积达300多万亩。而一项针对16个省区的不完全统计发现，既发放草原使用证又发放林权证的草原面积过亿亩。南方某垦区既颁发了林权证给非垦区其他单位，又颁发了国有土地证给农垦的土地面积超过8万亩。东北某重点国有林区被纳入二轮承包、划分基本农田以及享受粮食直补的林地有20多万亩。另外，民法典删除现行法律关于不同动产担保由不同机构登记的规定，意在统一动产担保登记机构，提高登记效率和公信力。政府的主要职能是宏观调控、公共服务和市场监管，资源配置、微观市场活动应遵循民法确定的基本市场规则。

总之，民法是社会生活的百科全书，是百姓权利的宣言书，是市场经济的基本法。民法在现代治理中的作用不容置疑。但在中国的古代文献中，“法”与“刑”通用，中国几千年的法制史主要是刑法史，而民法却始终欠发达。推进全面依法治国，我们在民法传统、民法文化方面的确有所缺乏，这一课必须补上，而且应当从作为“关键少数”的领导干部开始。

问题解答

一、住宅小区自治的权利基础及其法治底线

住宅小区业主的权利是建筑物区分所有权，这个名字大家可能不熟悉，但也形象，即建筑物被区分为一套一套的单元之后产生的所有权。建筑物区分所有权实际上包括业主对专有部分的所有权、对共有部分的共有权以及对共有部分的共同管理权三项权利。专有部分就是指住宅、经营性用房，以及独立的车位、摊位等，这些有专门的购房合同，或者要在购房合同上明确标注，而且通过登记取得所有权。除了专有部分外，其他基本上属业主共有。

（一）业主的专有部分所有权

我记得曾有人说，住在高层楼房，真正属于你自己的也就是砖头围起来的空间。认真想想也差不多，且不说电梯、过道、水箱、外墙面、水电气的主管线、物业服务用房等是共有的，道路除公共道路外属共有，绿地除公共绿地和明确属于个人的外，也属共有。楼板、承重墙、与邻居的隔墙都是共有的。业主对于专有部分的所有权虽然也属所有权，但与独门独院房屋的所有权相比，受到的限制不少。

一是业主行使专有部分所有权时，不得危及建筑物的安全。比如，装修时，房屋内的承重墙自然不得拆除，其他的墙呢？曾经的春晚小品中黄大锤的行为或许大家还记得，我们生活中的装修，砸墙的不少，可不可以？好多二手

房已经二三十年了，即使可以拆除不影响安全的墙壁，是否应当采取更为稳妥的拆除方法，而不是简单粗暴地砸墙。很多业主在装修房屋时，不问装修队有无资质，也不对装修过程进行必要的监督，有些装修人员为了赶进度、为了利益最大化，根本不考虑房屋安全和左邻右舍的感受，简单粗暴拆除、装修，影响很不好，甚至造成了一些严重后果。对此，装修的业主要注意，装修的工人要注意，物业公司也应履行管理义务。特别要强调的是，业主装饰装修房屋的，应当事先告知物业服务人，遵守物业服务人提示的合理注意事项，并配合进行必要的现场检查。此外，业主不得在专有部门内储藏、存放易燃易爆等危险物品，危及整个建筑物的安全，这两年电动车充电引发的事故不少，值得关注。《上海市不动产登记若干规定》第三十四条规定，行政机关对擅自改变承重结构、附有违法建筑的认定应当在不动产登记簿中予以记载，这种情况完成整改的，行政机关应当出具证明文件，由不动产登记机构在不动产登记簿中予以记载。存在这种情况的，当事人申请抵押、转移登记的，应当提供上述证明文件。

二是业主行使专有部分所有权时，不得损害其他业主的合法权益。业主不得任意弃置垃圾、排放污染物或者噪声、违反规定饲养动物、违章搭建、侵占通道等。这里有一个问题，住宅能改为经营性用房吗？民法典规定，业主不得违反法律、法规以及管理规约，将住宅改变为经营性用房。业主将住宅改变为经营性用房的，除遵守法律、法规以及管理规约外，应当经有利害关系的业主一致同意。这就表明，你要将住宅改变为经营性用房，首先得看法律、法规的规定，其次得看管理规约的规定，即使符合法律、法规及管理规约，也要取得有利害关系的业主的一致同意，也就是说也经过“三道关”。当然，这里的有利害关系的业主的范围民法典并没有明确的答案，要根据实际情况具体分析，或许其他规定和司法判决会提供相对明确的判断标准。

三是业主转让、出租物业专有部分、设立居住权或者依法改变共有部分用途的，应当及时将相关情况告知物业服务人。

（二）业主的共有权利

共有权利既包括共同所有权也包括共同使用权。也正是因为业主对共有部分的共有权利，利用共有部分获得的收益才归业主共有。一些小区物业将部分道路划成了停车位收取费用，利用公共空间立了广告牌，将临街的楼面、楼顶有偿交给他人发布广告，如此利用共有部分产生的收益并不少。这些收入归谁？民法典规定，利用业主的共有部分产生的收入，在扣除合理成本之后，属于业主共有。当然，既然是共有，业主就不得在共有部分任意弃置垃圾，不能私搭乱建，不得侵占原本属于大家的绿地，不能因为自己停车方便就把汽车停到马路中间影响别人的出行。特别需要强调的是，业主不得以放弃权利为由不履行义务。例如，除另有约定外，不得以不使用电梯为由不交纳电梯维修费用。当然，作为业主，首要的义务是支付物业费，物业服务人已经按照约定和有关规定提供服务的，业主不得以未接受或者无需接受相关物业服务为由拒绝支付物业费。业主共有权利的另一表现就是建筑物及其附属设施的费用分摊、收益分配。民法典规定，建筑物及其附属设施的费用分摊、收益分配等事项，有约定的，按照约定；没有约定或者约定不明确的，按照**业主专有部分面积所占比例**确定。从民法典的这一规定可以看出，民法典在建筑物及其附属设施的费用分摊、收益分配等事项的规定上，依然坚持了“约定优先”原则，这给了业主自治的空间。

（三）业主的共同管理权利

共同管理权利主要通过共同决定事项及其表决要求的形式表现出来。那么，哪些事项需要共同决定，又如何决定呢？民法典编纂过程中，住宅小区业主权利行使是各界反映强烈的突出问题。物权法规定的业主共同决定事项的表决门槛过高，导致维修资金使用、加装电梯等关系众多业主的事项很难表决通过。为此，民法典做了针对性回应，大幅度降低了业主共同决定事项的表决门槛，这有利于业主形成决定。下面我们以老旧小区加装电梯、物业维修资金的使用，以及物业服务企业或物业服务人的选聘为例分别说明。

民法典明确规定的业主共同决定事项主要是 8 项，分别是制定和修改业主大会议事规则；制定和修改管理规约；选举业主委员会或者更换业主委员会成员；选聘和解聘物业服务企业或者其他管理人；使用建筑物及其附属设施的维修资金；筹集建筑物及其附属设施的维修资金；改建、重建建筑物及其附属设施；改变共有部分的用途或者利用共有部分从事经营活动。在这 8 项中，加装电梯属于“改建、重建建筑物及其附属设施”，因此，加装电梯需要业主共同决定。此外，在民法典规定的 8 项共同决定事项中，筹集建筑物及其附属设施的维修资金，改建、重建建筑物及其附属设施，以及改变共有部分的用途或者利用共有部分从事经营活动三项为重大决定事项，其他为一般决定事项。因此，加装电梯属于业主重大决定事项。

那么加装电梯如何共同决定呢？民法典规定，业主共同决定事项，应当由**专有部分面积占比三分之二以上的业主**且人数占比三分之二以上的业主**参与表决**。注意，这里讲的是专有部分面积占比，而不是专有部分占建筑物总面积，这是民法典和物权法的不同之处。另外，这里讲的是**参与表决，而不是参加表决，不开会也可以通过书面方式参与表决**。这对于方便业主表决，提高参与表决率有重要意义。决定重大事项，应当经参与表决专有部分面积四分之三以上的业主且参与表决人数四分之三以上的业主同意。决定一般事项，应当经参与表决专有部分面积过半数的业主且参与表决人数过半数的业主同意。民法典和物权法的规定不一样，物权法只要求表决比例，而民法典先要求参与比例，然后对重大事项和一般事项提出了不同表决比例要求。总的来看，民法典大大降低了共同决定的表决门槛，其中重大决定事项的决定门槛由过去的接近 70% 降低为 50% 左右，一般决定事项的决定门槛由过去的 50% 多降低为 40% 左右。决定门槛的降低有利于小区管理、维修、改造。

需要指出的是，是否加装电梯对于某单元或某栋楼的业主来说是重大决定事项，因此，应当遵守刚才讲的表决门槛。但是，因加装电梯而占用小区业主共有的道路、空地等共有部分的，需要小区业主的一般共同表决。此外，加装电梯还可能占有业主的专有部分，这时需要取得业主的同意，不属于也不能共同决定。至于加装电梯过程中的利益平衡和权益受损问题，应当通过协商、调解等途径妥善解决，千万不能以为既然业主已经共同决定加装电梯了，就可以对业主的利益平衡权益受损赔偿问题置之不理。

至于大家特别关心的维修资金的使用，按照民法典属于业主一般决定事项。不过，紧急情况下需要维修（不包括更新和改造）建筑物及其附属设施的，业主大会或者业主委员会可以依法申请使用建筑物及其附属设施的维修资金。另外，物权法规定维修资金“可以用于电梯、水箱等共有部分的维修。维修资金的筹集、使用情况应当公布”，但民法典规定维修资金可以用于电梯、屋顶、外墙、无障碍设施等共有部分的维修、更新和改造，因此，准确地讲物权法规定的是维修资金，而民法典规定的是维修、更新和改造资金。而且维修资金的筹集、使用情况应当定期公布。总的来说，民法典的上述规定更明确、更具可操作性，同时，“应当定期公布”的规定更有利于维修资金的监督和规范使用，而紧急情况下的特殊制度安排，有利于应急工作的开展。

关于物业服务企业或其他物业管理人。根据民法典，选聘和解聘物业服务企业或者其他管理人属于业主共同决定事项。因此，对建设单位聘请的物业服务企业或者其他管理人，业主有权依法更换。

二、上海、杭州规定所体现的自治、法治和德治逻辑

关于上海、杭州的规定，值得关注的有以下几点：

第一，民法典和物权法关于业主表决门槛的规定不同，这是上海修改表决门槛的原因，也是上海和杭州的新规定对加装电梯时的表决作了同样要求的原因，新规定都体现了民法典关于业主共同决定的要求。

第二，业主的决定又有重大事项决定和一般事项决定之分，加装电梯对于所在楼幢或单元的业主来说，属于重大决定事项，对于小区共有面积被占的其他业主来说，属于一般决定事项，因此上海和杭州的规定作了不同要求。

第三，加装电梯可能占用业主专有部分，对此，上海和杭州均规定，加装电梯拟占用业主专有部分的，应当征得专有部分权利人的同意。

第四，加装电梯可能造成业主之间权益的不平衡，比如，有的业主可能得利，有的业主可能受损，即使都得利，还可能出现利益不公的问题，这都得协调平衡好。实践中，有的小区在没有充分考虑、协调、平衡利益的前提下，贸然推动加装电梯工作，并对部分不同意安装电梯方案的业主进行道德谴责，影响了业主之间的关系，造成了不好的社会影响。上海、杭州均规定要协调、平衡甚至调解好业主利益和损害，这是非常有必要的。

第五，上海、杭州老旧小区加装电梯规定对广大老百姓的启示是，学习民法典，贯彻落实民法典，既要明白自己的权利，也应知晓自己的义务，权利不可滥用，义务必须履行，加装电梯这事不能因为一两户人的反对而不推进，如果要求所有业主同意才加装电梯，那是不负责任的。但是，在加装电梯过程中，涉及的利益增强和损害必须予以协调解决，不能因为多数人同意加装电梯就不

顾及少数人的利益诉求。

三、正确处理相邻关系：六尺巷的故事

中国俗话说，远亲不如近邻。西方谚语也讲，近处的邻居好过远处的兄弟。好邻居的确很重要。可是，如何处理好邻里关系？2021年发生在福建莆田的惨案，起因就是邻里基地建房纠纷。而如今，我们越来越多的人住进了城市小区，如何处理好楼上楼下、左邻右舍的关系？前不久看到一个消息，北京有一家装修，把楼板凿穿，伤到了楼下住户。现实生活中，有的甚至将承重墙也砸掉了，直接危及房屋安全。记得有一次讲民法典，一位老人问我，她家楼上的房子出租给了几个年轻人，这些年轻人是夜猫子，又很闹腾，长期影响她的休息和身体健康，但找业主和房客都没用，该找谁解决问题？现实生活中，装修扰民甚至影响楼房安全、私搭乱建、违规排放污染物或噪声、随便占小区车道等问题并不少见。我们常说安居乐业，足以说明安居的重要。对老百姓来说，一个房子那么贵，几百上千万元，可能是倾全家之力买的，但是入住之后和物业、邻居产生这样或者那样的不快，钱花了，但是住得憋屈，咋办？

邻里之间抬头不见低头见，各种利益关系错综复杂，要处理好彼此关系并不容易，尤其是在城市住宅小区。

处理相邻关系的基本原则是“有利生产、方便生活、团结互助、公平合理”。另外，法律法规有规定的，依照规定；没有规定的，可以按照当地习惯。其实，民法典关于相邻关系的具体规定也就那么几条，比如，建造建筑物，不得违反国家有关工程建设标准，不得妨碍相邻建筑物的通风、采光和日照；土地房屋权利人挖掘土地、建造建筑物、铺设管线以及安装设备等，不得危及相邻不动产的安全等。很多情况下处理相邻关系需要按照原则或遵从习惯。

从历史来看，我国古代不乏处理相邻关系的规定。例如，田地用水以“下游先用、灌溉优先、先稻后陆”为原则，同时还设置共享通道，这里体现的就是方便生产。相邻的地头“互留二三尺；低田无上埂，其埂为高田所有，两田相平，埂共行，备留通道，不准损伤其埂；宅基处胡同以内，胡向虽属别人所有，得准出入”等规定，无不渗透有利生产、方便生活、团结互助的精神。而古代的一些规定，在今天的农村，已经演变为习惯。比如，我小时候，经常听老人讲，

田埂归高处地块；耕地一定要给别人留出路。

而发生在安徽桐城的“六尺巷”故事则堪称妥善处理邻里关系的典范。名相张廷玉的父亲张英也是康熙朝重臣，在他官居大学士（相当于宰相）期间，他安徽桐城老家与邻居发生地基纠纷，两家都为当地望族，县衙左右为难，张家人寄信张英，试图借其威势摆平。没想到，张英回复道：“千里修书只为墙，让他三尺又何妨。长城万里今犹在，不见当年秦始皇。”张家人听了张英的劝告，退让三尺。对此，吴家人很感动，也退让三尺。于是就形成了有名的六尺巷。

这个故事对我们处理农村宅基地纠纷不无借鉴价值。我们农村的宅基地和房屋，经过几十年甚至上百年的发展变化，有不少界限并不清楚，相关的证据也找不到，即使经过确权的，很多在院落之外还有道路、空地等，这些地方归谁，可能谁也说不清。这在过去，或许可以由家族内说话算数的老人调解解决。今天解决类似莆田案件这样的纠纷，没有互谅互让的态度是不行的。

总的来看，处理相邻关系，关键是记住“有利生产、方便生活、团结互助、公平合理”的原则，以及没有法律规定时要尊重习惯。而住宅小区的那些事，大家说了算。只有大家各尽其力，方可各享其权、共享其便。

第二讲　活学活用民法典

金句名言

罗马帝国三次征服世界，第一次靠武力，第二次靠宗教，第三次靠法律，武力因罗马帝国灭亡而消亡，宗教随民众思想觉悟的提高、科学的发展而缩小了影响，唯有法律征服世界是最为持久的征服。

——［德］耶林

法包含着一个民族经历多少世纪发展的故事，因而不能将它仅仅当作好像一本数学教科书里的定理、公式来研究。为了知道法是什么，我们必须了解它的过去以及未来趋势。

——［美］霍姆斯

我真正的光荣并非打了 40 多次胜仗，滑铁卢之战抹去了关于这一切的记忆。但是有一样东西是不会被人忘记的，那就是我的《民法典》。

——［法］拿破仑

整个法秩序（或其大部分）都受特定指导性法律思想、原则或一般价值标准的支配。

——［德］拉伦兹

法条有限而人事无穷。

法律不能使人人平等，但是在法律面前人人是平等的。

——［英］波洛克

所有进步社会的运动，到此处为止，是一个“从身份到契约”的运动。

——［英］梅因

法律乃善良和公平的艺术。

——［古罗马］塞尔苏斯

自由意味着责任。

——［英］萧伯纳

诚实生活，不害他人，各得其所。

——［古罗马］查士丁尼

法律是显露的道德，道德是隐藏的法律。

——［美］林肯

信任是比爱更美好的赞美。

——［英］麦克唐纳

民法典较之刑法、诉讼法等，更足以代表一个民族的文化高度，而且只有一个全中华民族的民法典才能表明中华民族已攀上了历史的高峰。

——谢怀栻

要点提示

- 领导干部学习民法典，根本目的在于学以致用、活学活用。而学好用好民法典的关键在于准确理解民法典的篇章结构关系、深刻把握民法厚重的历史和文化，以及学深悟透民法典规定的基本原则。切忌只见树木不见森林、只知现状不明历史、只知规定不明精神。
- 罗马用法律征服了世界，而其征服世界的法律主要是民法。从某种意义上讲，罗马用平等、自由、公平、诚信的民法精神征服了世界，今天，我们的社会主义核心价值观中，就包括平等、自由、公正和诚信。

- 1804 年《法国民法典》揭开了近代法典化的序幕，其与 1900 年《德国民法典》和 1907 年《瑞士民法典》，被称为“世界三大民法典”。
- 法国比较法学家勒内·达维德认为：“在 19 世纪，民法典在法国一直被视为核心，是法律的真正心脏。”
- 美国学者艾伦·沃森指出：“在整个大陆法系的历史中，民法典诞生的深远意义，是无与伦比的。（法国）民法典的问世，开辟了一个新纪元，整个大陆法系都因而产生了深刻的变化。的确，在典型的近代形式的民法典面前，先前的法律荡然无存，就连辅助性的作用也谈不上了。”
- 伟大的时代必然出现伟大的法典，1804 年《法国民法典》如此，1900 年《德国民法典》也如此，两部法典各引领世界 100 年。当下的中国比历史上任何时期都更加接近实现中华民族伟大复兴中国梦的目标，民法典必将对中华民族的崛起和世界民法文化的繁荣产生重大影响。
- 民法的基本原则是贯穿民法各项制度的主线，也是全部民法规范的灵魂。民法典规定的基本原则包括平等原则、自愿原则、公平原则、诚信原则、守法原则、公序良俗原则和绿色原则。
- 平等原则是指民事主体在民事活动中的法律地位一律平等，是起点平等、机会平等、规则平等、权利平等，而非结果平等。民法强调平等，但也重视对弱者的保护。
- 自愿原则是指民事活动应当尊重民事主体的意愿。自愿原则是民法最核心的原则，自愿即意思自治，不仅鼓励自主参与，也强调自己负责。意思自治是个人创造力之源、社会活力之源。
- 公平原则是指民事主体从事民事活动，应当公平合理确定各方的权利和义务。公平并非指交换对价的客观公道，而是指交易对价的确定不是基于自己的重大误解，也没有受到他人欺诈、胁迫或自己的危困状态、缺乏判断能力没有被他人利用，以及合同生效后情势变更导致权利义务严重失衡。
- 诚信原则是指民事主体在民事活动中，无论是行使权利，还是履行义务，都应当秉持诚实，恪守承诺。诚信原则具有指引行为方向、解释模糊规定、填补法律漏洞等重要功能。

- 守法原则强调民事主体从事民事活动要遵守法律法规的强制性规定，要守住底线。
- 公序良俗原则是指民事主体从事民事活动，不得违背公共秩序和善良风俗。公序良俗是民事行为的底线。
- 绿色原则是指民事主体从事民事活动，应当有利于节约资源、保护生态环境。这一原则是我国民法典创立的特色原则。
- 民法典规定的基本原则不仅对民法典各分编具体规则的设定有重要统领价值，对未来民法典配套制度的制定、司法解释的出台及具体民事案件的裁判也具有重要指导意义。我们常说万变不离其“宗”，民法基本原则就是民法的“宗”。各位领导干部一定要准确理解把握民法基本原则的精神要义，掌握了基本原则，即使不懂得民法的具体规定，也不至于犯原则性、方向性错误。

讨论案例

张某某诉蒋某某遗赠纠纷案

2001 年，四川省泸州市中级人民法院的二审判决书认定：蒋某某与黄某某于 1963 年 5 月登记结婚，婚后双方夫妻感情较好。因蒋某某未生育，收养一子黄某（审判时 31 岁）。1990 年 7 月，蒋某某继承父母遗产取得原泸州市市中区顺城街 67 号房屋所有权。1995 年，该房因城市建设被拆迁，由拆迁单位将位于泸州市江阳区新马路 6-2-8-2 号的 77.2 平方米住房一套作为换房安置给了蒋某某，并以蒋某某个人名义办理了房屋产权手续。1996 年，黄某某与张某某相识后，两人开始在外租房非法同居生活。2000 年 9 月，黄某某与蒋某某将蒋某某继承所得的位于泸州市江阳区新马路 6-2-8-2 号房产以 8 万元的价格出售给陈某，且约定该房屋交易产生的有关税费由卖方承担。2001 年春节，黄某某、蒋某某夫妇将售房款中的 3 万元赠与其子黄某用于在外购买商品房。2001 年年初，黄某某因患肝癌病晚期住院治疗，住院期间一直由蒋某某及其家属护理、照顾。2001 年 4 月 18 日，黄某某立下书面遗嘱，将其所得的住房补贴金、公积金、抚恤金和出卖泸州市江阳区新马路 6-2-8-2 号住房所获房款的一半4万元及自己所用手机一部赠与张某某。2001年4月20日，泸州市纳溪区公证处对该遗嘱出具了（2001）泸纳证字第148号公证书。2001年4月22日，黄某某去世，张某某要求蒋某某交付遗赠财产遭蒋某某拒绝，双方发生争执，张某某遂提起诉讼。在一审法院案件审理过程中，经蒋某某申请，泸州市纳溪区公证处于2001年5月17日作出（2001）泸纳撤证字第02号《关于部分撤销公证书的决定书》，撤销了（2001）泸纳证字第148号公证书中的抚恤金和住房补贴金、公积金中属于蒋某某的部分，维持其余部分内容。一、二审法院均认为本案中遗赠人黄某某所立遗嘱时虽具有完全行为能力，遗嘱也系其真实意思表示，且形式上合法，但遗嘱的内容却违反法律和社会公共利益。并根据《民法通则》第七条（民事活动应当尊重社会公德，不得损害社会公共利益，此即民法的"公序良俗"原则）、《婚姻法》第三条（禁止有配偶者与他人同居）等规定，认为遗赠人黄某某的遗赠行为，应属无效民事行为，作出了不利于张某某的判决。

思考问题：如何看待法院判决？

主要内容

10多年领导干部法治教育、2年多领导干部民法典教育的经历告诉我，领导干部的民法典学习，应突出"活学活用"。**学点民法很有必要，活学活用民法典尤其重要。**我先讲一个真实的故事。记得民法典颁布不久，我去一个单位讲民法典，有位老人向我咨询一个问题，他说他是再婚，现在老伴经常向他要房子，让把房子过户给她，但孩子不同意，怎么办？我说民法典新规定了居住权制度，你就等民法典实施之后，到登记部门给老伴登记一个居住权，让她在有生之年一直住下去，而把房屋所有权留给子女，这样就比较好地处理了再婚爱人和孩子之间的利益关系。因为居住权和房屋承租权不同，居住权原则上无偿设立，且没有租赁合同不得超过20年的期限限制，更为重要的是，居住权是经过登记部门登记设立的物权，是非常可靠的占有、使用住宅的权利，即使房屋所有权人也不能把居住权人赶走。他接着问，设立居住权需要注意什么？居住权可以转让、继承吗？我说，设立居住权需要订立书面合同，尤其要注意到登记部门办理登记，登记后居住权才能设立。居住权不得转让、继承。这件事对我的启示是，学点民法知识对于妥当安排生活、处理复杂关系很有意义。

其实，民法的奥妙就在于最大限度地尊重当事人的意愿和自主选择，很多情况下都是“约定优先”。还拿居住权来说，民法典规定，居住权无偿设立，但是当事人另有约定的除外。这就意味着居住权原则上无偿，但也可以有偿，这为“以房养老”打开了制度之门。比如，等我老了，我可以将自己的房子卖掉，然后让买受人为我在原来的房子上有偿设立居住权，从而达到“不离己屋”即可用自己的房产变现养老的目的。民法典还规定，设立居住权的住宅不得出租，但是当事人另有约定的除外。这就意味着，居住权人如果要将房屋出租，必须事先取得居住权设立人的同意，让其在居住权设立合同或者遗嘱中明确可以出租。民法典的居住权制度规定充分表明，民法典为我们合理安排生活提供了广阔的自由选择空间，活学活用民法典很重要。或许有的领导干部要问，民法典对老百姓自主安排生活很有用，但这与领导干部行使权力有什么关系呢？其实，“横看成岭侧成峰”，老百姓的事很少有与政府没有关系的，老百姓的居住权实现离不开政府登记部门的登记。面对老百姓多样甚至意想不到的居住权登记需求，我们登记部门的领导只有活学活用民法典，方可出台科学的登记规则，推动居住权登记有序开展。民法典实施后，各级登记部门对居住权登记很是头疼，我们在调研中发现 10 多个共性问题，典型的如“法人可否被登记为居住权主体”“以遗嘱方式设立居住权的，如何判断遗嘱有效性”“先抵押再设立居住权或者先设立居住权再抵押是否存在冲突”“是否存在法院判决设立居住权”“禁止住宅抵押或转让的约定”“农房可否设立居住权”“同一不动产不同部位上能否设立多个居住权”“居住权申请主体是否需要限制（可能涉及限购政策）”，等等。面对如此多的问题，上海及浙江、江苏、广东、山东等的一些地方率先开展居住权登记探索。试想，如果这些地方的领导干部不对民法典规定的居住权制度深入学习研究，哪有勇气开展居住权登记？

领导干部活学活用民法典，主要应把握以下三点。

一、准确理解民法典的篇章结构关系

民法为何物？从本质上讲，“民法准则只是以法律形式表现了社会的经济生活条件”（恩格斯语），民法是所表达的是商品生产与交换的一般条件，包括社会分工与所有权、身份平等、意思自治。商品生产的首要条件是社会分工，而与分工同时出现的是分配产生的所有权，所有权是市民安身立命的根本。概括来讲，民法规范，调整社会普通成员之间的人身关系和财产关系，是社会生产、生活的基本准则，被誉为百姓权利的宣言书、社会生活的百科全书。人的一生，从摇篮到坟墓，甚至摇篮之前的胎儿阶段和人死亡之后的名誉等，都在民法的视野之内。民法以人的全面发展为终极关怀，正如孟德斯鸠所说，“在民法慈母般的眼神中，每个人就是整个国家”。

认识一个城市、一个国家，我们往往从了解它的基本概况、历史和文化开始。领导干部学习民法典，首先应了解它的基本概况，从宏观上把握民法典的基本框架结构及其相互关系。民法典是新中国第一部以法典命名的法律，由于别的法律都叫《中华人民共和国 ×× 法》，只有民法典叫《中华人民共和国民法典》，以至于不少人习惯性地把民法典叫成“民典法”。从历史来看，能够被命名为“法典”的法律，主要有三个特征，一是重要、权威，二是条文多，三是体系性强。民法典显然符合这三个特征。民法典共 1260 条，是新中国第一部超过 1000 条的法律，还是第一部超过 10 万字的法律，要知道，我们很多法律不过一两百条，一两万字。民法典的最后一条，也就是第 1260 条规定，民法典生效后，《中华人民共和国婚姻法》《中华人民共和国继承法》《中华人民共和国民法通则》《中华人民共和国收养法》《中华人民共和国担保法》《中华人民共和国合同法》《中华人民共和国物权法》《中华人民共和国侵权责任法》《中华人民共和国民法总则》等 9 部法律废止。如果今天我们签合同还说根据《中华人民共和国合同法》，那显然是不妥的。

面对如此体量的一部法典，有效的认识方法是把握民法典的基本结构，也就是它的主要板块，这既可以避免只见树木、不见森林，也有利于快速找准需要的条文规定。主要板块清楚了，我们就可以在相应的板块中找法，而不至于在整部民法典的 1260 条的汪洋大海中盲人摸象。

（一）民法典的形式结构及其关系

从形式来看，民法典的主体是 7 编，分别是总则、物权、合同、人格权、婚姻家庭、继承和侵权责任，这 7 编也就是民法典的自然板块。总则编主要规定基本原则、民事主体等内容，其他各编的名称本身就表明了各自的内容。在总则编和各分编的关系上，各分编有具体规定的，首先要适用各分编的规定。各分编没有具体规定的，往往要适用总则编的一般规定。因此，如果遇到合同纠纷，就看合同编的规定；遇到继承纠纷，就看继承编的规定；遇到事故纠纷，就看侵权责任编的规定。当然，民法典的总则是管总的，如果分编没有规定，就要看总则的规定。比如一个小学生在学校受伤了，此时如何判断学校的责任呢？首先，事故责任的规定是在民法典侵权责任编，相关的规定有两条，一条规定无民事行为能力人在学校学习、生活期间受到人身损害的，学校应当承担侵权责任，但是，学校能够证明尽到教育、管理职责的，不承担侵权责任。另一条规定限制民事行为能力人在学校学习、生活期间受到人身损害的，学校未尽到教育、管理职责的，应当承担侵权责任。那么什么是无行为能力人，什么又是限制行为能力人呢？要记住，涉及自然人、法人、非法人组织这些主体的规定在民法典总则编。总则编规定，不满 8 周岁的未成年人为无行为能力人，因此，对于小学生来说，判断他是无行为能力人还是限制行为能力人，就看他是不是已满 8 周岁，满 8 周岁就是限制行为能力人。这就意味着，一个不满 8 周岁的小学生在学校受到伤害的，学校应当承担责任，除非学校能够证明已经尽到教育、管理职责；一个已满 8 周岁的小学生在学校受到伤害的，除非家长能够证明学校未尽到教育、管理职责，否则学校不承担责任。其实，是不是已满 8 周岁的差别，根本在于举证责任的不同。另外，民法典的“总—分”结构不仅体现为总则编和各分编，即使每一编内部甚至每一编内部的每一分编也基本是“总—分”结构。比如，第二编物权的第一分编为通则，第三编合同的第一分编也是通则。因此，在查找民法典具体规定时，需要从具体规定逐级往上找，颇有点行政管理中的“不得越级”的味道。比如，在面对具体租赁合同纠纷时，先从民法典第三编合同的第二分编典型合同的第十四章租赁合同找可以适用的法律规定；如果没有具体规定，再从第三编合同第一分编通则找可以适用的具体规定；如果还没有，最后从总则编的法律行为和代理等的规定中找可以适用的规定。

（二）民法典的实质结构

从实质来看，民法典的结构大致可以从民事主体制度、民事权利制度、民事行为制度和民事责任制度四个方面去把握，这四大板块是我们根据内容分解的。从市场交换的角度看，市场交换需要交换的主体、交换的对象即权利、交换的工具即合同、交换如果脱离了轨道甚至造成了他人损害要承担责任。民事主体制度主要规定在总则编，即民法典总则编第二、三、四章分别规定的自然人、法人和非法人组织。民事权利制度几乎各编都有涉及。民事行为制度主要体现在总则编和合同编。民事责任制度主要规定在总则编及合同编中的违约责任和侵权责任编。了解了民法典的这一结构状态，对我们快速找到可能对我们解决问题有用的法律规定很有帮助。比如，一个民办教育机构的投资人可不可以转让他的投资，可以在总则编找相关规定；判断一份合同是否有效，可以结合总则编民事法律行为的规定和合同编的规定；而损害赔偿的规定主要在合同编和侵权责任编。

二、深刻把握民法典厚重的历史和文化

民法典的厚重，在于它的历史和文化。领导干部学习民法典，需要了解它的前世今生、来龙去脉。民法典的来源主要是两个，第一个是中华优秀法律文化和新中国民事立法的实践，第二个是人类法治文明，尤其是民法文明的优秀成果。以下依次介绍。

（一）中华优秀法律文化和新中国民事立法的实践

民法典以“典”命名本身就表明了它的来源。甲骨文中已有“典”字，由上下两部分组成，上部是“册”字，下部是一双手，表示用双手恭恭敬敬地捧着简册。“册”是指用绳子或皮条编连起来的一枚一枚的竹简或木简，既是现实的记录以供后人查阅，也是处理类似事件参考和遵循的规范。“典”被称作“大册”，一方面表明权威性，需要奉于殿阁、恭敬遵循，如《尧典》《舜典》；另一方面表明系统性，包括全面的记述和体系化的规范。民法典成“典”的过程也基本遵循了类似的由简册到大册的过程。

从实践来看，早在解放前夕，民法学家陈瑾昆就于 1948 年在河北省平山县西柏坡村起草了新中国第一部民法草案，但未颁行。1949 年 2 月包括民法在内的国民党六法全书被废除。

中华人民共和国成立后的第一部法律是1950年《婚姻法》，第二部法律是同年的《土地改革法》，这两部法律都属于民事立法。制定或编纂一部民法典，是新中国几代法律人尤其是民法人的梦想，也是几代中国人的夙愿。党的十八大之前，新中国曾先后四次启动民法（典）制定工作，分别是1954年、1962年、1979年和2001年，但均未成功。

1954年，诞生不久的全国人大常委会即组建了专门的工作班子，组织起草"中华人民共和国民法典"。经过两年多的艰苦努力，于1956年12月完成了《民法（草稿）》，包括总则、所有权、债和继承4编，共525条，加上已经公布的婚姻法，实际上为五编制的德国民法典体例。

1962年，毛泽东主席发出指示："不仅刑法要，民法也需要。现在是无法无天。没有法律不行。刑法、民法一定要搞。"遵照这一指示，全国人大常委会组建了第二次起草民法典。1964年7月，该班子写出了《民法（试拟稿）》，包括总则、所有权和财产流转3编，共24章262条。与第一次草案相比，在内容上，不仅错误地将亲属、继承等排除在外，而且又将预算、税收等纳入了法典；在语言上，不仅拒绝使用"权利""义务""所有权""债权""自然人"和"法人"等法律术语，而且使用了不少类似"高举三面红旗""政治工作是一切经济工作的生命线"等政治口号。

1978年12月中共中央工作会议闭幕会上，邓小平同志作了题为《解放思想，实事求是，团结一致向前看》的报告，提出"为了保障民主，必须加强法律"的口号，并明确指出"应该集中力量制定刑法、民法、诉讼法和其他各种必要的法律"。民法典的制定再次被提上议事日程。1979年11月3日，全国人大常委会法制委员会再次组建民法起草小组，经过三年艰苦努力，三易其稿，于1982年5月起草完成《民法草稿（四稿）》，包括任务和基本原则、民事主体、财产所有权、合同、智力成果、继承、民事责任和其他规定共8编、43章、465条。该草案后来因经济体制改革刚刚起步，经济模式没有最后确定等因素终未能提交全国人大常委会审议。之后不久，当时领导全国人大法制委员会立法工作的彭真、习仲勋等同志深入研究后，决定按照"成熟一个通过一个"的工作思路，确定先制定民事单行法律。虽然该草案也未最终成为法律，但其后的经济合同法、继承法等单行法及民法通则也都是以其为基础制定的。

在这里，有必要对在新中国民法史具有举足轻重地位的民法通则的制定作一简单的介绍，虽然它仅仅是以民事单行法共同规则的面目出现的。自党的十一届三中全会后第一部民事立法《中外合资经营企业法》(1979年)颁布后，民事单行法大量出现而且矛盾冲突规定不断暴露。而这恰恰反映了制定民事共同规则的迫切需要。1984年夏，立法机关决定在1982年民法草稿的基础上，删繁就简，起草民法通则草案。1984年10月25日，民法起草小组完成《民法总则（草案初稿）》，共7章83条。1985年8月15日，又完成《民法通则（征求意见稿）》，共8章113条。第六届全国人大第四次会议于1986年4月12日通过民法通则（草案）并于同日公布。民法通则分基本原则、公民（自然人）、法人、民事法律行为和代理、民事权利、民事责任、诉讼时效、涉外民事关系的法律适用和附则9章156条。虽然民法通则不仅在内容上相当单薄，而且在体例编制、逻辑结构等方面也问题不少，但它填补了我国法律体系中长期存在的空白，功不可没。

民法通则的颁布实施，并未终止民法法典化的征程。在民法通则颁布实施后不久，就有学者提出制定民法典的构想。尤其是社会主义市场经济体制的确立，依法治国方略的提出，众多学者卓有成效的理论准备，使得民法典的制定终于再次提上了议事日程。2001年，九届全国人大常委会组织起草《民法典（草案）》。2002年年末，《民法典（草案）》正式提交全国人大常委会第31次会议审议，草案共9编1209条。这是新中国法制史上条目最多、内容最多的一部法律草案。就内容而言，草案中的合同法、婚姻法、收养法、继承法4编直接采用了当时单行法的规定，而其他5编是在当时既有法律基础上重新起草的。九届全国人大经讨论和研究，仍确定继续采取分别制定单行法的办法推进我国民事法律制度建设。

之后，物权法、侵权责任法等民事单行法相继于2007年、2009年颁布。至此，民事领域的单行法均已出台。党的十八届四中全会在党的中央委员会层面上史无前例地讨论了全面依法治国，会议通过的决定是对全面推进法治中国建设的总体部署，其中将编纂民法典列为重点领域立法中的重中之重，这是中央文件中首次明确提出编纂民法典，毫无疑问，这是一个重要的政治决定，彰显了编纂民法典的极端重要性和极其迫切性。

2015年3月20日，民法典起草工作正式启动。2016年6月14日，习近平总书记主持召开中央政治局常委会会议，听取并原则同意全国人大常委会党组关于民法典编纂工作和民法总则草案几个主要问题的汇报，并作出重要指示，为编纂民法典和制定民法总则提供了重要指导和基本遵循。由此确定民法典由总则编和各分编组成（包括物权编、合同编、侵权责任编、婚姻家庭编和继承编等）。编纂工作按照“两步走”的思路进行：第一步，编纂民法典总则编；第二步，编纂民法典各分编。

2017 年 3 月 15 日，第十二届全国人民代表大会第五次会议表决通过《民法总则（草案）》，民法典的开篇之作由此诞生，中国民法典的时代也由此正式开启。2020 年 5 月 28 日，第十三届全国人民代表大会第三次会议审议通过了《民法典（草案）》，民法典正式诞生，新中国几代人的夙愿得以实现。

我们常说，“十年磨一剑”，我们的民法典若从1954年算起，已经过了66年。**从文化来看**，民法典充分体现了中华优秀法律文化，如传统文化中的诚信为本、朋友有信、“民有私约如律令”、尊重风俗习惯等都通过诚信原则、自愿原则和公序良俗原则等体现了出来。

（二）以民法文明为主的人类法治文明优秀成果

民法典的第二个来源是人类法治文明，尤其是民法文明的优秀成果。民法源自罗马法，有悠久的历史。德国著名法学家耶林说：“罗马帝国三次征服世界，第一次靠武力，第二次靠宗教，第三次靠法律，武力因罗马帝国灭亡而消亡，宗教随民众思想觉悟的提高、科学的发展而缩小了影响，唯有法律征服世界是最为持久的征服。”罗马帝国用武力征服世界我们都知道，用宗教征服世界我们很多人也知道，但用法律征服世界我们很多人不知道。或许很多人想问，罗马是怎么用法律征服世界的？当今资本主义有两大法系，一个是大陆法系（如法、德、日、韩等），一个是英美法系（英、美及曾经是英国的殖民地），民法源于罗马法，大陆法系也叫罗马法系，英美法系也深受罗马法影响。今天我想特别强调的是，罗马帝国征服世界的法律主要是民法，罗马查士丁尼皇帝时期编纂的《国法大全》也叫《民法大全》。罗马法之所以能够持久征服世界，不仅在于其精致的制度设计，我们民法典新规定的居住权制度在罗马法就有，更在于平等、自由、公平、诚信的民法精神、民法文化。美国学者莫里斯指出，罗马民法就是罗马最高文化的代表，它是罗马共和国对于世界文化最大的贡献。

罗马帝国崩溃之后，精细的罗马法因很难被其他粗糙的法律所取代而被新统治者继续传播和继受。伴随着文艺复兴，罗马法在意大利出现了复兴，意大利的一些地方也成了欧洲的法律中心，欧洲共同法也随之形成。随着民族国家和民族主权观念的出现（意味着政治国家的形成与社会的分离），民族法兴起，但共同法并未完全消失，这也是后来欧陆各国法典化的共同基础。17世纪的欧洲大陆，随着启蒙运动、科技革命，理性主义不断发展，与之相应的便是以自觉设计、构造清晰、内容丰富的法典编纂代替分散凌乱、杂乱无章的单行立法。这一法典化趋势最早发生在丹麦，经由法国和普鲁士的努力，使在1804年的《法国民法典》达到顶峰。

1800年，拿破仑主持成立了由四位著名法学家组成的民法典起草委员会。[①]起草委员会经过四个多月的努力，于1801年元旦拿出了草案。据记载，起草委员会先后召开了102次审议该草案的会议，后陆续于1803年2月5日至1804年3月15日分篇章以单行法规的形式颁布。1804年3月21日，拿破仑签署法令，《法国民法典》正式颁布实施。由于拿破仑在编纂民法典过程中所起的重要作用，1807年9月9日民法典被命名为《拿破仑法典》，后恢复《法国民法典》，1852年又改称《拿破仑法典》，1870年以后正式称为《法国民法典》，但习惯上仍称为《拿破仑法典》。拿破仑对亲自主持《法国民法典》的编纂十分自豪，当他被流放在外时，他说："我真正的光荣并非打了40多次胜仗，滑铁卢之战抹去了关于这一切的记忆。但是有一样东西是不会被人忘记的，那就是我的《民法典》。"[②]法国民法典的重要来源之一就是罗马法特别是《法学阶梯》。1804年《法国民法典》包括总则、3编正文，共36章、2281条。总则是一个简短的序言，只有6条，第1编为"人"法，共11章，主要是关于人法和家庭法的规定。第2编为财产及对于所有权的各种限制，共4章，包括财产分类，所有权，用益权、使用权及居住权和役权或地役权。第3编是取得财产的各种方法，共20章，包括继承、生前赠与及遗嘱、债和契约等。法国民法典确立了一系列资产阶级法制原则，如自由和平等原则、私人财产所有权无限制原则、契约自由原则等。美国学者艾伦·沃森指出："在整个大陆法系的历史中，民法典诞生的深远意义，

① 以下关于法国民法典的介绍，主要参考何勤华主编：《法国法律发达史》，法律出版社2001年版，第221–233页。

② 何勤华主编：《法国法律发达史》，法律出版社2001年版，第223页。

是无与伦比的。（法国）民法典的问世，开辟了一个新纪元，整个大陆法系都因而产生了深刻的变化。的确，在典型的近代形式的民法典面前，先前的法律荡然无存，就连辅助性的作用也谈不上了。”①法国比较法学家勒内·达维德认为："在19世纪，民法典在法国一直被视为核心，是法律的真正心脏。"②

1804年《法国民法典》揭开了近代法典化的序幕，③其与1900年《德国民法典》和1907年《瑞士民法典》，被称为“世界三大民法典”。《德国民法典》制定于1896年，1900年1月1日生效。④法典分为总则、物权、债的关系、家庭法和继承法5编，共2385条。截至1998年6月29日，它已被修改141次。《德国民法典》结构严谨、规范细密、条理性强，中文译本超过40万字，许多国家在制定自己的民法时都把它作为重要参考文本。

亚洲的日本于1890年制定了旧民法典，1998年颁布了新民法典。有学者20世纪90年代做过不完全统计，世界上包括奥地利、荷兰、意大利、葡萄牙、西班牙、巴西、埃及、韩国、越南、菲律宾等在内的至少50多个国家和地区有了自己的民法典。

三、学深悟透民法典的基本原则

说到原则，很多人觉得很空，没有什么实际用处，其实不然，民法典的基本原则是民法典的精神、灵魂，是贯穿始终的主线。民法典的基本原则有七个，分别是平等、自愿、公平、诚信、公序良俗、守法和绿色。以下先介绍学习这些原则的意义，然后具体介绍各原则。

（一）学习基本原则的重要意义

第一，原则是方向。学习民法基本原则，有助于把握人类社会发展的规律

---

① ［美］艾伦·沃森：《民法法系的演变及形成》，李静冰等译，中国政法大学出版社1992年版，第169页。

② Rene David，The Civil Code in France Today，Louisiana Law Review 34（1974）.

③ 高富平：《民法法典化的历史回顾》，载《华东政法学院学报》1999年第2期。

④ 以下关于德国民法典的介绍，主要参考郑冲、贾红梅译：《德国民法典》，法律出版社1999年版译者的话。

和方向，有助于把握民法典配套制度建设及民事纠纷解决等的方向。民法典的原则，是民法典的价值主线和灵魂，是我们民法立法和法律适用的指南针。历史地看，人类社会发展的过程，就是一个不断追求并实现平等、自由的过程。古代的奴隶不是人。汉朝有公开合法的奴婢市场，奴婢与牛马同栏。居延汉简透露的价格：小奴一人值一万五千钱，大奴一人相当于二百亩地或八头牛。在古代，不仅允许自己出卖自己的人身自由和劳役，父母亲也可以出卖子女。解放之前，还存在贫困农民为生活所迫而卖子押妻的。今天，所有人的人格一律平等，人格不得买卖，器官、血液等也只能捐献。**学习原则，有助于把握解决问题的基本方向，避免犯低级错误**。记得几年前，有个朋友向我咨询一个遗产继承问题。他说他好多年没有回老家了，终于开着自己的豪车利用长假去了一趟，结果发现爷爷的祖宅已经拆迁，100万元的拆迁款全部被叔叔领走，告都没有告诉他父亲一声，太欺负人了，因此，想打官司主张分一半的遗产。我仔细了解了他们家的情况之后，劝他不要打官司。我说，你的账没有算对，你爷爷奶奶不只有2个儿子，还有3个女儿，你爷爷奶奶去世后，他们的5个儿女都有平等的继承遗产的权利，总共100万元的遗产，如果5个子女平分，每人20万元，何况继承时要对照顾老人多的子女多分，也就是说你父亲可能还分不到20万元。再说，打官司需要付出律师费、耗费时间和不少精力，尤其是你不能只算经济账，依我的经验，兄弟姐妹之间吵吵闹闹，甚至打一架，过段时间也就和好了，可是如果打官司了，结局不管谁赢谁输，往往老死不相往来，对你的父亲和你们来说，在大城市生活条件很好，真没有必要和农村的兄弟姐妹去争一二十万元的财产，一旦提起诉讼，那个老家可能永远回不去了。这位朋友听了我的分析之后，也觉得没有必要打官司，甚至没有必要去争遗产。近一二十年来，因为争夺拆迁补偿款或遗产而引起家庭不和甚至对簿公堂的不少。我认为，是否打官司，不仅要算清经济账，更要考虑感情账，人这一辈子，钱财很重要，父母子女、兄弟姐妹之间的亲情关系也很重要。在考虑是否打官司之前，必须全面衡量、反复斟酌，不能一时冲动贸然诉讼，开弓没有回头箭。实践中，很多拆迁、遗产纠纷的发生及不能和解解决，一个主要原因就是很多人依然认为只有儿子有权继承遗产，不知道继承法早就规定继承权男女平等，这是民法平等原则在继承领域的表现。领导干部掌握了民法的基本原则，就不会在规则制定、执法司法及纠纷调处中迷失方向，面对市场主体少一些厚此薄彼、面对民间矛盾多一些耐心开导。解决纠纷如此，民事立法亦如此。民法基本原则反映的是民事生活的根本属性和基本规律，是民事立法的指导思想。民法典配套制度建设，要始终以平等、自愿、公平、诚信等民法基本原则为指引。

第二，原则有时就是我们行为的准则，也是法院裁判的依据。记得2000年前后曾经在北京发生一起案件，一家房地产开发商销售在建楼盘，远在千里之外的一家公司买了几套，合同约定价款分三期支付，其中一期的付款条件是自楼房封顶之日起10日之内，否则出卖方有权解除合同并请求违约赔偿。结果等楼房封顶时，北京房价上涨不少，开发商于是有了将房屋高价卖给他人的想法。为了实现这一目的，开发商故意不告诉买方楼房封顶的消息，而是等10天到了之后直接给买方发去了解除合同并请求违约赔偿的通知函，同时将房屋又高价卖给了第三人。对于开发商的这一举动，买方很不理解，向法院提起了诉讼，要求开发商承担违法解除合同的违约责任。法院经审理认为，虽然合同没有约定楼房封顶的事实由出卖方通知购买方，也没有约定由买方自己发现这一事实，但根据诚信原则，出卖方当然负有这一义务，因此判决开发商没有履行通知义务属违约行为，无权解除合同，应承担违约责任。其实，在合同的谈判、签订、履行，甚至履行之后，都有很多我们无法约定清楚、考虑不周的事项，这时就需要根据诚信原则履行通知、保密、协助等义务。诚信的市场需要诚信的政府，诚信不只是道德教条，更是我们在缺乏规则时的替代行为准则。其实，在民事法律适用方面，作为民法精神的集中体现者，法律原则能够有效解释模糊规定、填补法律漏洞、化解矛盾冲突。“法条有限而人事无穷”，再完备的法律也会有漏洞，这是人类理性有限性和法律滞后性的必然结果；再具体的法律也会有一些抽象概括规定，这是法律稳定性和所需立法技术的必然结果；再缜密的法律也难免出现规定之间的矛盾冲突，这或许是法律多种利益平衡的宿命。至于合同约定，也会存在前述法律规定的类似问题，何况合同约定固然周全、完备、事无巨细，但这会增加谈判成本、贻误时机，结果可能得不偿失。因此，我们一定要学会运用民法原则解释模糊规定、补充法律和合同漏洞、调和法律规定和合同约定冲突。

第三，原则可以开拓我们解决问题的思路。比如，民法以自愿为原则，那就意味着我们只要不触及法律的底线，就可以自主地安排自己的事务，而不是被动按照法律的规定办。同时，既然民法尊重他人意愿，如果遇到欺诈、胁迫等导致意愿不真实而受到损害时，就要通过向法院请求撤销等手段维护自己的权益。再比如，民法坚持公平原则，所以当遇到不公平的结果时，可以寻求法律的救济，而不是被动挨打。实践中，有些合同约定的违约金比较低，还不及造成的损失，有些则过分高，达到甚至超过本金一倍多，显然有违公平。那怎么办呢？其实，法律赋予了受损一方请求法院或仲裁机构予以调整的权利，只是，这种调整首先得老百姓向法院提出请求。这方面的例子还不少，记得新冠肺炎疫情发生后不久，我一个企业家朋友就问我，企业经营很困难，没什么收入，但要支付很高的租金和工资，把企业关掉心有不甘，你说怎么办？我说目前你可以找出租方谈谈，让其减免一些租金，毕竟疫情是我们都无法预测的，显然不属于商业风险的范围，虽然还达不到不可抗力的程度。民法典规定的情势变更制度就是解决此类问题的。事实上，新冠肺炎疫情发生以来，中央和地方出台了不少类似调整不同主体利益关系的规定，其正当性根据就在于民法的公平原则和该大原则之下的情势变更原则。

特别需要指出的是，民法典的颁布，虽然在法律规定的具体化、体系化方面有了长足进展，但必须认识到，我国的民法典只有 1260 条，10 万多字，而 200 多年前的 1804 年法国民法典为 2281 条，100 多年前德国民法典为 2385 条，1997 年意大利民法典共 2969 条，费安玲和丁玫教授于 1997 年翻译出版的《意大利民法典》中文字数超过 60 万，郑冲和贾红梅于 1999 年翻译出版的《德国民法典》中文字数超过 40 万。因此，我们既要看到此次民法典编纂取得的了不起的成就，也应看到未来民法典的完善和配套制度建设任务之繁重。我们要充分发挥民法基本原则的填补、解释和调和功能，实施好民法典。

世事无穷，原则有限。民法典的条文很多，但原则只有 7 个，即平等、自愿、公平、诚信、守法、公序良俗、绿色。我们常说大道至简，民法典的每一条基本原则虽然看起来都十分简短，却是民法典的精神、灵魂主线，贯穿于民法典的始终。比如，平等不仅指国有企业与民营企业平等，公有产权与私有产权受法律平等保护，婚姻男女平等，家庭成员之间平等，夫妻在婚姻家庭中地位平等，夫妻双方平等享有对未成年子女抚养、教育和保护的权利，夫妻对共同财产有平等的处理权，继承权男女平等。自愿不仅表现在契约自由，也表现在婚姻自由、夫妻财产有约定按约定，遗产继承有遗嘱先按遗嘱等方面。我们常说万变不离其“宗”，基本原则就是民法典的“宗”。还是那句话，掌握了基本原则，即使不懂得民法的具体规定，也不会在纷繁复杂的民事生活面前迷失方向，从而不至于犯原则性、方向性或者低级错误。如果说学习民法典有什么捷径的话，那就是学习好原则。

（二）基本原则详解

1. 平等原则

平等是民法最基础、最根本的一项原则，也是民法法律区别于行政、刑事等强制、命令、管理型法律的主要标志，其要义是民事主体在民事活动中的法律地位一律平等，互不隶属、各自独立。即使国家机关，一旦因购买商品等进入民事领域，就是普通市场主体，而不能以管理者自居。民法意义上的平等指起点平等、参与机会平等，而非现实的平等、结果平等。平等包括主体平等、权利平等、机会平等。

一部人类社会的发展史，便是对人人平等的追逐史。"所有进步社会的运动，到此处为止，是一个'从身份到契约'的运动"，这是英国法律史学家梅因的名言。罗马人被区分为无人格、有人格，有人格之人的人格还有高低之分。只有享有自由、家长和市民身份的人才具有完整的人格，奴隶不享有人格，妇女、家子也不拥有完整的人格。我国古代的奴婢如同牛马，人被划分为三六九等，等级森严。官民之间不平等，平民百姓之间也不平等。"引礼入法"是中国古代法律的突出特点，礼制强调的便是贵贱有别，亲疏有差。17 世纪、18 世纪的近代民法逐步确立了法律人格的形式平等。①

新中国民事立法不断确立并落实平等原则。新中国第一部法律 1950 年《婚姻法》第一条就规定，废除包办强迫、男尊女卑、漠视子女利益的封建主义婚姻制度。实行男女婚姻自由、一夫一妻、男女权利平等、保护妇女和子女合法权益的新民主主义婚姻制度。1986 年《民法通则》更是将平等确立为民法的第一项基本原则，其第三条规定："当事人在民事活动中的地位平等。"之后的合同法、物权法等法律不断落实平等原则。当然，平等的实现并非易事。物权法制定过程中，曾经针对物权法草案的平等保护规定，爆发了激烈争论。由于宪

---

① 马骏驹、刘卉：《论法律人格内涵的变迁和人格权的发展》，载《法学评论》2002 年第 1 期，第 26–41 页。

法明确规定社会主义的公共财产神圣不可侵犯，个别学者认为规定平等保护违反宪法规定。最终，《物权法》第三条第三款明确规定，“国家实行社会主义市场经济，保障一切市场主体的平等法律地位和发展权利”，成功终结了这场争论。民法典在吸收物权法这一规定的基础上，进一步增加规定“国家、集体、私人的物权和其他权利人的物权受法律平等保护，任何组织或者个人不得侵犯”（第二百零七条）。

平等贯穿于民法典始终，具体体现在：民法调整平等主体的自然人、法人和非法人组织之间的人身关系和财产关系（第二条），民事主体在民事活动中的法律地位一律平等（第四条），自然人的民事权利能力一律平等（第十四条），民事主体的财产权利受法律平等保护（第一百一十三条），国家、集体、私人的物权和其他权利人的物权受法律平等保护（第二百零七条），婚姻男女平等（第一千零四十一条第二款），家庭成员应当维护平等、和睦、文明的婚姻家庭关系（第一千零四十三条第二款），夫妻在婚姻家庭中地位平等（第一千零五十五条），夫妻双方平等享有对未成年子女抚养、教育和保护的权利（第一千零五十八条），夫妻对共同财产有平等的处理权（第一千零六十二条第二款），继承权男女平等（第一千一百二十六条）。

平等原则进入法律文本不容易，而其实践落实更难。我们的传统观念和风俗习俗还有不少与平等原则不吻合甚至相悖的，典型的如“子不教父之过”“嫁出去的姑娘泼出去的水”，以及家庭当中的大男子主义、孩子教育中的“狼爸虎妈”等。其实，如果按照民法典的规定，不仅继承权男女平等，夫妻在家事处理中地位平等，父母对未成年子女抚养教育保护的权利义务平等，即使家庭成员之间也应当维护平等的家庭关系，子女是和父母一样享有平等权利的民事主体，父母不能像行使所有权一样对成年子女绝对控制。从实践来看，我们在权利的平等保护方面还有很多不足之处。除了我们经常讲的对民营企业产权的保护还需要加强之外，国有产权的保护问题也应当引起重视。我曾去某地方农垦调研，有个农场反映他们农场拥有国有农用地 7 万多亩，但有 2 万多亩被当地集体经济组织和农民长期侵占，有些早已办了国有农用地使用权证的土地，有的地方政府部门给集体经济组织或农民重复发证。从全国情况看，这种现象还比较普遍。当然，民法强调平等，但也重视对未成年人、老年人、妇女、残疾人、消费者，以及中小企业等弱者的实质保护。例如，《民法典》第一千零八十七条第一款规定："离婚时，夫妻的共同财产由双方协议处理；协议不成的，由人民法院根据财产的具体情况，按照照顾子女、女方和无过错方权益的原则判决。"而其他法律法规也有不少类似弱者保护的规定，如 2020 年 9 月 1 日实施的《保障中小企业款项支付条例》对国家机关、事业单位、大型企业等与中小企业交易活动中的款项支付问题作出了明确、有利于中小企业的严格规定，这与民法的平等原则并不矛盾。另外，《消费者权益保护法》赋予了消费者"无理由退货权"，即经营者采用网络、电视、电话、邮购等方式销售商品，消费者有权自收到商品之日起七日内退货，且无需说明理由。

2. 自愿原则

自愿是民法最核心的原则，指民事主体按照自己的意愿，凭借自身知识、偏好和判断，自主地进行民事活动的基本准则，其要义是自己参与、自己负责，基础是当事人是自己利益的最佳判断者，基本理念是保障和鼓励人们依照自己的意志进行民事活动、参与市场交易，也就是意思自治。意思自治是民事活动和市场经济的活力之源。

自愿原则和平等原则紧密相连，法律地位的平等是自愿的前提。没有平等，就不可能有真正的自愿，自愿是法律地位平等的必然结果。

民法典体现自愿原则最充分的就是契约自由，契约自由包括是否订立合同的自由、和谁订立合同的自由、合同具体内容的自由，以及订立合同后双方协商变更、终止或者解除合同。此外，其他各编都有很多体现自愿原则的规定，比如协议确定监护人、成年人在神智健康时通过协议方式为自己选定监护人、物权人自由支配和处分财产、结婚自由、离婚自由、约定夫妻财产、立遗产提前安排遗产的处理，等等。

活学活用民法典，关键就是要把握好民法典规定的自愿原则，自主安排自己事务。民法典和别的法律不一样，刑法、行政法等法律一般规定不得、禁止做什么事，而民法典是权利法，老百姓自主选择的空间很大。比如，很多年龄比较大的人就想，我就一个孩子，孩子以后可能不在一起甚至不在一个城市生活，那我老了谁来照看我？其实，按照民法典规定，类似这种"后事"也可以提前安排，即可以与近亲属、其他愿意担任监护人的个人或者组织事先协商，以书面形式确定自己的监护人，在自己丧失或者部分丧失民事行为能力时，由该监护人履行监护职责。整部民法典有 20 多个地方规定了"但是当事人另有约定的除外”，如“出租人应当履行租赁物的维修义务，但是当事人另有约定的除外”。这就意味着如果出租方不想承担对租赁物的维修义务，就应在租赁合同中约定承租方负担此义务。此外，民法典的这种“约定优先”还突出表现为夫妻财产和遗产处分方面。夫妻财产有约定的按照约定，没有约定的才按照法律规定认定哪些是个人财产，哪些是共同财产。遗产处理有遗嘱的按照遗嘱，没有遗嘱的才按照法定继承办理。立遗嘱时，既可以将遗产直接分配给被继承人或受遗赠人，也可以通过遗嘱设立信托。比如，某富豪有两个儿子，老大善于经营，老二游手好闲，是个典型的浪费人。富豪想，如果等他百年之后把所有遗产让两个儿子继承，那老二很快就会挥霍殆尽，到头来连基本的保障都可能没有。考虑到这种情况，富豪决定立遗嘱将部分财产让老大继承，部分财产通过遗嘱设立信托，把老二作为信托受益人，这样就比较好地保障了老二的基本生活。民法尊重民事主体的选择意愿，如果民事主体的意思表示真实且不违法，民法自然乐观其成，如《民法典》第一千零六条第一款规定，完全民事行为能力人有权依法自主决定无偿捐献其人体细胞、人体组织、人体器官、遗体。如果民事主体没有作出相应选择，民法在替民事主体作选择时，也会尽可能地考虑、揣摩民事主体的意愿，至少不得违背民事主体的意愿。例如，《民法典》第一千零六条第三款规定，自然人生前未表示不同意捐献的，该自然人死亡后，其配偶、成年子女、父母可以共同决定捐献，决定捐献应当采用书面形式。也就是说，配偶、成年子女和父母的捐献必须是**共同决定**，个别人说了不算。民法的自愿原则，体现的是对自主选择的尊重，民法典正是通过合同、婚姻缔结解除、收养、遗嘱遗赠等制度安排，赋予民事主体安排当下及未来生产生活、妥当处理身后事务的有效手段。正是在这个意义上，民法典主要不是用来“守”的，而是应当“活学活用”的。

民法意义上的自愿是没有受到欺诈、胁迫，也没有被乘人之危的真正的自愿，也即《民法典》第一百四十三条所规定的“意思表示真实”。意思表示真实是合同、遗嘱等民事法律行为有效的基本要件，恶意串通、受欺诈、被胁迫或乘人之危而导致意思表示不真实是合同或遗嘱等无效或可撤销的主要原因。民事活动强调自愿，一方面意味着另一方当事人不得强迫、欺诈及施加其他不当影响和压力，另一方面还意味着任何第三方单位和个人，包括政府机关不得干涉当事人的自主行为，让当事人实现“我的地盘我做主”。此外，民法强调的自愿是真正的自愿，因此，当自愿交易的基础不存在时，民法就要强制缔约，如供用电、水、气、热力领域供应方有强制缔约义务。另外，为了实现特定公共利益，法律也可能规定双方都负有强制缔约义务，如机动车强制责任保险。

当然，自由从来都不是绝对的、无限制的自由，任何自由都是有限度的。民法典虽为权利法，以意思自治为主旋律、主基调，但也有不少义务规定、底线要求，何况自愿参与的另一面就是要自己负责。民法典规定的“自甘冒险”制度即是这一精神的典型体现。《民法典》第一千一百七十六条第一款规定：“自愿参加具有一定风险的文体活动，因其他参加者的行为受到损害的，受害人不得请求其他参加者承担侵权责任；但是，其他参加者对损害的发生有故意或者重大过失的除外。”这表明，对于“自愿参加”具有一定风险的文体活动而因其他参加者的行为受到损害的，原则上风险自担，即不得向其他参加者请求损害赔偿，除非其他参加者对损害的发生有故意或者重大过失。比如，在宋某祯诉周某身体权纠纷案中，[①] 宋某祯、周某均为羽毛球业余爱好者，自 2015 年起自发参加羽毛球比赛，2020 年某日，宋某祯、周某与案外四人在北京某公园内露天场地进行羽毛球 3 对 3 比赛。运动中，宋某祯站在发球线位置接对方网前球后，将球回挑到周某方中场，周某迅速杀球进攻，宋某祯直立举拍防守未果，被羽毛球击中右眼。造成宋某祯术后 5 周余验光提示右眼最佳矫正视力为 0.05 的伤害后果，宋某祯遂诉至法院，要求周某赔偿医疗费、护理费、住院伙食补助费、营养费等各项费用。本案为全国首例适用民法典第一千一百七十六条“自甘冒险”规定作出判决的案件，一审判决以宋某祯自愿参加比赛，将自身置于潜在危险之中，属于自甘冒险的行为，同时周某不存在重大过失为由驳回宋某祯的全部诉讼请求，上诉后二审法院判决驳回上诉，维持原判。

领导干部理解把握自愿原则，关键在于尊重、“容忍”市场主体的自主选择，要给市场主体更多的机会、更广阔的舞台。“当官不为民作主，不如回家卖红薯”的想法如果从为人民服务的角度理解自然没有问题，但如果“替民作主”那是要不得的。我们不仅要尊重民法赋予民事主体的选择权利，还应当进一步推动制度改革，为市场主体开辟更为宏大的自主选择市场。

---

① 《人民法院贯彻实施民法典典型案例（第一批）》，参见最高人民法院网站：https://www.court.gov.cn/zixun-xiangqing-347181.html，2022 年 3 月 16 日访问。

3. 公平原则

公平是正义的道德观在法律上的体现，指民事主体应依据社会公认的公平观念从事民事活动，以维持当事人之间的利益均衡。平等强调起点的平等，公平强调权利义务设定的公平。

“法律乃善良和公平的艺术。”“公平的概念只有在人与人的关系上才有意义。”① 合同约定应当信守，他人财产不可侵犯，伤害他人必须赔偿，见义勇为理应得到支持，这都是公平的应有之义。民法上公平的要义就是妥善确定民事活动中各方的权利和义务，避免天平过分地向某一方当事人倾斜。

公平原则并不简单等同于等价有偿。只要出于真实意愿，无偿赠与也无不可，何况粉丝为了得到心目中的明星的签名照、相关物品或者观看其比赛、演出，而付出在一般人看来超乎寻常甚至离谱的价格。民法就一方给付与对方的对待给付之间是否公平、是否具有等值性的判断，采取的是主观等值原则，即当事人主观上愿以此给付换取对待给付，即为公平合理。至于客观上是否等值，法律一般不去过问。当然，既然强调行为人主观上真实自愿，则该行为人是否有行为能力、是否被欺诈胁迫等就显得尤为重要。

为了促进公平、实现公平，民法典对合同自由作出了不少限制规定。为了防范因缔约双方实力悬殊可能造成的不公平，民法典专门设计了防范“霸王条款”的规定，如其第四百九十六条第二款规定，采用格式条款订立合同的，提供格式条款的一方应当遵循公平原则确定当事人之间的权利和义务，并采取合理的方式提示对方注意免除或者减轻其责任等与对方有重大利害关系的条款，按照对方的要求，对该条款予以说明。提供格式条款的一方未履行提示或者说明义务，致使对方没有注意或者理解与其有重大利害关系的条款的，对方可以主张该条款不成为合同的内容。并在第四百九十七条、第四百九十八条规定了格式合同无效的情形和对格式合同解释的规则。

基于公平，无偿行为的责任应轻于有偿行为，为此，《民法典》第一千二百一十七条规定，非营运机动车发生交通事故造成无偿搭乘人损害，属于该机动车一方责任的，应当减轻其赔偿责任，但是机动车使用人有故意或者重大过失

① ［英］彼得·斯坦等：《西方社会的法律价值》，王献平译，中国人民公安大学出版社 1990 年版，第 78 页。

的除外。

为了纠正已经出现的不公平，民法典赋予了受损一方救济的权利。如一方利用对方处于危困状态、缺乏判断能力等情形，致使民事法律行为成立时显失公平的，受损害方有权请求人民法院或者仲裁机构予以撤销。合同成立后，合同的基础条件发生了当事人在订立合同时无法预见的、不属于商业风险的重大变化，继续履行合同对于当事人一方明显不公平的，受不利影响的当事人可以与对方重新协商；在合理期限内协商不成的，当事人可以请求人民法院或者仲裁机构变更或者解除合同。约定的违约金低于造成的损失的，人民法院或者仲裁机构可以根据当事人的请求予以增加，约定的违约金过分高于造成的损失的，人民法院或者仲裁机构可以根据当事人的请求予以适当减少。

不过，值得注意的是，公平是一个主观性很强的概念，民法强调公平，但对民事交易结果的调整权力予以严格限制，以免对既有交易秩序造成过大冲击，影响当事人预期。典型的例子就是民法典侵权责任编对民法通则侵权公平责任条款的修正。《民法通则》第一百三十二条规定："当事人对造成损害都没有过错的，可以根据实际情况，由当事人分担民事责任。"这一条规定中的"可以根据实际情况"赋予了法官过大的自由裁量权，司法实践中存在不同程度的滥用。《民法典》第一千一百八十六条在删除"可以根据实际情况"的同时，对双方分担损失增加"依照法律的规定"的限制性条件，从而将侵权公平责任的适用限定在必要的范围内。

4. 诚信原则

诚信即诚实信用的简称，是指从事民事活动的民事主体在行使权利和履行义务时必须意图诚实、善意，行使权利不侵害他人与社会的利益，履行义务信守承诺和法律规定。《民法典》第七条规定，民事主体从事民事活动，应当遵循诚信原则，秉持诚实，恪守承诺。

所谓"秉持诚实"，就是要求当事人在民事活动中应当秉持善意，行使权利应当合乎权利所保护的目的，不逾越权利的正当界限。典型的权利滥用情形为：以损害国家利益、社会公共利益、他人合法权益为**主要目的**行使民事权利。例如，假借订立合同，恶意进行磋商，导致他人丧失商业机会；再如，故意隐瞒与订立合同有关的重要事实或者提供虚假情况；又如，专利权人长期不实施其专利，也不以合理的条件允许具备条件的他人使用其专利等。同样，民事义务的履行，也应当善意而真诚，协力实现权利人所受保护的利益。如果未以诚信的方式履行义务，仍然属于履行不到位。例如，在一起借款纠纷中，总借款额为 200 万元，合同约定期限届满后如果不能及时偿还，每迟延一日，就应支付未支付款项总额的万分之三的违约金。结果合同到期后，借款人不偿还借款，出借人一催，就通过微信转账方式支付三五百元，或者一两千元，搞得出借人不胜其烦，因为这涉及比较复杂的迟延利息计算问题。为此，出借人专门通知借款人，如果资金实在紧张，希望隔一段时间支付一个相对大额的数字，可借款人依然我行我素。显然，借款人这样履行义务是不符合诚信原则的。

信守承诺是中华民族的传统美德，也是人类社会共同信奉的基本社会交往准则。子曰：“人而无信，不知其可也。”古罗马的法律视合同为“法锁”，解开这把“法锁”的钥匙就是当事人践行自己承诺的行为。犹太人的名言说，契约是衡量一个人道德品质的天平。遵守契约，你获得的将不只是尊重。英国作家乔治·麦克唐纳更是强调说“信任是比爱更美好的赞美”。

“诚者自然，信是用力，诚是理，信是心，诚是天道，信是人道，诚是以命言，信是以性言，诚是以道言，信是以德言。”（《性理大全·诚篇》）诚信原则是市场伦理道德准则在民法上的反映。诚实信用是社会交往、商品交易、有效合作的黏合剂，能够有效降低社会交易成本。正是在这个意义上，我们说现代市场经济是信用经济，经济活动的广度和深度在一定程度上取决于社会的诚信程度。

诚信是民法最大的原则，是民事主体行使权利履行义务的基本准则，适用于民法的全部领域。物权变动实行公示公信原则，不动产权利转让的公示方式是登记，而经过登记的物权，即使登记有错误，法律也保护基于登记可信赖性取得物权的善意第三人。合同订立的整个过程都要遵守诚信原则，谈判过程中知悉的对方的商业秘密或者其他应当保密的信息，无论合同是否成立，不得泄露或者不正当地使用；民事主体缔结合同，即使考虑再周全，约定再详细，也不可能做到尽善尽美、滴水不漏，无论合同约定不明条款的解释，还是合同的履行，都可能需要诚信原则的指导；合同终止后，还可能产生基于诚信的相关义务。比如《民法典》第五百五十八条规定：“债权债务终止后，当事人应当遵循诚信等原则，根据交易习惯履行通知、协助、保密、旧物回收等义务。”缔结婚姻应当诚实，一方患有重大疾病的，应当在结婚登记前如实告知另一方，否则另一方有权请求撤销婚姻。正是因为高度抽象性和普遍适用性，诚信原则也被称为民法中的“帝王条款”。

5. 守法原则

守法原则就是指民事主体从事民事活动，不得违反法律。守法是市场主体从事民事活动应当坚守的底线。民法典以权利为重、以自愿为要，但也规定了不少不得触碰的底线。比如监护人被指定后，不得擅自变更；监护人除为维护被监护人利益外，不得处分被监护人的财产，正是因为这一规定，实践中就有了父母将房产赠与未成年子女并过户登记后能否再为自己设立居住权的争论；为公益目的成立的非营利法人终止时，不得向出资人、设立人或者会员分配剩余财产；任何组织或者个人需要获取他人个人信息的，应当依法取得并确保信息安全，不得非法收集、使用、加工、传输他人个人信息，不得非法买卖、提供或者公开他人个人信息；禁止包办、买卖婚姻和其他干涉婚姻自由的行为，禁止借婚姻索取财物，禁止重婚，禁止有配偶者与他人同居，禁止家庭暴力，禁止家庭成员间的虐待和遗弃；等等。

守法原则所指的法，不仅指民法，还包括其他法律法规规章，甚至规范性文件。比如，《民法典》第六百八十条规定，禁止高利放贷，借款的利率不得违反国家有关规定。这里的“有关规定”显然还包括司法解释及金融监管等部门的规定。《民法典》第三百六十三条更是规定，宅基地使用权的取得、行使和转让，适用土地管理的法律和国家有关规定。这里将“法律”和“国家有关规定”并列作了规定。

需要注意的是，法律规定有强制性规定和任意性规定之分。所谓强制性规定，是指必须依照法律适用、没有选择余地的规定。如《民法典》第一百四十四条规定，无民事行为能力人实施的民事法律行为无效。第一百五十三条第二款规定，违背公序良俗的民事法律行为无效。所谓任意性规定是指允许民事主体以自己的意愿变更相关内容的法律规定，最典型的就是民法典中大量的含有“但是当事人另有约定的除外”的规定。例如，《民法典》第八百三十六条规定，托运人或者收货人不支付运费、保管费或者其他费用的，承运人对相应的运输货物享有留置权，但是当事人另有约定的除外。守法原则要求所守之法是强制性规定。

强制性规定又有效力性强制性规定和管理性强制性规定之别，当事人违反不同类型的强制性规定，产生不同的法律后果。现代社会出于保障人权、维护社会秩序、保障公共利益等不同理由，通过民法，更多的是通过各类公共管理性质的法律、行政法规设定了民事行为的禁区，这些都构成了民事行为的边界。当然，并不是只要违反法律、行政法规的强制性规定，法律行为就无效。《民法典》第一百五十三条规定，违反法律、行政法规的强制性规定的民事法律行为无效。但是，该强制性规定不导致该民事法律行为无效的除外。理论上将强制性规定区分为效力性强制性规定和管理性强制性规定，违反效力性强制性规定的，合同无效，而违反管理性强制性规定的，并不影响合同的效力。实践中，如何区分效力性强制性规定和管理性强制性规定，存在比较大的分歧。2019年最高人民法院发布的《全国法院民商事审判工作会议纪要》指出，人民法院在审理合同纠纷案件时，要依据《民法总则》第一百五十三条第一款和《最高人民法院关于适用〈中华人民共和国合同法〉若干问题的解释（二）》第十四条的规定慎重判断"强制性规定"的性质，特别是要在考量强制性规定所保护的法益类型、违法行为的法律后果以及交易安全保护等因素的基础上认定其性质，并在裁判文书中充分说明理由。下列强制性规定，应当认定为"效力性强制性规定"：强制性规定涉及金融安全、市场秩序、国家宏观政策等公序良俗的；交易标的禁止买卖的，如禁止人体器官、毒品、枪支等买卖；违反特许经营规定的，如场外配资合同；交易方式严重违法的，如违反招投标等竞争性缔约方式订立的合同；交易场所违法的，如在批准的交易场所之外进行期货交易。关于经营范围、交易时间、交易数量等行政管理性质的强制性规定，一般应当认定为"管理性强制性规定"。比如，某公司超越经营范围订立的合同，一般不能否认合同的效力，只是公司超越经营范围的行为可能要受到行政处罚。

值得注意的是，根据前述《全国法院民商事审判工作会议纪要》，违反规章一般情况下不影响合同效力，但该规章的内容涉及金融安全、市场秩序、国家宏观政策等公序良俗的，应当认定合同无效。人民法院在认定规章是否涉及公序良俗时，要在考察规范对象基础上，兼顾监管强度、交易安全保护以及社会影响等方面进行慎重考量，并在裁判文书中进行充分说理。

6. 公序良俗原则

公序良俗是公共秩序和善良风俗的合称。公共秩序是指与社会公共利益有关的社会秩序，是指经济、政治、文化、生活等领域的基本秩序。善良风俗通常指社会公认的、良好的、基于社会主流道德观念的习俗，一般也被称为社会公共道德，是社会、国家的存在和发展所必要的一般道德或者基本伦理要求。

在之前的法律中，公序良俗原则被表达为社会公德、社会公共利益、社会经济秩序等不同概念。《民法通则》第七条规定："民事活动应当尊重社会公德，不得损害社会公共利益，扰乱社会经济秩序。"《合同法》第七条规定："当事人订立、履行合同，应当遵守法律、行政法规，尊重社会公德，不得扰乱社会经济秩序，损害社会公共利益。"《物权法》第七条规定，物权的取得和行使，应当遵守法律，尊重社会公德，不得损害公共利益和他人合法权益。社会公共利益和社会经济秩序可以说就是公序，而社会公德则是良俗的集中体现。2017年《民法总则》首次在我国民事立法中采用了公序良俗原则的表述。民法典沿用了民法总则关于公序良俗的称谓，其第八条规定，民事主体从事民事活动，不得违反法律，不得违背公序良俗。第一百五十三条第二款规定，违背公序良俗的民事法律行为无效。

在现代市场经济社会，公序良俗原则有维护国家社会一般利益及一般道德观念的重要功能。民法典规定，民事主体从事民事活动，不得违背公序良俗。按照民法典，违背公序良俗的合同、遗嘱等民事法律行为无效，姓名权的设定、使用等不得违背公序良俗。从司法实践来看，最高人民法院2019年发布的《全国法院民商事审判工作会议纪要》明确规定："违反规章一般情况下不影响合同效力，但该规章的内容涉及金融安全、市场秩序、国家宏观政策等公序良俗的，应当认定合同无效。"这里讲的公序良俗显然是指公共秩序意义上的公序良俗。

与守法原则一样，公序良俗原则也是对民事主体意思自治的限制，是法律为民事主体划定的行为红线。林肯曾说，"法律是显露的道德，道德是隐藏的法律"。"黄、赌、毒"的从业者之间的行为可能完全出于他们的真实意愿，但法律并不认可、更不保护这样的"自愿交易"。救助企图自杀之人，虽然违背了自杀者的意思，但仍为民法所鼓励，因为自杀是违背公序良俗的。

实践中，违反公序良俗的类型主要有：一是违反性伦理和家庭伦理。例如，性交易合同、包养情妇合同、将全部遗产遗留给情妇的遗嘱、约定以不生育子女为条件而进行结婚的协议、断绝父子关系协议。二是极度限制个人自由。比如，卖身为奴，夫妻之间约定不得离婚，否则丧失全部财产并给对方巨额损害赔偿金，在雇佣合同或者劳动合同中约定职工不得结婚或者生育子女。三是赌博以及各种类似于赌博的行为。四是严重违反市场经济基本秩序从而限制正当竞争。五是严重限制营业自由或者职业自由。例如，约定长期的竞业禁止特约。[①]

与守法原则相比，公序良俗原则比较抽象模糊。但正是公序良俗原则的这一特点，使得该原则能够发挥弥补法律禁止性规定之不足，填补法律漏洞的功能。在填补法律漏洞方面，公序良俗原则有点类似于诚实信用原则。

7. 绿色原则

绿色是我国民法典独有的原则，意在回应生态文明对民事立法的要求。民法典关于绿色原则的法律表达是"节约资源、保护生态环境"，此外，民法典在业主权利行使义务履行、建设用地使用权的设定、商品包装等具体方面提出了绿色的要求，在商品使用期限届满后的回收、环境污染和生态破坏的侵权责任承担方面更是作出了明确规定，甚至要求惩罚性赔偿。如第六百二十五条规定，依照法律、行政法规的规定或者按照当事人的约定，标的物在有效使用年限届满后应予回收的，出卖人负有自行或者委托第三人对标的物予以回收的义务。

绿色原则的提出，传承了天地人和、人与自然和谐共生的我国优秀传统文化理念，又体现了党的十八大以来的新发展理念，与我国是人口大国、需要长期处理好人与资源生态的矛盾这样一个国情相适应。民法典实施以来，已经有不少环境公益的典型案件。

如浮梁县人民检察院诉某化工集团有限公司环境污染民事公益诉讼案，是我国首例适用民法典惩罚性赔偿条款的环境污染民事公益诉讼案件。该案的基本案情是：2018 年，被告某化工集团有限公司（以下简称被告公司）生产部经理吴某民将公司生产的硫酸钠废液交由无危险废物处置资质的吴某良处理，吴某良又雇请李某贤将 30 车共计 1124.1 吨硫酸钠废液运输到浮梁县寿安镇八角井、浮梁县湘湖镇洞口村的山上倾倒，造成了浮梁县寿安镇八角井周边约 8.08 亩范围内的环境和浮梁县湘湖镇洞口村洞口组、江村组地表水、地下水受到污染，影响了浮梁县湘湖镇洞口村约 6.6 平方公里流域的环

① 刘锐、黄福宁、席志国：《民法总则八讲》，人民出版社 2017 年版，第 201–202 页。

境，妨碍了当地 1000 余名居民的饮用水安全。经鉴定，两处受污染地块的生态环境修复总费用为人民币 2168000 元，环境功能性损失费用共计人民币 57135.45 元，并产生检测鉴定费 95670 元。受污染地浮梁县湘湖镇洞口村采取合理预防、处置措施产生的应急处置费用共计人民币 528160.11 元。其中，吴某良、吴某民、李某贤等因犯污染环境罪已被另案判处六年六个月至三年二个月不等的有期徒刑。公益诉讼起诉人起诉请求被告公司赔偿相关生态环境损害。生效裁判认为，被告公司的行为符合民法典第一千二百三十二条规定的环境侵权惩罚性赔偿适用条件。综合该公司的过错程度、赔偿态度、损害后果、承担责任的经济能力、受到行政处罚等因素，判令其赔偿环境修复费用 2168000 元、环境功能性损失费用 57135.45 元、应急处置费用 532860.11 元、检测鉴定费 95670 元，并承担环境污染惩罚性赔偿 171406.35 元，以上共计 3025071.91 元；对违法倾倒硫酸钠废液污染环境的行为在国家级新闻媒体上向社会公众赔礼道歉。

在民法典规定的诸原则中，如果说自愿原则是动力装置，那么公平、守法、公序良俗、绿色等民法其他基本原则就是控制和刹车装置，是民事行为的底线要求。即使是在最看重自愿原则的合同法领域，也可以看到有许多自愿原则的例外。

总之，一句话，领导干部学习民法典的正确方法就是：活学活用民法典。

案例解析

张某某诉蒋某某遗赠纠纷案

该案最大的争论问题就是一审与二审判决均以民法“公序良俗”原则否定了符合继承法规定的遗赠行为的效力。对此，有赞成与反对两种截然不同的态度。赞成者认为原则是规则的基础，因此持原则高于规则的立场，本案的二审判决就采纳了该观点，明确指出，“公序良俗”原则“在法律适用上有高于法律具体规则适用之效力”；而反对者则认为，规则较之于模糊而不确定的原则，具有具体性和确定性，故须优先适用。此外，有批评者指出，在形式法治尚未足够发展的中国，法律的确定性价值尤为重要，该案判决从“个案正义”中获得的正面效应也许并不比其负面效应大，因为它有可能损害法律的威严，减损人们对法律的信仰，增加人们对法律的不信任。[①] 另有批评者认为，首先，该案值得检讨的是这种判决未尽充分的说理和论证义务；其次，依据原则为规则创制例外时，不但要顾及一些形式原则，而且要考量规则背后起支撑作用的原则，即案中所涉及的“个人的遗嘱自由”，而其与“公序良俗”原则背后的“保护婚姻家庭的利益”又形成了原则之间的竞争关系。本案的关键不在于该遗赠行为是否违背“公序良俗”，而在于更深的一个层面，即“公序良俗”原则能否将对该遗嘱自由的限制加以正当化，也就是说，该案中的保护合法家庭的利益能否将对该遗嘱自由的限制加以正当化。但本案判决虽把该遗嘱行为涵摄为违背“公序良俗”的行为，却没有将对该遗嘱自由的限制加以正当化。而这种正当化的问题其实正是一个如何解决原则冲突的问题。[②]

像“公序良俗”这样内涵较为模糊的民法原则，其涵盖范围又十分广泛，很容易与其他规则、原则形成冲突。如果不加以限制，必将导致法官自由裁量权的失控和法律安定性的丧失。在国外，当今许多大陆法国家均已经通过判例的积累，将“公序良俗”原则的内容加以具体化和确定化，德国和日本甚至就这一原则在类似于我国前述的案件中应当如何适用的问题，早已经确立了主导性判例。[③] 如根据德国联邦最高法院的判例，如果被继承人立其情妇为继承人“旨在酬谢其满足自己的性欲或旨在决定或加强这种两性关系的继续”，那么这种行为通常被认为是违反善良风俗的；相反，如果被继承人具有其他动机，即如旨在给其情妇提供生活保障，则这种行为通常就是有效的。[④] 日本最高法院在 1986 年的一个案件中也判令类似的遗赠行为有效，理由是该案中的遗嘱并不以继续维持婚外情关系为目的，而是为了保证在生活上完全依赖于立遗嘱人的那位女性“第三者”之生计，而且其内容亦未达到威胁其他继承人之

---

① 张卓明、林来梵：《论法律原则的司法适用——从规范性法学方法论角度的一个分析》，载《中国法学》2006 年第 2 期，第 123 页、第 131 页。

② 张卓明、林来梵：《论法律原则的司法适用——从规范性法学方法论角度的一个分析》，载《中国法学》2006 年第 2 期，第 131 页。

③ 张卓明、林来梵：《论法律原则的司法适用——从规范性法学方法论角度的一个分析》，载《中国法学》2006 年第 2 期，第 132 页。

④ ［德］迪特尔·梅迪库斯：《德国民法总论》，邵建东译，法律出版社 2000 年版，第 516 页。

生活的程度。[①]

另外，我国之所以会在继承案件中出现类似本案的问题，一个重要原因是我国过去的继承法和今天的民法典均未规定法定继承人的“特留份”制度。特留份制度是指被继承人即使立遗嘱，也必须为“被排除在继承之外的近亲属”保留不可剥夺的最低限度份额遗产的制度。该制度的核心是对遗嘱自由的限制，目的是保障近亲属能在最低限度上分享遗产。德国的特留份权人有被继承人的后代、父母、配偶及登记生活伴侣。特留份制度会分化遗产，使得遗产分配更公平。特留份制度是各国比较普遍规定的制度。比如，《日本民法典》第一千零二十八条规定，兄弟姐妹以外的继承人，按下列规定得到特留份：只有直系尊亲属为继承人时，为被继承人财产的三分之一；于其他情形，为被继承人财产的二分之一。而日本民法典规定的继承人包括子女、直系尊亲属、兄弟姐妹、配偶。可以看出，特留份制度是通过限制被继承人的遗嘱自由，从而保护法定继承人的利益。因此，相对而言，我国的被继承人的遗嘱自由要比规定特留份制度的国家和地区大得多，这也是类似本案问题不断出现的一个重要原因。未来配套制度的完善，特留份制度是值得认真探讨的重要内容。

① 日本最高院昭和61年（1986年）11月20日判决，民集40卷7号第1167页。另可参见［日］内田贵：《民法I》（第2版增订版），东京大学出版社2000年版，第275页。

第三讲　认识民事主体

金句名言

人是万物的尺度。

——［古希腊］普罗泰戈拉

如果有什么东西应给付团体，它不应给付团体所属的个人，个人也不应偿还团体所欠之债。

——查士丁尼罗马法之《法学汇纂》

正是这种通过使财产独立化而产生的限制责任效果，构成了设立法人的本质动机。

——［德］梅迪库斯

现代社会最伟大的发明就是有限责任公司！即使蒸汽机和电气的发明也略逊一筹。

——［美］巴特勒

要点提示

• 为了适应经济社会活动的需求，节约社会经济生活的交易成本，民法在自然人之外，还赋予了法人和特定的非法人组织民事主体的地位。设立法人应当符合一定的条件。法人成立之后，依法独立享有民事权利，承担民事义务和民事责任。

- 民法典将法人区分为营利法人、非营利法人和特别法人。
- 营利法人是以取得利润并分配给股东等出资人为目的成立的法人，包括有限责任公司、股份有限公司和其他企业法人等，公司是营利法人的主要类型。
- 非营利法人是为公益目的或者其他非营利目的成立，不向出资人、设立人或者会员分配所取得利润的法人，包括事业单位、社会团体、基金会、社会服务机构等。营利法人和非营利法人的根本区别并不在于是否能够从事营利性活动并取得利润，而在于取得利润之后以及在法人终止时能不能向其设立人、出资人、会员等分配利润。
- 特别法人是我国民法总则的创造，民法典予以继受。特别法人具体包括机关法人、农村集体经济组织法人、城镇农村的合作经济组织法人和基层群众性自治组织法人。
- 法人终止时，应当依法进行清算。清算义务人不及时进行清算，或者不依法进行清算，对债权人造成损害的，债权人有权要求其承担民事责任。
- 非法人组织，即非法人的组织，是介于自然人和法人之间的一种组织，虽不具有法人资格，但是能够依法以自己的名义从事民事活动的组织。非法人组织包括个人独资企业、合伙企业、不具有法人资格的专业服务机构等。非法人组织与法人的主要区别即在于法人以其财产独立承担责任。
- 合伙企业分为普通合伙企业和有限合伙企业两种类型。合伙企业法还规定了特殊的普通合伙企业这一组织类型。

讨论案例

案例一：刘某名为投资实为借贷案

2014 年 5 月，刘某卖掉了自己的老房，获得价款 500 多万元，计划给自己的儿子购买结婚用房。考虑到当时房价过高，儿子两年内并不需要房子，刘某便产生了将手头的几百万元闲钱投资获利的想法。由于没有合适的投资信息和渠道，他就上百度搜索到了一个 A 投资中心（有限合伙）的投资基金项目，并直接和该项目的管理人 B 国际投资管理有限公司的项目管理人员联系。经项目管理人员介绍、劝说，刘某对这个投资项目颇感兴趣。该投资基金项目总认缴出资额为6000万元，由普通合伙人C公司认缴400万元，一般有限合伙人D公司认缴200万元，其他由优先合伙人认缴，每位有限合伙人的出资限额不低于100万元。优先合伙人出资期限为1年，年收益率15%，满半年还本10万元并支付相应收益，届满支付剩余本金和收益，A投资中心（有限合伙）届期不能支付本金和收益的，由普通合伙人C公司和一般有限合伙人D公司承担连带责任。考虑到这个投资项目能够保本，且有稳定的高回报（两个公司担保），担心货币贬值、急于投资的刘某便于当天与普通合伙人C公司和一般有限合伙人D公司签订了《A投资中心（有限合伙）合伙协议》，次日支付投资金100万元。半年后，A投资中心（有限合伙）如期支付了10万元本金和利息75000元。尝到甜头的刘某更加坚定了对该投资项目的信心，之后分两次再向该基金投资共250万元。2015年6月，第一期投资期限届满，刘某并未拿到自己期待已久的剩余本金和高额回报。经与投资管理人联系，双方确定延迟还本并支付投资回报。之后，第二、三期投资陆续到期，刘某遭遇了同样的命运。经查，普通合伙人C公司、一般有限合伙人D公司、项目的管理人B国际投资管理有限公司与A投资中心（有限合伙）均为同一实际控制人投资设立，所谓的投资基金项目并不存在，现在，A投资中心（有限合伙）、B国际投资管理有限公司、C公司和D公司均已处于不正常经营状态，人去楼空无法联系，刘某不仅没有收到预期的高额回报，本金也几乎无收回的希望。

思考问题：

1. A投资中心（有限合伙）的性质是什么？其和公司有什么不同？

2. 刘某与C公司和D公司签订的《A投资中心（有限合伙）合伙协议》的性质是什么？刘某向A投资中心（有限合伙）支付款项的行为是投资吗？

3. 谁应当为刘某负责？

案例二：梅河口市儿童福利院与张某柔申请撤销监护人资格案[①]

2021年3月，张某柔在梅河口市某烧烤店内生育一女婴（非婚生，暂无法

---

① 《人民法院贯彻实施民法典典型案例（第一批）》，参见最高人民法院网站：https://www.court.gov.cn/zixun-xiangqing-347181.html，2022年3月16日访问。

确认生父），随后将女婴遗弃在某村露天垃圾箱内。当日女婴被发现送医，女婴出院后被梅河口市儿童福利院抚养至今，取名“小小”（化名）。张某柔因犯遗弃罪被判刑。由于张某柔不履行抚养义务，其近亲属亦无抚养意愿，梅河口市儿童福利院申请撤销张某柔监护人资格，并申请由该福利院作为小小的监护人，梅河口市人民检察院出庭支持梅河口市儿童福利院的申请。

思考问题：母亲的监护权可以被撤销吗？儿童福利院可否作为儿童的监护人？

案例三：某妇联诉胡某、姜某某抚养纠纷案①

胡某某（2003 年 3 月 6 日出生）系胡某与姜某某非婚生女儿，后因胡某与姜某某解除恋爱关系，遂由胡某父母负责抚养。2016 年，经西南医科大学附属医院诊断，胡某某患有抑郁症、分离转换性障碍。胡某、姜某某长期未履行对胡某某的抚养义务，胡某父母年老多病，无力继续照顾胡某某，多次要求户籍所在地的村社、政府解决困难。该地妇联了解情况后，向法院提起诉讼，请求胡某、姜某某全面履行对胡某某的抚养义务。

思考问题：妇联有权提起诉讼吗？

主要内容

一、自然人

自然人是依照自然规律出生的人。出生指离开母体并有生命。自然人的出生时间和死亡时间，以出生证明、死亡证明记载的时间为准；没有出生证明、死亡证明的，以户籍登记或者其他有效身份登记记载的时间为准。有其他证据足以推翻以上记载时间的，以该证据证明的时间为准。

（一）自然人的权利能力

权利能力是能够享有民事权利、承担民事义务的资格。权利能力是人与生

① 《未成年人司法保护典型案例》，参见宿松县人民法院网站：http://www.aqssfy.gov.cn/content/detail/613f00407f8b9abe104004f1.html，2022 年 3 月 10 日访问。

俱来的，不得抛弃且不得非法剥夺。自然人从出生时起到死亡时止，具有民事权利能力，依法享有民事权利，承担民事义务，可以当原告，也可以当被告。值得注意的是，出生除了自然出生，还包括“视为出生”，即为了保护胎儿的利益，民法典特别规定“涉及遗产继承、接受赠与等胎儿利益保护的，胎儿视为具有民事权利能力。但是，胎儿娩出时为死体的，其民事权利能力自始不存在”。死亡包括自然死亡和宣告死亡。另外，自然人死亡后，某些权益仍然会得到法律保护，如姓名、肖像、名誉、荣誉、隐私、遗体等，以及著作权中的人格权。对这些权益进行保护，主要不是因为死者具有民事权利能力，而是为了保护其近亲属的利益或出于社会公共利益的需要。

（二）自然人的行为能力

行为能力是自然人能够独立实施依其意思表示内容发生法律效果的行为的能力，包括财产行为能力和身份行为能力。前者如缔约能力，后者如结婚能力和收养能力。行为能力以权利能力为前提，自然人都有权利能力且平等，但行为能力则不同。

民法典根据行为人年龄与智力状况的不同，将自然人的民事行为能力分为三类，即完全民事行为能力、限制民事行为能力和无民事行为能力。18 周岁以上的正常成年人及 16 周岁以上不满 18 周岁，但以自己的劳动收入为主要生活来源者，为完全民事行为能力人。限制民事行为能力人包括 8 周岁以上的未成年人和不能完全辨认自己行为的成年人，可以独立实施纯获利益的民事法律行为或者与其智力、精神健康状况相适应的民事活动，而依法不能独立进行的民事行为，应由其法定代理人代理，或者征得他的法定代理人的同意后独立进行。不满 8 周岁的未成年人和不能辨认自己行为的成年人是无民事行为能力人，由他的法定代理人代理民事活动。有这样一个案例，[①] 刘某生于 2002 年，初中辍学。2018 年至 2019 年期间，刘某使用父母用于生意资金流转的银行卡，多次向某科技公司账户转账用于打赏直播平台主播，打赏金额高达近 160 万元。刘某父母得知后要求某科技公司退还全部打赏金额，遭到拒绝遂诉至法院。法院

---

① 《未成年人司法保护典型案例》，参见宿松县人民法院网站：http://www.aqssfy.gov.cn/content/detail/613f00407f8b9abe104004f1.html，2022 年 3 月 10 日访问。

在审理该案中，多次组织双方当事人调解，最终双方庭外和解，刘某申请撤回起诉，某科技公司自愿返还近 160 万元打赏款项。本案中，刘某“打赏”时未满 18 周岁，花父母大额款项“打赏”主播显然超过其辨识能力，故某科技公司应当退还款项。《最高人民法院关于依法妥善审理涉新冠肺炎疫情民事案件若干问题的指导意见（二）》对未成年人参与网络付费游戏和网络打赏纠纷提供了明确的规则指引。意见明确指出，限制民事行为能力人未经其监护人同意，参与网络付费游戏或者网络直播平台“打赏”等方式支出与其年龄、智力不相适应的款项，监护人请求网络服务提供者返还该款项的，人民法院应予支持。

（三）自然人的住所

自然人的住所，指自然人的中心生活场所。自然人以户籍登记或者其他有效身份登记记载的居所为住所；经常居所与住所不一致的，经常居所视为住所。所谓“经常居住地”，指自然人离开住所后连续居住一年以上的地方，但住院就医的地方除外。自然人的住所，对于决定国籍、享有民事权利、判断诉讼管辖、确定债务履行地与国际私法上的准据法地和遗产继承地等，均有相应的法律效果。例如 2021 年修正的《民事诉讼法》规定，对公民提起的民事诉讼，由被告住所地人民法院管辖；被告住所地与经常居住地不一致的，由经常居住地人民法院管辖。

（四）监护制度

未成年人的父母是未成年人的监护人。夫妻离婚后，孩子的父母仍都是监护人，与子女共同生活的一方无权取消对方对该子女的监护权，但未与该子女共同生活的一方对该子女有犯罪、虐待行为或者对该子女明显不利等情形的除外。如果未成年人的父母死亡或者失去监护能力，则应按照下列顺序确定其中有监护能力的人担任监护人：（1）祖父母、外祖父母。（2）兄、姐。（3）其他愿意担任监护人的个人或者组织，但是须经未成年人住所地的居民委员会、村民委员会或者民政部门同意。

无民事行为能力或者限制民事行为能力的成年人，由下列有监护能力的人按顺序担任监护人：（1）配偶；（2）父母、子女；（3）其他近亲属；（4）其他愿意担任监护人的个人或者组织，但是须经被监护人住所地的居民委员会、村民委员会或者民政部门同意。

特别需要指出的是，民法典确立了“以家庭监护为基础，以社会监护为补充，国家监护兜底”的监护制度体系。没有依法具有监护资格的人的，监护人由民政部门担任，也可以由具备履行监护职责条件的被监护人住所地的居民委员会、村民委员会担任。因发生突发事件等紧急情况，监护人暂时无法履行监护职责，被监护人的生活处于无人照料状态的，被监护人住所地的居民委员会、村民委员会或者民政部门应当为被监护人安排必要的临时生活照料措施。实际上，兜底的监护人是民政部门。

监护人应当履行监护职责，代理被监护人实施民事活动，保护被监护人的人身、财产及其他合法权益，除为被监护人的利益外，不得处理被监护人的财产。监护人存在实施严重损害被监护人身心健康的行为，或者怠于履行监护职责导致被监护人处于危困状态等情形的，人民法院根据有关个人或者组织的申请，撤销其监护人资格，安排必要的临时监护措施，并按照最有利于被监护人的原则依法指定监护人。这里有权申请撤销监护人资格的个人、组织包括：其他依法具有监护资格的人，居民委员会、村民委员会、学校、医疗机构、妇女联合会、残疾人联合会、未成年人保护组织、依法设立的老年人组织、民政部门等。如果有关个人和民政部门以外的组织未及时向人民法院申请撤销监护人资格的，民政部门应当向人民法院申请。民法典实施后，已经有这方面的典型案例，如广州市黄埔区民政局与陈某金申请变更监护人案。[①] 本案的基本案情是：吴某，2010 年出生，智力残疾三级。2011 年被收养，其养父母于 2012 年和 2014 年先后因病死亡，后由其养祖母陈某金作为监护人。陈某金除每月 500 余元农村养老保险及每年 2000 余元社区股份分红外，无其他经济收入来源，且陈某金年事已高并有疾病在身。吴某的外祖父母也年事已高亦无经济收入来源。从 2018 年起，陈某金多次向街道和区民政局申请将吴某送往儿童福利机构养育、照料。为妥善做好吴某的后期监护，广州市黄埔区民政局依照民法典相关规定向人民法院申请变更吴某的监护人为民政部门，广州市黄埔区人民检察院出庭支持民政部门的变更申请。生效裁判认为，被监护人吴某为未成年人，

① 《人民法院贯彻实施民法典典型案例（第一批）》，参见最高人民法院网站：https：//www.court.gov.cn/zixun-xiangqing-347181.html，2022 年 3 月 16 日访问。

且智力残疾三级，养父母均已去世，陈某金作为吴某的养祖母，年事已高并有疾病在身，经济状况较差，已无能力抚养吴某。鉴于陈某金已不适宜继续承担吴某的监护职责，而吴某的外祖父母同样不具备监护能力，且陈某金同意将吴某的监护权变更给广州市黄埔区民政局，将吴某的监护人由陈某金变更为广州市黄埔区民政局不仅符合法律规定，还可以为吴某提供更好的生活、教育环境，更有利于吴某的健康成长。故判决自 2021 年 7 月 23 日起，吴某的监护人由陈某金变更为广州市黄埔区民政局。

我们常说民法典对人的关怀是从生到死的终极关怀。其实，民法典对人的关怀不仅仅是从生到死，还包括出生之前的胎儿阶段及死亡之后特定利益的保护。民法典有关胎儿利益的保护前已介绍，关于死者特定利益的保护，《民法典》第九百九十四条规定："死者的姓名、肖像、名誉、荣誉、隐私、遗体等受到侵害的，其配偶、子女、父母有权依法请求行为人承担民事责任；死者没有配偶、子女且父母已经死亡的，其他近亲属有权依法请求行为人承担民事责任。"与民法通则相比，民法典将无民事行为能力的年龄从"不满十周岁"降低为"不满八周岁"，而且成年无行为能力人或限制行为能力人的认定不再局限于精神病人，而是涵盖所有不能辨认或者不能完全辨认自己行为的成年人。另外，民法典增加了成年人事先通过协议确定自己的监护人的制度，即《民法典》第三十三条规定："具有完全民事行为能力的成年人，可以与其近亲属、其他愿意担任监护人的个人或者组织事先协商，以书面形式确定自己的监护人，在自己丧失或者部分丧失民事行为能力时，由该监护人履行监护职责。"

值得领导干部注意的是，民法典在监护制度中，规定了居民委员会、村民委员会和民政部门指定监护人、承担临时监护人、担任监护人以及紧急情况监护人无法履行监护职责时对被监护人的照顾义务等职责。此外，领导干部要注意民事行为能力制度在其他制度中的贯彻，如《民法典》第一百九十一条规定，未成年人遭受性侵害的损害赔偿请求权的诉讼时效期间，自受害人年满十八周岁之日起计算。这里之所以规定自受害人年满十八周岁之日起计算，就是出于保护未成年人的需要，让其成年之后依然有权对受损的权利进行救济。再如，父母离婚时孩子的抚养问题，《民法典》第一千零八十四条第三款规定："离婚后，不满两周岁的子女，以由母亲直接抚养为原则。已满两周岁的子女，父母双方对抚养问题协议不成的，由人民法院根据双方的具体情况，按照最有利于未成年子女的原则判决。子女已满八周岁的，应当尊重其真实意愿。”这里“子女已满八周岁的，应当尊重其真实意愿”，体现的就是已满八周岁的未成年人为限制行为能力人，有一定的辨别、判断能力。又如，《民法典》第一千一百四十三条第一款规定，无民事行为能力人或者限制民事行为能力人所立的遗嘱无效。

二、法人

法人是具有民事权利能力和民事行为能力，依法独立享有民事权利和承担民事义务的组织。设立法人，一般应具备三个条件，即依法成立，有自己的财产或经费，有自己的名称、组织机构和场所。

从本质上讲，法人就是法律承认的（非自然产生而是由于法律承认，故被称为“法人”），能够完全独立于法人的出资人、设立人、会员等的组织。比如，张三、李四投资设立某有限责任公司，张三、李四和某有限责任公司都是独立的民事主体，张三、李四对其出资设立的有限责任公司的责任以出资额为限，故被称为有限责任公司。而法人则要以其全部财产对其债务独立承担责任。这就意味着，除法律有特别规定外，法人的出资人（设立人或者会员）、组成人员均不对法人的债务承担责任，而法人也不对相关人员的自身债务承担民事责任。法人的独立法律人格意味着这一团体具有民事权利能力和民事行为能力，可以独立享有民事权利和承担民事义务，独立承担民事责任。

法人是团体，这是法人与自然人的根本区别。另外，与自然人在出生前的胎儿阶段也被视为有民事权利能力不同，法人的民事权利能力始于成立、终于终止，设立中的法人没有民事权利能力。同时，自然人的民事行为能力被区分为完全民事行为能力、限制民事行为能力和无民事行为能力，而法人的民事行为能力与民事权利能力同时产生、一同消灭，没有限制行为能力法人或无行为能力法人这一说。

（一）法人的类型

传统上将法人根据不同标准划分为公法人与私法人，社团法人与财团法人，营利法人、公益法人与中间法人，本国法人与外国法人等不同类型。

我们很多人之所以熟悉企业法人、机关法人、事业单位法人、社会团体法人等法人类型，是因为过去的民法通则关于法人的划分，有中国法人与外国法人、企业法人和非企业法人。企业法人又依据其所有制性质划分为全民制法人、集体制法人以及涉外法人。非企业法人则划分为机关法人、事业单位法人和社会团体法人。由于民法通则制定于改革开放之初的20世纪80年代，民法通则之后，农民专业合作社、民法学校、民办医院、基金会等新的法人组织形式不断出现，民法通则的法人分类既无法涵盖实践中新出现的法人形式，也不够科学，如按照所有制对企业法人的进一步划分，事实上也与法律发达国家的法人分类不一致。

民法总则按照法人设立目的和功能等方面的不同，将法人分为营利法人、非营利法人和特别法人三类。民法典在法人分类上继承了民法总则的规定。营利法人是以取得利润并分配给股东等出资人为目的成立的法人，包括有限责任公司、股份有限公司和其他企业法人等，公司是营利法人的主要类型。非营利法人是为公益目的或者其他非营利目的成立，不向出资人、设立人或者会员分配所取得利润的法人，包括事业单位、社会团体、基金会、社会服务机构等。非营利法人并非意味着不能从事营利性活动并获取利润，但囿于其公益目的或者其他非营利目的，故其通过营利性活动获取的利润不得向其出资人、设立人或者会员分配。由此可见，营利法人和非营利法人的根本区别并不在于是否能够从事营利性活动并取得利润，而在于取得利润之后以及在法人终止时能不能向其设立人、出资人、会员等分配利润。特别法人是我国民法总则的创造，民法典予以继受。特别法人具体包括机关法人、农村集体经济组织法人、城镇农村的合作经济组织法人和基层群众性自治组织法人。这些法人大都是具有中国特色的组织团体。之前，除机关法人由民法通则被赋予了法人地位，农民专业合作社由《农民专业合作社法》赋予了法人地位外，这些我国特有的组织团体大都没有明确的法人地位。

以上法人分类的考量因素，主要有三个：一是营利性和非营利性能够反映法人之间的根本差异，传承了民法通则按照企业和非企业进行分类的基本思路，比较符合我国的立法习惯。二是将非营利性法人作为一类，既能涵盖事业单位法人、社会团体法人等传统法人形式，还能涵盖基金会和社会服务机构等新法人形式。三是适应改革社会组织管理制度、促进社会组织健康有序发展的要求，创设非营利性法人类别，有利于健全社会组织法人治理结构，有利于加强对这类组织的引导和规范，促进社会治理创新。[①]

值得注意的是，我国实践中的民办学校既有营利性的，也有非营利性的。另外，机关法人、农村集体经济组织法人、城镇农村的合作经济组织法人、基层群众性自治组织法人这四种法人，既不同于营利法人，也不同于非营利法人，因此归入特别法人类型。比如农村的集体经济组织法人，其最初入社的成员很多已经不在人世，如今的成员可能对集体经济组织并无实质性贡献，但法律依然保护这些成员的利益。同时，农村经济集体组织的成员享有类似股东的收益分配、重大决策等权利，但无论如何不能共同决定解散集体经济组织，从而搞土地的私有化。民法典赋予这些组织以法人资格，目的在于方便这些组织参与民事活动，保护其自身及其成员的合法权益，同时也保护与这些组织建立民事法律关系的相对人的合法权益。

（二）法人的内部治理机制

不同类型的法人，内部治理机制有所不同，但也有共同之处。民法典对法人内部治理机制的一般性制度安排主要有：

第一，法人章程。《民法典》第七十九条、第九十一条和第九十三条规定，设立营利法人、社会团体法人、捐助法人都应当依法制定法人章程。章程是一个法人的根本大纲，界定了法人组织和活动的基本要求，明确了诸如法人的性质、宗旨、经营或者活动范围、组织机构、议事规则、权利义务分配等，构成法人实施内部管理和开展对外活动的基本准则。例如，根据《公司法》的规定，有限责任公司章程应当载明公司名称和住所，经营范围，公司注册资本，股东的姓名或者名称，股东的出资方式、出资额和出资时间，公司的机构及其产生办法、职权、议事规则，公司法定代表人，以及股东会会议认为需要规定的其他事项。章程是法人设立的必备文件，也是法人设立和运作的根本遵循。

第二，内部组织架构。科学的内部组织架构是保障法人治理高效运转的基础。法人治理的历史经验表明，分权与制衡是改进法人治理的基本路径，也就

① 《关于〈中华人民共和国民法总则（草案）〉的说明》，载中国人大网 2016 年 7 月 5 日。

是说典型的法人治理结构框架由权力机构、执行机构和监督机构构成。就营利法人而言，其权力机构通常为出资人大会（如有限责任公司的权力机构为股东会，股份有限公司的权力机构为股东大会），权力机构行使修改法人章程，选举或者更换执行机构、监督机构成员，以及法人章程规定的其他职权。营利法人的执行机构为董事会或者董事等，主要行使召集权力机构会议，决定法人的经营计划和投资方案，决定法人内部管理机构的设置，以及法人章程规定的其他职权。营利法人的监督机构为监事会或者监事等，监督机构依法行使检查法人财务，监督执行机构成员、高级管理人员执行法人职务的行为，以及法人章程规定的其他职权。对于捐助法人，民法典同样按照决策、执行和监督分开的规范路径，明确捐助法人应当设理事会、民主管理组织等决策机构，并设执行机构，以及监事会等监督机构。对于社会团体法人，民法典只规定社会团体法人应当设会员大会或者会员代表大会等权力机构，以及设理事会等执行机构，没有强调需设立单独的监督机构。

第三，出资人、设立人或者会员的权利。法人的内部治理机制还包括合理界定法人与出资人、设立人或者会员的权利义务，既要保障其合法权益，也要防止出资人、设立人或者会员妨碍或者损害法人的利益。法人的出资人、设立人或者会员的权利根据法人类型的不同而有所差异。营利法人的出资人的权利相较而言最为全面。主要包括：（1）参与经营管理权；（2）选择、监督管理者权；（3）知情权；（4）撤销权；（5）资产收益权；（6）剩余财产分配权。当然，出资人的权利不得滥用。与营利法人的出资人相比，社会团体法人的成员不享有资产收益权，而捐助法人的捐助人既不享有参与经营管理权，也不享有资产收益权和剩余财产分配权。不过，民法典特别强调了捐助人的知情权，明确捐助人有权向捐助法人查询捐助财产的使用、管理情况，并提出意见和建议，捐助法人应当及时、如实答复。

关于特别法人的内部治理机制，一方面，民法典规定的各类特别法人的性质特殊，设立依据和目的也有较大差异，因此，民法典没有作出统一规定。另一方面，特别法人的内部治理机制有的已有法律法规规定，如村民委员会和居民委员会有相应的组织法规范；有的还没有法律法规具体规定，如集体经济组织法人，《农村集体经济组织法》正在制定中。

（三）法人的外部意思表达机制

根据民法典，法人的法定代表人依照法律或者法人章程规定，代表法人从事民事活动，其法律后果（权利、义务和责任）由法人承受。法定代表人代表法人从事民事活动，但法定代表人不是法人，实践中有不少人将法定代表人称为“法人”，这是不准确的。

根据民法典，营利法人执行机构为董事会或者执行董事的，董事长、执行董事或者经理按照法人章程的规定担任法定代表人；未设董事会或者执行董事的，法人章程规定的主要负责人为其执行机构和法定代表人。社会团体法人，由理事长或者会长等负责人按照法人章程的规定担任法定代表人。捐助法人，由理事长等负责人按照法人章程的规定担任法定代表人。事业单位法人的法定代表人依照法律、行政法规或者法人章程的规定产生。

（四）法人的终止

自然人的生命终会结束，法人理论上可长生不老，百年老字号并不少见，我们熟知的西门子公司已有 175 年的历史，但大多数公司的生命并不比自然人长。日本有句俗话说：“一家公司的生命只有三十年，过了三十年便开始没落。”与自然人的生命终止往往不好预测不同，法人的终止相对可控，更应当在有序安排下体面离场，因为法人的终止往往影响到职工、债权人、投资人等众多主体的利益，有时甚至影响到经济、金融秩序。

法人终止的原因主要包括法人解散和法人被宣告破产。法人的解散包括自愿解散和非自愿解散。自愿解散的情形有法人章程规定的存续期间届满或者法人章程规定的其他解散事由出现，或者法人的权力机构决议解散，或者法人合并或者分立需要解散。非自愿解散主要是指法人依法被吊销营业执照、登记证书，被责令关闭或者被撤销，因而需要解散。

为了公正保障职工、债权人及投资人等主体的利益，法人终止除合并、分立等少数情形外，都需要在终止前依法进行清算。而清算义务人为法人的董事、理事等执行机构或者决策机构的成员（根据公司法及司法解释，有限责任公司的清算义务人为股东而非公司董事，股份有限公司的清算义务人则为董事和控股股东）。如果法人的清算义务人未及时履行清算义务，可能承担损害赔偿责任。实践中，有些公司主要投资人（往往同时为公司高管）在经营失败的情况下，未经清算直接注销公司并一走了之。其实，这种做法很不明智。本来公司是有限责任，只要投资人履行了出资义务、公司依法清算，即使资不抵债，也不至于城门失火殃及池鱼，毕竟法人独立责任意味着在投资人和法人之间有一道防火墙。如果公司资不抵债，可依法破产清算。然而，如果未经清算即注销登记，清算义务人可能要承担连带责任，而且这种责任可能不再“有限”。

法人清算后的剩余财产，根据法人章程的规定或者法人权力机构的决议处理。法律另有规定的，依照其规定。但是，为公益目的成立的非营利法人终止时，不得向出资人、设立人或者会员分配剩余财产。剩余财产应当按照法人章程的规定或者权力机构的决议用于公益目的；无法按照法人章程的规定或者权力机构的决议处理的，由主管机关主持转给宗旨相同或者相近的法人，并向社会公告。

清算结束并完成法人注销登记时，法人终止；依法不需要办理法人注销登记的，清算结束时，法人终止。法人被宣告破产的，依法进行破产清算并完成法人注销登记时，法人终止。

三、非法人组织

非法人组织，即非法人的组织，是介于自然人和法人之间的一种组织，虽不具有法人资格，但是能够依法以自己的名义从事民事活动的组织，也被称为非法人团体。非法人组织也是依法成立的合法组织，不是“非法组织”，在设立程序上须履行法定的登记手续，经有关机关核准登记；非法人组织不能独立承担民事责任，不要求有独立的财产，但需有一定的财产或经费；非法人组织不需要健全的治理结构，但也要有一定的组织机构。

非法人组织与法人的主要区别即在于法人以其财产独立承担责任，因此其投资人以其出资为限承担有限责任；而非法人组织并不能独立承担责任，非法人组织的财产不足以清偿债务的，除法律另有规定外，其出资人或者设立人承担无限责任。

非法人组织包括个人独资企业、合伙企业、不具有法人资格的专业服务机构等。个人独资企业，是指依照个人独资企业法在中国境内设立，由一个自然人投资，财产为个人所有，投资人以其个人财产对企业债务承担无限责任的经营实体。合伙企业分为普通合伙企业和有限合伙企业两种类型。有限合伙即其合伙人由普通合伙人和有限合伙人组成，普通合伙人承担无限（连带）责任，有限合伙人承担有限责任。另外，合伙企业法还规定了特殊的普通合伙企业这一组织类型。即以专业知识和专门技能为客户提供有偿服务的专业服务机构，可以设立为特殊的普通合伙企业。与普通合伙企业不同的是，在特殊的普通合伙企业，一个合伙人或者数个合伙人在执业活动中因故意或者重大过失造成合伙企业债务的，应当承担无限责任或者无限连带责任，其他合伙人以其在合伙企业中的财产份额为限承担责任。合伙人在执业活动中非因故意或者重大过失造成的合伙企业债务以及合伙企业的其他债务，由全体合伙人承担无限连带责任。近年来，裁判会计师事务所、律师事务所承担高额赔偿责任的不少。其实，实践中不少会计师事务所、律师事务所登记为特殊普通合伙。按照合伙企业法，特殊的普通合伙企业名称中应当标明“特殊普通合伙”字样。

值得领导干部注意的是，非法人的组织多如牛毛，被法律所认可的却有限。民法通则规定的民事主体只有公民和法人两种。之后的法律逐渐认可非法人组织的市场主体地位。合同法规定的合同主体包括自然人、法人和其他组织，个人独资企业法和合伙企业法明确了个人独资企业、合伙企业的市场主体地位。在民法总则的立法过程中，各方的共识是，明确这些组织的民事主体地位可以适应现实需要，有利于其开展民事活动，促进经济社会发展，也与其他法律的规定相衔接。[①] 正是基于这一认识，民法总则将“非法人组织”与“自然人、法人”并列规定为第三类市场主体。民法典延续了民法总则的规定，在第一编总则的第四章专章规定了非法人组织。此外，国有独资公司、国有企业、上市公司以及公益性的事业单位、社会团体不得成为普通合伙人。另外，不具有法人资格的专业服务机构主要是指律师事务所、会计师事务所、资产评估机构等，律师事务所、会计师事务所一般采用合伙制。根据《资产评估法》的规定，评估机构应当采用合伙或者公司形式设立。

---

① 《关于〈中华人民共和国民法总则（草案）〉的说明》，载中国人大网 2016 年 7 月 5 日。

案例解析

案例一：刘某名为投资实为借贷案

这是一个根据真实案件改编的案例，也是一个具有一定代表性的案例。近年来，我们老百姓手中的“闲钱”似乎越来越多，在股票市场和房地产市场大起大落、银行储蓄利率过低且货币贬值预期加速的背景下，越来越多的人选择了投资理财。然而，从近几年爆发的大量纠纷来看，我们的很多老百姓显然是在没有一定准备的情况下获利心切，贸然选择了自己并不熟悉的对手和交易模式，而一些市场投机者也正是瞄准了这类人群，利用甚至滥用自己对规则的掌握优势和对手的“弱势地位”“贪财心理”，用美丽的谎言、精巧的圈套，使得善良而又无知的人们逐渐上当、血本无归。

本案中，刘某所犯的一个致命错误就是相信所谓的“低风险高回报”的谎言。对于刘某来讲，不知道合伙与公司的区别不可怕，不知道有限合伙人和普通合伙人责任的不同也不可怕，不知道合伙和借贷的区别还不可怕，毕竟这些法律术语早已超出了一般人的知识范围。但在银行最高储蓄利率不到5%的情况下，签订保本且有15%高额回报的所谓合伙协议，本身就违反了“高风险高回报、低风险低回报”的基本原理。从法律上讲，刘某所选择的A投资中心（有限合伙）是一种特殊的合伙企业组织形式，是相对于所有合伙人都承担无限连带责任的普通合伙而言的。在有限合伙中，有限合伙人对合伙债务承担有限责任，普通合伙人则对合伙债务承担无限责任。但必须注意的是，无论是设立合伙企业，还是成立有限公司，出资人的出资都是投资行为，凡投资都有“风险”，无“保本”一说。“保本付息”是借贷的典型特征（何况借贷也很难说绝对保本，银行破产的不是没有），在合伙协议中约定“保本且高额投资回报率”，显然不是真正的投资行为，本质上就是“借贷”。实践中，此类行为大量存在，被称为“名为合伙实为借贷”。而且，与银行储蓄不同的是，本案中刘某是将款项支付给了非银行组织，给这类组织放款的风险就是很高，可能会有高额回报，但问题是保不了本。本案中，刘某虽然可以向A投资中心（有限合伙）、C公司和D公司请求剩余本金返还和一定额度资金占用费的支付，但在几家公司被同一人实际控制的情况下，刘某能否最终得到救济似乎仅存在理论上的可能性。

案例二：梅河口市儿童福利院与张某柔申请撤销监护人资格案

根据民法典，父母是未成年子女的监护人。未成年人的父母已经死亡或者没有监护能力的，由下列有监护能力的人按顺序担任监护人：（1）祖父母、外祖父母；（2）兄、姐；（3）其他愿意担任监护人的个人或者组织，但是须经未成年人住所地的居民委员会、村民委员会或者民政部门同意。本案中，小小的母亲被判遗弃罪，有能力但拒绝履行监护人职责，小小的父亲不明，其近亲属也无抚养意愿。因此，如果不撤销其母亲的监护人资格，儿童福利院等组织是无法担任小小的监护人的。同时，《民法典》第三十六条规定撤销监护人资格的三种情形，即（1）实施严重损害被监护人身心健康的行为；（2）怠于履行监护职责，或者无法履行监护职责且拒绝将监护职责部分或者全部委托给他人，导致被监护人处于危困状态；（3）实施严重侵害被监护人合法权益的其他行为。显然，本案中张某柔的行为符合民法典撤销监护人资格的规定。另外，《民法典》第三十六条还规定，有权申请人撤销监护人资格的个人和组织包括：其他依法具有监护资格的人，居民委员会、村民委员会、学校、医疗机构、妇女联合会、残疾人联合会、未成年人保护组织、依法设立的老年人组织、民政部门等。如果以上个人和民政部门以外的组织未及时向人民法院申请撤销监护人资格的，民政部门应当向人民法院申请。此外，法院在撤销监护人资格的同时，要安排必要的临时监护措施，并按照最有利于被监护人的原则依法指定监护人。本案中，由于小小出院后一直由儿童福利院抚养，故该福利院申请撤销张某柔的监护人资格并由其作为小小的监护人，梅河口市人民检察院出庭支持梅河口市儿童福利院的申请的情况下，法院依照《民法典》第三十六条规定，撤销张某柔的监护人资格，并指定梅河口市儿童福利院为小小的监护人，符合民法典规定，有利于小小的健康成长。

实践中，还有民政局申请撤销监护人的监护权的案例。比如，在某民政局诉刘某监护权纠纷案中，2018 年刘某在医院生育一名女婴三日后，便将女婴遗弃在医院女更衣室内。女婴被发现后由民政局下属的某儿童福利院代为抚养。公安局经调查发现刘某还曾在 2015 年将其所生的一名男婴遗弃在居民楼内。民政局向法院提起诉讼，以刘某犯遗弃罪，已不适合履行监护职责，申请撤销刘某的监护权，民政局愿意承担该女婴的监护责任，指定其下属的某儿童福利院抚养女婴。

法院经审理支持了撤销生母监护人资格的请求。同时，综合考虑某儿童福利院代为抚养至今，被监护人生父不明、刘某父母年龄和经济状况、村民委员会的具体情况，由民政部门取得被监护人的监护权，更有利于保护被监护人的生存、医疗、教育等合法权益。最终判决撤销刘某的监护权，指定民政局作为该名女婴的监护人。其后，刘某被法院以遗弃罪判处刑罚。

案例三：某妇联诉胡某、姜某某抚养纠纷案

针对本案，法院经审理认为，本案的适格原告胡某某系限制民事行为能力人，本应由其父母作为法定代理人代为提起诉讼，但胡某某的父母均是本案被告，不能作为其法定代理人参加诉讼。综合考虑二被告的婚姻状况、经济条件和胡某某本人的生活习惯、意愿，判决胡某某由胡某直接抚养，随胡某居住生活；姜某某从 2017 年 6 月起每月 15 日前支付抚养费 500 元；胡某某的教育费、医疗费实际产生后凭正式票据由胡某、姜某某各承担 50%，直至胡某某独立生活时止。[①]

留守儿童的保护问题是一个突出的社会问题。有不少年轻的父母将未成年子女留给年迈的父母一走了之，不管不问，孩子缺乏必要的关爱，有的连基本的生存保障都没有。有不少孩子不仅学习不好，还误入歧途，身心健康严重受损，甚至走上了犯罪道路。本案中，法院参照最高人民法院、最高人民检察院、公安部、民政部联合发布的《关于依法处理监护人侵害未成年人合法权益的意见》的有关精神，积极探索由妇联组织、未成年人保护组织等机构直接作为原告代未成年人提起诉讼的模式，对于破解解决父母怠于履行职责的现实问题、保护未成年人具有重要意义。

---

① 《未成年人司法保护典型案例》，参见宿松县人民法院网站：http：//www.aqssfy.gov.cn/content/detail/613f00407f8b9abe104004f1.html，2022 年 3 月 10 日访问。

第四讲　做个权利义务的明白人

金句名言

我们的时代是权利的时代。

——［美］亨金

认真对待权利。

——［美］德沃金

法者，定分止争也。

——《管子》

一兔走，百人逐之，非以兔为可分以为百，由名之未定也。夫卖兔者满市，而盗不敢取，由名分已定也。故名分未定，尧、舜、禹、汤且皆如骛焉而逐之；名分已定，贪盗不取。

——［秦］商鞅

专利制度就是给天才之火加上利益之油。

——［美］林肯

权利即自由，但自由又有限度。

民众对权利和审判的漠不关心的态度对法律来说，是一个坏兆头。

——［美］庞德

要点提示

- 民法规定的权利包括人身权和财产权两大类。人身权又有人格权和身份权的划分。财产权主要包括物权、债权、知识产权和社员权。知识产权中有人格权的成分，尤其著作权、继承权是基于身份关系而产生的财产权。
- 人身权和财产权的主要区别在于：人身权一般不可转让、不可抛弃（公权力也不可转让、不可抛弃，二者在这一点上类似），而财产权是可转让、可放弃的权利。正因为如此，市场交换的权利主要是财产权，贩卖人口、买卖器官、买卖血液等为法所不许。
- 民法典明确列举的自然人的人格权包括生命权、身体权、健康权、姓名权、肖像权、名誉权、荣誉权、隐私权、婚姻自主权，法人和非法人组织的人格权包括名称权、名誉权、荣誉权。需要特别强调的是，这些民法典明确规定的人格权被称为特别人格权，民法典对人格的保护不以此为限，其第一百零九条规定的"自然人的人身自由、人格尊严受法律保护"是对自然人人格的概括保护，被称为一般人格权。
- 身份权主要指自然人因婚姻家庭中的身份关系而产生的权利，包括配偶权、监护权、亲属权等。
- 物权的基本分类是所有权、用益物权和担保物权。所有权是财产权中最充分、最完全的权利，具有占有、使用、收益和处分四大权能。所有权之上可以设定用益物权和担保物权，身份平等和意思自治立基于所有权搭建的舞台之上。主要的用益物权有国有土地使用权、集体建设用地使用权、宅基地使用权、农村土地承包经营权、土地经营权、地役权、居住权等；主要的担保物权有抵押、质押和留置。需要特别提醒的是，保证也是一种担保方式，但保证是基于保证人的个人信用而成立的担保，属于人保，担保物权属于物保。
- 债的发生根据有四，分别是合同之债、无因管理之债、不当得利之债和侵权行为之债，相应地，债权包括合同债权、无因管理债权、不当得利债权和侵权损害赔偿债权。实践中，最为常见的债权是合同债权和侵权损害赔偿债权。

- 知识产权是年轻的权利类型，主要包括著作权、专利权、商标权、地理标志权、商业秘密权、集成电路布图设计权和植物新品种权等。
- 社员权包括股权、农民专业合作社社员权等。
- “权”是“利”之壳，“利”是“权”之核。民法所保护者，以权利为重，但不限于权利。实践中存在的未被法律确认为权利类型的重大利益，也可能成为民法保护的对象，典型的如个人信息、数据、网络虚拟财产。
- 中国人传统上并非完全没有隐私的观念。圣人教导我们，“非礼勿视，非礼勿听，非礼勿言，非礼勿动”。
- 法网是用权利和义务编织起来的，了解它、识别它应从每一个由权利义务构成的基础单元中去找寻。社会千姿百态，实践千变万化，利益千丝万缕，领导干部如果不能以权利义务为线索去审视、规范纷繁复杂的社会关系，即使千辛万苦也未必名垂青史。权利至上是法治的核心精神，权利是权力的边界。
- 改革开放 40 多年的成绩有目共睹，但积累的问题不容忽视。解决这些历史欠账，需要从“剪不断、理还乱”的陈年老账中梳理出权利流向图、义务履行图。真正弄清楚权利的来龙去脉，谁享有权利，谁（包括政府）应当履行义务，以及义务的份额。越是面对“糊涂账”，越需要保持清醒。实践表明，对待历史遗留问题，依法办事有时的确有困难，但不依法办事只能使问题更复杂，只能制造更多的问题。
- 行政执法不可避免地要与老百姓的权利发生关系，严格执法的前提是尊重权利，遵守限制权利的条件、程序，执法过程中常见的“一刀切、一锅煮、一停了之、一关了之”的简单粗暴做法应当尽可能避免。

讨论案例

案例一：拆除小区围墙风波[①]

十五不过年未完。2016 年 2 月 21 日，正月十四日，新华社发布了《中共

---

① 在该场争论激烈进行之际，本书作者刘锐应法制网之约写了题为《拆除小区围墙：政策定了调，推进靠法治》的文章，被人民网、光明网等各大网站转载，引起了社会的广泛关注。

中央　国务院关于进一步加强城市规划建设管理工作的若干意见》，其中规定“已建成的住宅小区和单位大院要逐步打开，实现内部道路公共化，解决交通路网布局问题”。这则重磅新闻，立刻引起了广泛关注和激烈争论，经济学家马光远说：“拆除的小区围墙，毁掉的是对法律的信仰。”企业家冯仑认为：“墙倒了便是路。”毫无疑问，围绕拆除小区围墙的严肃话题冲淡了元宵佳节的喜庆和犹浓的年味儿。那么，引起风波的中央文件又是如何规定的呢？

2016 年 2 月 6 日《中共中央　国务院关于进一步加强城市规划建设管理工作的若干意见》（以下简称《若干意见》）关于街区路网规定如下：（十六）优化街区路网结构。加强街区的规划和建设，分梯级明确新建街区面积，推动发展开放便捷、尺度适宜、配套完善、邻里和谐的生活街区。新建住宅要推广街区制，原则上不再建设封闭住宅小区。已建成的住宅小区和单位大院要逐步打开，实现内部道路公共化，解决交通路网布局问题，促进土地节约利用。树立“窄马路、密路网”的城市道路布局理念，建设快速路、主次干路和支路级配合理的道路网系统。打通各类“断头路”，形成完整路网，提高道路通达性。科学、规范设置道路交通安全设施和交通管理设施，提高道路安全性。到 2020 年，城市建成区平均路网密度提高到 8 公里／平方公里，道路面积率达到 15%。积极采用单行道路方式组织交通。加强自行车道和步行道系统建设，倡导绿色出行。合理配置停车设施，鼓励社会参与，放宽市场准入，逐步缓解停车难问题。

面对社会的广泛质疑，2016 年 2 月 24 日住建部新闻发言人官方回应称：正确理解“逐步打开封闭小区和单位大院”。对推广街区制给出的理由：一是街区制是对世界城市规划经验的总结，也是发达国家通行的做法；二是封闭小区和单位大院确实存在问题，主要是它影响了路网的布局，形成了“丁字路”“断头路”，是造成交通拥堵的重要原因之一，也影响了社区居民的出行。因此，《若干意见》提出“新建住宅要推广街区制，原则上不再建设封闭住宅小区。已建成的住宅小区和单位大院要逐步打开，实现内部道路公共化，解决交通路网布局问题，促进土地节约利用”。《若干意见》同时强调，在理解和落实过程中，要注意把握好以下几点：一是要认真全面理解好“逐步”两个字。“逐步”就是要有计划，要有轻重缓急，并不是“一刀切”，也不是“一哄而起”，更不能简单地理解为“拆围墙”。二是《若干意见》对这项工作提出了方向性、指导性的要求，具体实施中还要制定细则，特别是各省、各城市还要根据实际情况，制定具体办法。在制定办法过程中，肯定要听取市民意见。三是要实施逐步打开封闭小区和单位大院的城市，都会考虑到各种实际情况，考虑到各种利益关系，依法依规处理好各种利益关系和居民的诉求，切实保障居民的合法权益。

思考问题：

1. 对开放住宅小区，您怎么看？

2. 您如何看待这场争论？

案例二：芬兰前总理马蒂·万哈宁隐私权案[①]

2003 年 6 月，马蒂·万哈宁开始担任芬兰新一任政府总理。万哈宁的妻子梅里亚是一名“空嫂”，二人育有两个孩子。对于万哈宁出任总理，梅里亚没有多大的热情。万哈宁曾被法国前总统希拉克称为“芬兰最性感的男人”。但在 2007 年 3 月前，大多数芬兰人并不认为万哈宁有什么魅力，反而觉得这位领导人有一点儿“枯燥”。

2005 年 4 月，万哈宁与妻子宣布结束婚姻，之后有多名女性先后与他交往，其中包括前“芬兰小姐”、后来担任芬兰文化部长的塔尼娅·卡尔佩拉。从 2006 年开始，万哈宁与苏珊·库罗宁秘密交往。这段恋情持续 9 个月后，万哈宁与库罗宁在郊外度假时不巧被几名游客发现，并拍照曝光。之后，万哈宁因不满库罗宁向记者大谈与总理的恋情而提出分手。极为失望的她为了“报复”万哈宁，将自己的姓氏改为“鲁苏宁”（在芬兰语中意为“睡美人”），并接受了大量媒体的采访。万哈宁对此始终保持沉默。在这种情况下，鲁苏宁变本加厉，在 2007 年 3 月芬兰大选前数日，她出版了自传《总理的新娘》，详细讲述了她和总理的浪漫史，登载了大量两个人互发的短信。

在大选前的敏感时刻公开个人隐私，万哈宁对此十分恼火。他将鲁苏宁回

---

① 陶蹊：《芬兰总理誓将隐私权官司打到底》，载《青年参考》2008 年 3 月 12 日；《前女友披露芬兰总理个人隐私被罚 300 欧元》，载搜狐新闻：http://news.sohu.com/20090213/n262214820.shtml，2015 年 5 月 5 日访问。

忆录的出版商卡里·奥亚拉告上了法庭，要求对方支付1000欧元的精神损失费，但并未起诉鲁苏宁。不过，芬兰检察机关随后介入，要求法庭以“侵犯他人隐私并造成损害”的罪名将奥亚拉判刑，并要求其支付50000欧元的赔偿金。检察机关同时要求鲁苏宁支付7000欧元的赔偿金。

出人意料的是，鲁苏宁的回忆录不仅没有影响到民众对万哈宁领导的中间党的支持率，反倒帮了万哈宁一个大忙。鲁苏宁的回忆录出版后，中间党的支持率急速上升，最终赢得了选举的胜利，万哈宁本人也得以连任总理。有分析认为，鲁苏宁的回忆录让许多芬兰人改变了对万哈宁的一贯看法，认为这位领导人一点儿都不“枯燥”，反而充满了人性的魅力。

2008年2月15日，赫尔辛基地区法院开庭审理了鲁苏宁一案。在崇尚开放和言论自由的芬兰，这种案件极为少见，因而引起了公众的广泛关注和激烈讨论。芬兰YLE电视台进行的民意调查显示，约42%的芬兰民众支持万哈宁采取法律行动，反对者则占39%。鲁苏宁的回忆录也逐渐受到许多芬兰民众的冷落。2007年3月出版后的一年时间里仅售出4000余本，许多书店甚至拒绝销售。

2008年3月5日，法庭对案件进行裁决，裁定万哈宁败诉，理由是，出版商披露总理的私生活并无违法之处，况且公众人物隐私权受保障的程度原本就不同于一般人。法官在判决书中指出：“回忆录中有部分属于非常详细的性描写，但就整体而言，相当细腻和富有感情。书中内容并无不实，写作也无恶意，因此不构成犯罪。”据芬兰媒体报道，在案件的审理过程中，法官和3名陪审员意见分歧很大。后来，法庭根据大多数陪审员的意见作出无罪裁定。

得知判决结果，出版商奥亚拉喜笑颜开，称芬兰“还是一个法治国家”，万哈宁对此则相当不满。“依照法庭的这个判决，政府总理生活中的方方面面都可以被认定为‘公共信息’。我的看法是，即便是政府总理，也有权要求每天生活中的至少几个小时作为真正的个人时间，拥有一些隐私，不应该允许人们肆无忌惮地透过窗子偷窥。如果有人获得了有关我私人生活的信息，也不应该在超市中售卖。”万哈宁不服判决，提出上诉。

2009年2月10日，芬兰赫尔辛基上诉法院宣布了裁决。裁决认为，鲁苏宁和她的出版商Etukeno公司违法泄露和传播私人信息，侵犯了万哈宁的隐私，为此被分别处以300欧元和840欧元的罚款。另外，上诉法院责令出版商向万哈宁赔付1000欧元的精神损失费。

思考问题：如何看待公众人物的隐私权？

案例三：微信群发表不当言论名誉侵权案[①]

某公司在某小区开有一家美容店，黄某系该公司股东兼任美容师，邵某系该小区业主，邵某因美容服务与黄某发生口角。之后，邵某利用其小区业主微信群群主的身份，多次在业主微信群中散布谣言，对某公司、黄某进行造谣、诽谤、污蔑、谩骂，并将黄某从业主群中移出，某公司因邵某的行为生意严重受损。为此，某公司、黄某向法院起诉请求邵某赔礼道歉、消除影响、恢复名誉，同时要求赔偿损失及精神抚慰金共计3万元。

思考问题：邵某的行为侵犯他人权利吗？

主要内容

今天我们生活的时代是个权利的时代，权利种类越来越多。我们知道，路上行驶的汽车多了，追尾、剐蹭事故就多。权利也是如此，种类越多，发生冲突、摩擦的可能性越大。比如，很多人都有随手拍朋友聚会照片并发微信朋友圈的习惯，但问题是当你拿起手机拍照时及发朋友圈时你想过没有，你的行为是否可能侵犯他人的肖像权、隐私权？你对照片有著作权，但当你的著作权和他人的肖像权、隐私权发生冲突时，究竟应以何者为重？是否有必要征得他人的同意？

民法典被称为“权利的宣言书”，其实，民法典不仅仅是在宣示权利，而是规定了众多实实在在的权利。了解权利，有利于维护利益。当然，任何权利都有界限，权利实现往往需要义务的履行，只有知权利明义务，方可行稳致远。本讲我们一起盘点权利，寻找权利的边界，了解义务，从而让我们做个权利义务的明白人。

---

① 《最高法发布弘扬社会主义核心价值观十大典型民事案例》，参见最高人民法院网站：https://www.chinacourt.org/article/detail/2020/05/id/5215132.shtml，2022年3月16日访问。

一、我们有什么权利

权利可以划分为宪法权利和民事权利等不同类型。宪法权利属于基本权利，包括自由权与社会权两大类。自由权包括人身自由、政治自由、精神自由、经济自由。自由权又被称为“基本自由”或“免于束缚的自由”，其实现有赖于消极的国家权力行为，出于对抗国家权力侵犯的目的被写入宪法，要求政府“有所不为”。社会权分为工作权、社会安全（保险）权、文化教育权，又被称为“免于匮乏的自由”，要求政府以积极的姿态去保障基本权利的实现，要求政府“有所为”。民事权利是宪法权利的具体化，大致可划分为人身权和财产权两大类，人身权又分为人格权和身份权，财产权主要包括物权、债权、知识产权和社员权四类。以下介绍主要民事权利。

（一）人格权

人格是人之所以成为人的要素或条件的总称，主要包括生命、身体、健康、姓名、肖像、自由、名誉、荣誉、隐私等，以这些人格利益为客体的民事权利便是人格权。人格权的主体主要是自然人，不过，民法典规定法人和非法人组织也享有名称权、名誉权和荣誉权。

此外，按照民间说法，自然人死亡之后“一了百了”，但在民法意义上，死者虽不再是权利主体，但其姓名、肖像、名誉、荣誉、隐私、遗体等依然受到法律保护。当然，人死了，由谁保护呢？或者对死者的这种保护有期限限制吗？我们大家熟悉的网约车平台“曹操出行”侵犯曹操的姓名利益吗？曹操的后代是否可以提起诉讼？这些问题我们看看民法典的规定就知道了，民法典规定，死者的姓名、肖像、名誉、荣誉、隐私、遗体等受到侵害的，其配偶、子女、父母有权依法请求行为人承担民事责任；死者没有配偶、子女且父母已经死亡的，其他近亲属有权依法请求行为人承担民事责任。这一规定表明，维护死者利益的权利人是死者的配偶、子女和父母，如果死者没有配偶、子女且父母已经死亡的，死者的其他近亲属享有这一权利。既然将死者利益的维护人限定为死者的近亲属，这就表明，对死者利益的保护期限不可能太长，因为，民法典规定的近亲属只包括配偶、父母、子女、兄弟姐妹、祖父母、外祖父母、孙子女、外孙子女。我们常说富不过三代，对死者利益的保护也可以说不过三代。当然，侵害英雄烈士等的姓名、肖像、名誉、荣誉的，则另当别论，因为，这可能损害社会公共利益。

与财产权可自由转让不同的是，人格权一般不得放弃、转让或继承，但民事主体可以将自己的姓名、名称、肖像等依法许可他人使用。[①] 自然人的人格权主要包括生命权、身体权、健康权、姓名权、肖像权、名誉权、荣誉权、隐私权等。当然，民法对自然人人格的保护并不以这些具体人格权为限，诸如非典、新冠肺炎等传染病流行期间对特定地方人的歧视是无法归入民法典规定的具体人格权之中的，民法典为此专门规定“自然人享有基于人身自由、人格尊严产生的其他人格权益”，这里的非针对具体人格利益的人身自由、人格尊严即为一般人格利益，相应的权利被称为一般人格权。民法典正是通过具体人格权的详细规定和一般人格权的兜底规定，实现了对自然人人格利益的全面、重点保护。以下分别介绍具体人格权的一些重点内容。

第一，关于生命权、身体权和健康权。生命权的内容包括生命安全和生命尊严，身体权内含身体完整和行动自由，健康权指称身体健康和心理健康。身体权和健康权有联系也有区别，身体权重在保护身体的完整，“身体发肤，受之父母”“毫发无损”等强调的是身体的完整性，而健康权强调身体功能的正常，即身体机能的有效运转。侵害身体完整不必然影响健康，西游记中孙悟空给王宫上下剃光头虽影响身体完整但并未伤及健康。

值得强调的重点内容：一是人体组成部分和遗体的捐献。人体细胞、人体组织、人体器官这些人体的组成部分及遗体不得买卖，但完全民事行为能力人有权依法自主决定无偿捐献其人体细胞、人体组织、人体器官、遗体，只不过捐献应当以书面形式或遗嘱作出。此外，自然人生前未表示不同意捐献的，该自然人死亡后，其配偶、成年子女、父母可以共同以书面形式决定捐献。二是临床试验。为研制新药、医疗器械或者发展新的预防和治疗方法，需要进行临床试验的，应当依法经相关主管部门批准并经伦理委员会审查同意，向受试者或者受试者的监护人告知试验目的、用途和可能产生的风险等详细情况，并经其书面同意。同时，进行临床试验不得向受试者收取试验费用。三是与人体基

---

① 姓名、名称、肖像等之所以可以许可他人使用，是因为这些属于标表型而非内在的人格利益。

因、人体胚胎等有关医学和科研活动的开展。从事与人体基因、人体胚胎等有关的医学和科研活动，应当遵守法律、行政法规和国家有关规定，不得危害人体健康，不得违背伦理道德，不得损害公共利益。四是性骚扰的防范和处置。民法典对性骚扰规定了两种责任，一种是骚扰人的侵权责任；另一种是机关、企业、学校等单位的性骚扰预防、受理投诉、调查处置责任，单位应当采取合理措施，防止和制止利用职权、从属关系等实施性骚扰。那么什么是性骚扰呢？性骚扰的前提是违背他人意愿，这里的他人不一定是女性，性骚扰的方式是言语、文字、图像、肢体行为等。当然究竟什么样的言语、文字、图像、肢体行为构成性骚扰，那需要根据具体情况进行分析。过分下流、露骨、不堪入目的当然构成，问题是，有些模棱两可的称呼是否构成？比如，“美女”“帅哥”“小姐”等，一般的同事之间称呼是否构成？上下级之间如此称呼是否构成？一般情况下，有隶属关系的上下级之间构成的可能性比较大。因此，以后，稳妥起见，还是谨慎一点为好。

第二，关于姓名权和名称权。姓名权为自然人的权利，名称权是法人或非法人组织的权利。姓名不可转让，但名称可以转让。古今中外，自然人的姓似乎由不得自己，所谓的姓名决定权，主要指对名的设定权。假设有一天一个 20 多岁的小伙子来到派出所，说我姓我爸爸的姓 20 多年了，现在我想改姓我妈妈的姓，可不可以？或者他说我既不想姓我爸爸的姓，也不想姓我妈妈的姓，我想姓我爷爷的姓，可不可以？或许有人会问，爷爷的姓和爸爸的姓不是一样的吗？这个还真可能不一样。或者他说我从小就是由别人扶养长大，现在我没什么可以报答他的，就想姓他的姓，可不可以？其实，按照民法典，自然人的姓并非没有选择的可能或余地。一方面，民法典规定自然人应当随父姓或者母姓，这是原则。另一方面，民法典规定自然人可以选取其他直系长辈血亲的姓氏，或因由法定扶养人以外的人扶养而选取扶养人姓氏，或者有不违背公序良俗的其他正当理由而选择其他姓氏。而少数民族自然人的姓氏可以遵从本民族的文化传统和风俗习惯。此外，具有一定社会知名度，被他人使用足以造成公众混淆的笔名、艺名、网名、译名、字号、姓名和名称的简称等，参照适用姓名权和名称权保护的有关规定。

第三，关于肖像权。肖像是通过影像、雕塑、绘画等方式在一定载体上所反映的特定自然人可以被识别的外部形象。自然人享有肖像权，有权依法制作、使用、公开或者许可他人使用自己的肖像。未经肖像权人同意，不得制作、使用、公开肖像权人的肖像，但是法律另有规定的除外。未经肖像权人同意，肖像作品权利人不得以发表、复制、发行、出租、展览等方式使用或者公开肖像权人的肖像。但是，合理实施下列行为的，可以不经肖像权人同意：（1）为个人学习、艺术欣赏、课堂教学或者科学研究，在必要范围内使用肖像权人已经公开的肖像；（2）为实施新闻报道，不可避免地制作、使用、公开肖像权人的肖像；（3）为依法履行职责，国家机关在必要范围内制作、使用、公开肖像权人的肖像；（4）为展示特定公共环境，不可避免地制作、使用、公开肖像权人的肖像；（5）为维护公共利益或者肖像权人合法权益，制作、使用、公开肖像权人的肖像的其他行为。针对 AI 换脸技术催生的深度伪造问题，民法典专门规定，任何组织或者个人不得以丑化、污损，或者利用信息技术手段伪造等方式侵害他人的肖像权，这即禁止深度伪造。而与禁止深度伪造相关的是对自然人声音的保护，为此，民法典规定对自然人声音的保护，参照适用肖像权保护的有关规定。

第四，关于名誉权和荣誉权。名誉是对民事主体的品德、声望、才能、信用等的社会评价。名誉权是自然人、法人和非法人组织均可享有的人格权。侵害名誉权的主要方式是侮辱、诽谤。领导干部一定要把握好名誉权保护与为了公共利益实施新闻报道、舆论监督的关系。民法典规定，行为人为公共利益实施新闻报道、舆论监督等行为，影响他人名誉的，不承担民事责任，但是有下列情形之一的除外：（1）捏造、歪曲事实。（2）对他人提供的严重失实内容未尽到合理核实义务。认定是否尽到合理核实义务，应当考虑内容来源的可信度、对明显可能引发争议的内容是否进行了必要的调查、内容的时限性、内容与公序良俗的关联性、受害人名誉受贬损的可能性及核实能力和核实成本等因素。（3）使用侮辱性言辞等贬损他人名誉。值得注意的是，民法典增加了对信用的规定。信用指一般人对于当事人自我经济评价的信赖性。在信用社会，信用是非常重要的人格利益。民法典规定，民事主体可以依法查询自己的信用评价；发现信用评价不当的，有权提出异议并请求采取更正、删除等必要措施。信用评价人应当及时核查，经核查属实的，应当及时采取必要措施。荣誉是特定组织给予特定人的专门的、具有特定形式的积极评价。荣誉与名誉的不同之处在于：荣誉一定是由社会组织作出的、专门且具有特定形式的积极评价，荣誉可撤销、可剥夺，但不得非法剥夺。此外，不得诋毁、贬损他人的荣誉。

第五，关于隐私权和个人信息保护。隐私是什么？在我们的传统观念中，隐私就是阴私，似乎都是见不得人的事。其实，民法典规定的隐私，是自然人的私人生活安宁和不愿为他人知晓的私密空间、私密活动、私密信息。常见的影响他人私人生活安宁的行为如电话骚扰、发送垃圾邮件、垃圾微信，以及在他人明确拒绝的情况下，还反复发送小广告、散发传单等。私密空间有哪些呢？个人的住所、日记、个人邮箱是，私家车、履行居住的宾馆客房等也是。私密活动指与公共利益无关的个人活动，如日常生活、家庭活动等。私密信息包括哪些呢？其实就是我们最不愿意让别人知道的个人信息，比如病历、财产状况、身体缺陷、遗传特征、档案材料、生理识别信息、行踪信息等。过去，很多单位的体检报告随便放，不仅能看到自己的，也能看到同事的，现在显然不是这样了。从本质上讲，隐私权就是个人对其隐私的控制权，即通过控制，实现个人利益的最大化。现代社会隐私权保护的核心是个人信息隐私，个人信息隐私的要义在于个人对于信息的控制。关于名誉权与隐私权的区别，可以这样界定：无中生有、恶意中伤往往侵犯的是他人的名誉权；而实事求是、原原本本泄露他人不欲人知的秘密信息，窥探、监视他人私人空间、活动的为侵犯他人隐私权的行为。一言以蔽之，名誉权要求人们不能说“假话”以贬损他人形象，而隐私权要求人们即使是他人真实的情况，也不能“乱说”。

根据我国《个人信息保护法》第四条的规定，个人信息是以电子或者其他方式记录的能够单独或者与其他信息结合识别特定自然人的各种信息，包括自然人的姓名、出生日期、身份证件号码、生物识别信息、住址、电话号码、电子邮箱、健康信息、行踪信息等。自然人的个人信息受法律保护。个人信息中的私密信息，适用有关隐私权的规定；没有规定的，适用有关个人信息保护的规定。收集、存储、使用、加工、传输、提供、公开等处理个人信息的，应当遵循合法、正当、必要原则，不得过度处理，并符合下列条件：（1）征得该自然人或者其监护人同意，但是法律、行政法规另有规定的除外；（2）公开处理信息的规则；（3）明示处理信息的目的、方式和范围；（4）不违反法律、行政法规的规定和双方的约定。信息处理者不得泄露或者篡改其收集、存储的个人信息；未经自然人同意，不得向他人非法提供其个人信息，但是经过加工无法识别特定个人且不能复原的除外。信息处理者应当采取技术措施和其他必要措施，确保其收集、存储的个人信息安全，防止信息泄露、篡改、丢失；发生或者可能发生个人信息泄露、篡改、丢失的，应当及时采取补救措施，按照规定告知自然人并向有关主管部门报告。国家机关、承担行政职能的法定机构及其工作人员对于履行职责过程中知悉的自然人的隐私和个人信息，应当予以保密，不得泄露或者向他人非法提供。从政府管理实践来看，存在的主要问题有：有关政府部门，教育、医疗等机构超范围收集个人信息、保护措施不力、超范围使用，典型的例子是乱安摄像头、监控设备，各种表格登记信息过多、过滥，缺乏个人信息的自动更新机制、保护技术和保护责任，甚至存在个别政府官员或工作人员故意泄露或者出售个人信息的现象。

民法典将个人隐私规定为一种权利，叫隐私权，而个人信息只是法律保护的利益。中国人传统上并非完全没有隐私的观念，圣人教导我们，“非礼勿视，非礼勿听，非礼勿言，非礼勿动”。只是，圣人的时代和我们今天的时代显然不同。比如，2021 年的 3·15 晚会曝光的第一个案例就是“谁在偷我的‘脸’？”有的企业安装了人脸识别的摄像头，一旦顾客进入门店，人脸信息就会被捕捉、记录，以后顾客再去这家企业的任何一家门店，去了几次，这家企业都会知道。“偷脸”的确可怕，因为，我的手机如果被偷了，我就没手机了，很快就会发现，而“脸”被偷了，我的脸还在，我可能根本不知道脸被偷了。人脸属于重要个人信息中的生物识别信息，也是个人隐私中的私密信息，因此，需要法律规制。关于个人信息，民法典作了比较具体的规定，如不得非法收集、使用、加工、传输他人个人信息，不得非法买卖、提供或者公开他人个人信息。对于个人信息，尤其是敏感信息的处理，更是作了严格规定，如人脸这种私密信息的处理除法律另有规定或者权利人明确同意外，不得处理。

这里需要特别强调的是公众人物的名誉权、隐私权和公众知情权、公共事务监督权的冲突问题。首先需要明确的是，“公众人物是公共财富”，应当坚持公众知情权、监督权、公共利益优先原则。在著名的纽约时报诉萨利文一案中，美国联邦最高法院认为，一项虚假陈述即使影响官员的名誉，也并不能成为裁定给予官员损害赔偿的充分理由。除非官员能够证明虚假陈述人具有诽谤的实际恶意，即被告明知该有关官员的事实陈述是虚假的，却故意发表或玩忽放任、根本不在乎陈述真实与否。之所以采取这样的立场，是因为联邦最高法院认识到，与社会大众的言论自由和人民对于公共事务的论辩与评价的权利相比，公共官员的名誉应当退居其次。在此问题上保护官员的所谓名誉权，只能带来对于言论自由的钳制。联邦最高法院指出，不可否认公职人员在遇到诽谤而受到损害的情形时，也应当获得救济。但是，联邦最高法院同时指出，“没有任何先例可以支持任何人利用反诽谤法，限制人们针对官员执行公务的行为表达批评意见”。联邦最高法院强调，“对于公共事务的辩论应当是毫无拘束、富有活力和充分公开的，包括激烈的、尖刻的，甚至是令人不快的、针对政府和官员的严厉抨击”，这是一项被美国社会所深深认同的基本原则，不容被削弱和破坏。由于“在自由辩论中，错误意见不可避免；如果自由表达要找到赖以生存的呼吸空间，就必须保护错误意见（的表达）”。因此，当官员的名誉受到侵犯时，并不能以言论自由作为代价加以救济。即使是出现某些不实之词，也不能因此让发表言论的人背上诽谤的重担。但必须强调的是，对公众人物隐私权的限制也是有限度的，即对公众人物隐私的公开应当限于与其社会地位和社会声誉相关的私人信息的了解和评价，公众人物纯粹的私人活动、私人空间和私人信息理应受到法律的保护，即公众人物的下列隐私应该受到保护：住宅不受非法侵入或骚扰；私生活不受监视；通信秘密；夫妻两性生活不受他人干扰或调查；与社会政治和公共利益及其行使职务行为完全无关的私人事务。对于国家工作人员的监督，无论是“八小时之内”，还是“八小时之外”，都应当掌握在合理范围之内。

最后，介绍一下人格权保护的特殊措施。权利被侵犯怎么办，很多人会想到向法院提起诉讼，请求损害赔偿，等胜诉了再申请执行。但问题是，有些侵害人格权的行为，如果不能及时制止，将会导致覆水难收的不可逆转的严重后果，这在今天的互联网时代尤其如此。例如，一旦将自然人的裸照或涉及隐私的视频放到网上，单纯的损害赔偿是无法解决问题的。为了应对这种情况，民法典规定了诉前禁令制度，即如果你有证据证明有人正在实施或者即将实施侵害你的人格权的违法行为，不及时制止将使你的合法权益受到难以弥补的损害的，有权依法向人民法院申请采取责令行为人停止有关行为的措施。

（二）身份权

身份权是民事主体基于婚姻家庭这一特定身份关系而享有的民事权利，包括亲权、配偶权和亲属权。

亲权是指父母对于未成年子女的身心抚养、监护和财产管理的权利。父母同为未成年子女的亲权人。其实，父母对未成年子女的抚养、教育和保护，既是权利也是义务。从权利角度观察，意味着其他人，例如祖父母、外祖父母无权和父母争夺对未成年子女的抚养、教育和保护权利；从义务角度观察，意味着父母不能放弃对未成年子女的抚养、教育和保护责任，不能“不闻不问”“一走了之”。值得注意的是，亲子关系有异议时的认定问题，《民法典》第一千零七十三条规定，“对亲子关系有异议且有正当理由的，父或者母可以向人民法院提起诉讼，请求确认或者否认亲子关系。对亲子关系有异议且有正当理由的，成年子女可以向人民法院提起诉讼，请求确认亲子关系”。由此可见，父或母有请求确认或者否认亲子关系的权利，而成年子女只能请求法院确认亲子关系，不能请求否认亲子关系。另外需要说明的是，我国的法律语言中，还有监护权这一概念。监护不仅指对未成年人的监护，还包括对无民事行为能力或限制民事行为能力的成年人的监护。

配偶权是指合法配偶之间相互享有的身份权，即夫对妻以及妻对夫的身份权。

亲属权是父母与成年子女、祖父母与孙子女、外祖父母与外孙子女以及兄弟姐妹之间的身份权的统称。在父母和成年子女的关系上，父母对不能独立生活的成年子女有抚养的义务，成年子女对父母负有赡养、扶助和保护的义务，尤其是对缺乏劳动能力或者生活困难的父母，民法典明确规定成年子女有赡养的义务。在祖父母、外祖父母和孙子女、外孙子女的关系上，有负担能力的祖父母、外祖父母，对于父母已经死亡或者父母无力抚养的未成年孙子女、外孙子女，有抚养的义务；有负担能力的孙子女、外孙子女，对于子女已经死亡或者子女无力赡养的祖父母、外祖父母，有赡养的义务。在兄弟姐妹的关系上，有负担能力的兄、姐，对于父母已经死亡或者父母无力抚养的未成年弟、妹，有扶养的义务；由兄、姐抚养长大的有负担能力的弟、妹，对于缺乏劳动能力又缺乏生活来源的兄、姐，有扶养的义务。

（三）物权

物权是指权利人依法对特定的物享有直接支配和排他的权利。其特征是：物权为直接支配物的权利、物权为支配特定物的权利、物权具有排他性。对于权利人之外的其他人，包括各级政府在内，必须容忍物权人行使其权利，除非有正当理由（比如政府征收），否则不得干涉权利人行使权利。物权包括所有权、用益物权和担保物权，以下分别介绍重点内容。

第一，关于所有权。民法中的所有权[①]是指在法律规定范围内自由支配标的物并排除他人干涉的权利。“所有权是财产权的基石和核心，全部财产法不过是围绕着所有权而规定和展开的。”[②]所有权之上可以设定用益物权和担保物权，身份平等和意思自治立基于所有权搭建的舞台之上。只有认识到所有权在财产法、民法乃至整个法律体系中的极端重要性，方可理解“法律的精神就是所有权”这句孟德斯鸠的名言。所有权是财产权中最充分、最完全的权利。关于所有权的内容，传统所有权权能理论认为，所有权具有占有、使用、收益和处分四大权能。不过，英国法官麦克白（Markby）的所有权的剩余权理论认为，所有者只是某物的最终的剩余权人，即不管从某物上分离出多少权利，也不管剩余的权利是多么少、多么无意义，这些剩余权的拥有者就是所有者，而所有者的权利就是所有权。[③]

需要特别强调的有以下几点：一是国家所有权的范围和代表行使主体问题。我国的国家所有也即全民所有。国家所有权主要有以下三种类型：（1）国有自然资源，或称资源型国有财产，如矿藏、水流、海域、无居民海岛、无线电频谱资源等国家专有自然资源，以及属于国家所有的土地、森林、山岭、草原、荒地、滩涂、野生动植物等。（2）国有公共用财产，或称行政事业性国有财产，如国家所有的铁路、公路、电力设施、电信设施、体育和娱乐设施、油气管道设施和国家机关财产、国防财产等，以及国家兴办的学校、医院、公园、研究机构、博物馆等事业单位的财产。（3）国有营运资产，或称经营性国有财产，是指那些能够由国务院和各级政府代表国家用以出资并取得收益的财产。这些国有财产既包括有体物也包括无体物。[④]比较法上，自然资源公有的程度

---

① 之所以特别强调民法中的所有权，是因为近年来不断有宪法所有权、公法所有权主张的提出。从学者的讨论来看，宪法所有权或公法所有权主要是针对国家所有权尤其是自然资源国家所有权提出的。

② 张俊浩主编：《民法学原理》（修订第三版，上册），中国政法大学出版社 2000 年版，第 422–423 页。

③ 参见王涌：《自然资源国家所有权三层结构说》，载《法学研究》2013 年第 4 期，第 53 页。

④ 参见马俊驹：《国家所有权的基本理论和立法结构探讨》，载《中国法学》2011 年第 4 期。

也比较高。矿产、水资源一般规定为公有；土地方面，俄罗斯、加拿大、新加坡、美国公有的比例分别约为92%、89%、83%、47%；森林方面，美国、加拿大、日本、澳大利亚、德国和英国公有比例分别约为51%、94%、42%、73%、53%和36%，而俄罗斯则为100%。[①] 不过，需要指出的是，公有与国有不是一回事，我国的公有包括国家所有与集体所有，而其他国家和地区的公有主体则包括各级政府、公法人团体等。例如，俄罗斯的公有土地分别归联邦、联邦主体、市政所有；美国联邦政府所有土地占32%，州及地方政府所有的土地占10%；加拿大公有土地中，联邦公有土地约占41%，省公有土地占49%。正是由于公有主体的差异，其他国家和地区很少使用“国家所有权”概念。关于国家所有权的代表行使主体，目前企业国有资产法和行政事业性国有资产管理条例对经营性国有资产和行政事业性国有资产的代表行使主体作了具体规定，资源性国有资产的代表行使主体民法典规定为由国务院代表行使，法律另有规定的除外。目前国家正在推动自然资源国家所有权的委托代理试点，即在自然资源部统一代表行使的基础上，探索分级、分类代表（代理）行使机制。

二是建筑物区分所有权。所谓建筑物区分所有权，是指业主（区分所有人）对建筑物内的住宅、商业用房等专有部分享有所有权，对专有部分以外的共用部分享有共有所有权，以及对建筑物及居住在建筑物上的人的行为享有管理的权利。

第二，关于用益物权。用益物权是从所有权分离出来的他物权，是对他人之物，在一定范围内使用收益的限制物权，包括国有建设用地使用权、集体建设用地使用权、宅基地使用权、农村土地承包经营权、土地经营权、地役权、居住权等。

用益物权制度值得关注的重点问题有：一是国有住宅建设用地使用权期满自动续期是否缴费问题。虽然民法典没有明确怎么缴费，但从其“续期费用的缴纳或者减免，依照法律、行政法规的规定办理”似乎可以看出，基本的思路是要缴费，只不过可能减免。二是集体建设用地使用权的市场化问题。民法典仅仅规定“集体所有的土地作为建设用地的，应当依照土地管理的法律规定办

① 参见陈静、陈丽萍、汤文豪、赵晓宇：《国际上自然资源国家所有权制度的特点及对我国的启示》，载《国土资源情报》2018年第7期。

理”。不过，新修正的《土地管理法》对集体经营性建设用地入市作了原则规定，这对打破国有建设用地垄断土地一级市场，推进集体土地与国有土地同地、同权、同价具有重要意义。目前，集体经营性建设用地入市正在推动中。三是宅基地使用权问题。民法典对宅基地使用权的规定不多，新修正的土地管理法对宅基地制度有所突破，但宅基地“三权分置”改革仍在试点中。四是土地经营权的性质问题。新修正的《农村土地承包法》对承包地“三权分置”作了规定，民法典在农村土地承包法的基础上，在物权编对土地承包经营权特别是土地经营权作了规定。在物权编规定土地经营权，应该是对原本模糊、争议的土地经营权属性的明确。但从学者的观点来看，土地经营权的性质问题依然争论不小。从不动产登记实践看，土地经营权登记还有不少问题需要解决。由于土地经营权及其登记问题比较复杂，本书第九讲专门详细探讨。五是地役权和相邻权的关系。地役权是为增加一定土地（需役地）的价值而支配其他土地（供役地）的一种限制物权。也就是依一定目的，为自己土地的便利而使用他人土地的权利，例如通行权、取水权、引水权、采石权、采薪权、观望地役权、采光地役权等。地役权与相邻权很相似，二者的主要区别是：相邻权是法定权利，地役权是约定权利；相邻权是相毗邻的不动产之间产生的权利，地役权的设定不以不动产相毗邻为条件。六是居住权的新问题。居住权是民法典新设立的用益物权类型。这对于解决“户有所居”具有重要意义。因为，与租赁相比，居住权具有无偿（也可以约定有偿）、无期限限制（租赁最长不超过20年，否则，超过部分无效）及稳定可靠（经过登记公示）的优势。比如，老年再婚者可以为无房配偶设立居住权，满足配偶长期、稳定居住的需要，同时将所有权留给子女，从而比较妥当地处理再婚配偶和子女之间的利益冲突，事实上也可以减少老年人再婚的阻力。再如，有以房养老需求的老年人，可以在出卖自己房产的同时，让买受人为自己设立居住权（可以无偿也可以有偿），从而达到利用自己的房产收益但又不至于搬家的良好目的。然而，由于居住权在不动产登记部门登记后才生效，居住权的登记又涉及一系列复杂问题，如农房可不可以设立居住权，所以目前只有部分地方办理居住权登记。

第三，关于担保物权。担保的形式很多，既有人的担保（如保证），也有物的担保（如抵押）。担保物权是指以确保债务的清偿为目的，在债务人或第三人所有之物或权利上所设定，以取得担保作用的限制物权。与用益物权主要针对标的物的使用价值设定不同的是，担保物权主要针对标的物的价值设定。债权之所以需要担保，是因为在现代文明社会，债权很不安全。虽然从理论上讲，即使没有担保物权，债务人也可以其全部财产为其债务作担保，但债务人在宣布破产前可以自由处分其财产，如债务人任意处分其财产，债权人利益即受到影响。债权人为多数时，债务人的总资产或不够偿还，每一债权人的债权亦不能确保，因此有了担保制度。担保物权的首要功能是担保债权的实现，其次是保障金融安全、促进融资。

主要的担保物权有抵押权、质押权和留置权。值得关注的问题主要有：一是关于抵押财产的范围。从抵押权的发展过程来看，可抵押的财产范围不断扩大，民法典已经将耕地从过去的禁止抵押财产清单中移除，《最高人民法院关于适用〈中华人民共和国民法典〉有关担保制度的解释》已经明确，登记为营利法人的学校、幼儿园、医疗机构、养老机构等提供担保，当事人以其不具有担保资格为由主张担保合同无效的，人民法院不予支持（第六条第二款）。二是抵押期间抵押物的转让，民法典之前要求取得抵押权人的同意方可转让，民法典规定除非当事人另有约定，抵押人可以转让抵押财产。现在的问题是，民法典实施之前办理的抵押登记，民法典实施后，抵押人转让抵押物是否需要经过抵押权人同意？对此，实践的做法是依然要求抵押权人同意，而且民法典实施后的抵押权登记，如果当事人对抵押财产转让有限制的约定的，该约定可以登记。但学术界对此有比较大的分歧。三是抵押的财产可以是不动产也可以是动产，质押的对象可以是动产也可以是权利，因此，质权因质权标的的不同而分为动产质权和权利质权。可以出质的权利包括：汇票、本票、支票，债券、存款单，仓单、提单，可以转让的基金份额、股权，可以转让的注册商标专用权、专利权、著作权等知识产权中的财产权，现有的以及将有的应收账款，法律、行政法规规定可以出质的其他财产权利。设立权利质权应当订立书面合同，并在履行交付权利凭证或相关登记手续后生效。

最后，需要说明的是，物权实行法定原则，物权的种类和内容必须由法律规定，当事人不得自由创设法律未规定的新种类的物权或新的内容。此外，所有权是对自己所有物的权利，因此也称为自物权。用益物权和担保物权均是对他人所有物的权利，因此也被称为他物权。

（四）债权

债权主要包括因合同而产生的债权、因侵权而产生的债权、因不当得利而产生的债权和因无因管理而产生的债权。双方当事人之间订立合同，比如买卖合同，实际上在原本没有法律权利义务关系的两方之间产生了权利义务关系，这种权利义务关系就是一方有权请求对方作出某一行为，反之，另一方一般也有权请求对方作出某一行为。比如，在房屋买卖合同中，买方有权请求卖方交付房屋并转移所有权（办理过户登记），而卖方有权请求买方支付价款（货币自支付时起所有权自动转移）。在这样一种关系中，买方请求卖方交付房屋并转移所有权的权利和卖方请求买方支付价款的权利就是债权，与所有权等物权直接支配物以实现利益不同的是，债权利益的实现只能请求他人履行。正是由于这种差别，物权被称为支配权，而债权被称为请求权。

除因合同产生的债权外，另一大类债权就是侵权损害赔偿债权。权利的赋予固然重要，权利的救济更具有价值，因为没有救济就没有真正意义上的权利。现代社会，权利类型越来越多样化，权利内容也越来越丰富，但同时权利遭受侵犯的可能性也在增大。人格权、身份权、物权、知识产权等权利遭受侵犯的主要救济措施就是损害赔偿，即让侵犯权利之人向权利被侵之人赔偿。这种请求侵犯权利之人赔偿的权利就是一种债权。一般情况下，侵权赔偿责任要以权利被侵犯之人证明侵犯权利之人主观上有过错为前提，这也就是侵权归责的过错责任原则。但是需要注意的是，在现代工业社会，工业事故、产品事故、机动车事故、环境事故等事故频发，有些事故损害潜伏期长、损害规模大、原因难查明，而且造成损害之人往往是通过工业、经营等获得利益，因此是在经济上处于优势地位的企业主、富人，遭受损害之人往往是产业工人、消费者、行人等弱势群体。如果损害发生后，依然坚持过错责任原则，让弱势群体去证明环境污染、产品事故等是由于某一企业过错行为造成的，不仅超出了他们的诉讼负担能力，有时甚至是无法完成的重负。比如，让三鹿奶粉事件中的落后地区的农民证明他家患儿的严重肾结石疾病是饮用三鹿奶粉所致显然是不现实的。为了保护弱势受害人的权益，侵权法在产品事故、环境事故、机动车事故等领域实行了无过错责任原则（英国、美国等英美法国家的类似概念是严格责任原则）。所谓无过错责任原则，并不是说产品制造人、环境污染人、机动车驾驶人等对于事故的发生事实上没有过错，而是说权利受害人向侵权行为人主张赔偿时，无须过问侵权行为人是否有过错，只要证明是侵权行为人的行为造成了权利人权利受损，且侵权行为人没有正当抗辩理由（如受害人故意、不可抗力。需要注意的是，不同的事故法律规定的侵权行为人的抗辩理由并不相同，民用航空事故中，不可抗力也不能免责），侵权行为人就要承担赔偿责任。因此，无过错责任原则的本意不是没有过错，而是不问过错的有无。此外，在侵权责任法中，还有一种过错推定的制度设计。过错推定者，是将民事诉讼“谁主张，谁举证”原则下原告本来负担的证明被告有过错的责任，分配给被告负担，即法律规定特殊损害类型推定侵权行为人有过错，除非被告证明自己对于损害的发生没有过错，否则就要承担败诉的责任。《民法典》第一千一百六十五条第二款“依照法律规定推定行为人有过错，其不能证明自己没有过错的，应当承担侵权责任”规定的即为过错推定责任。

不当得利是指得利人没有法律根据取得利益，也就是说利益的取得不具正当性，从而导致他人受损。为了纠正这种不正当的“损人利己”行为，法律赋予受损失之人有权请求得利之人返还取得的不当利益。利益受损之人的这一权利即不当得利债权。不当得利的原因很多，并不是所有的不当得利都应当返还，民法典明确规定，为履行道德义务进行的给付（如养子女对生父母的给付）、债务到期之前的清偿（视为对期限利益的放弃）、明知无给付义务而进行的债务清偿，不得请求返还。民法典还规定，得利人不知道且不应当知道取得的利益没有法律根据，取得的利益已经不存在的，不承担返还该利益的义务。

无因管理是管理人没有法定的或者约定的义务，为避免他人利益受损失而管理他人事务。无因管理是社会应当倡导、鼓励的美德行为，为了平衡管理人和受益人之间的利益，民法典赋予管理人向受益人请求偿还因管理事务而支出的必要费用及适当补偿因管理事务而受到损失的权利。当然，无法定或约定义务管理他人事务可能构成对他人自由的干涉，因此，民法典规定管理事务不符合受益人真实意思的，管理人不享有请求必要费用或补偿损失的权利，但受益人的真实意思违反法律或者违背公序良俗的除外。管理人管理他人事务，应当采取有利于受益人的方法；中断管理对受益人不利的，无正当理由不得中断；能够通知受益人的，应当及时通知受益人，管理的事务不需要紧急处理的，应当等待受益人的指示；管理结束后，管理人应当向受益人报告管理事务的情况，管理人管理事务取得的财产，应当及时转交给受益人。

（五）知识产权

知识产权是自然人和法人在科学、技术、文化、艺术和市场运作等领域中的创新成果，依法获得的专有权利。民法典规定民事主体依法享有知识产权，知识产权是权利人依法就下列客体享有的专有的权利：作品，发明、实用新型、外观设计，商标，地理标志，商业秘密，集成电路布图设计，植物新品种，法律规定的其他客体。由此可见，知识产权主要包括版权及其邻接权（包含计算机软件等）、商标权、专利权（发明、实用新型、工业品外观设计）、集成电路布图设计权、地理标志权、植物新品种权、未披露过的信息（商业秘密）专有权等。

民法典未设专门的知识产权编，但对知识产权的保护作了必要规定。如其第六百条规定，出卖具有知识产权的标的物的，除法律另有规定或者当事人另有约定外，该标的物的知识产权不属于买受人。第八百四十四条规定，订立技术合同，应当有利于知识产权的保护和科学技术的进步，促进科学技术成果的研发、转化、应用和推广。第一千一百八十五条规定，故意侵害他人知识产权，情节严重的，被侵权人有权请求相应的惩罚性赔偿。

从本质上说，知识经济就是以产权化的知识（知识产权）为基础的经济。当今世界，国家的核心竞争能力日益体现为对智力资源和智慧成果的培育、拥有、配置和调控能力，尤其体现为对知识产权的拥有和运用能力。目前发达国家的经济总量中，知识经济已占到一半以上。

20 世纪末，尤其是 21 世纪初，美、日、韩等许多国家制定知识产权战略，以振兴经济和增强国际竞争能力。2008 年，国务院发布《国家知识产权战略纲要》（以下简称《纲要》），《纲要》指出：知识产权已经成为关系国家发展的重大战略问题，是国家核心战略资源，是国家重要发展战略。经过改革开放 40 多年的发展，我国的专利、商标等在绝对数量上得到了快速发展，2019 年，中国首次成为世界第一大专利申请国，打破了美国长达 40 年的世界第一神话。①

---

① 《2019 年中国首次成为全球专利申请最大来源国》，央广网，http://news.cnr.cn/native/gd/20200408/t20200408_525045901.shtml?ivk_sa=1023197a，2022 年 3 月 20 日访问。

但从2016年万人专利拥有量比较看，世界排名前三的日本、韩国、美国分别为129.1件、45.8件、43.5件，中国为8.0件。[①] 截至2019年年底，我国国内（不含港澳台）发明专利拥有量共计186.2万件，每万人口发明专利拥有量达到13.3件，[②] 仍与日本、韩国、美国有较大差距。而专利质量方面，尤其是在关键核心技术领域，10年前的基本情况是，“中国有95%以上的企业没有自己的专利，拥有核心技术专利的企业仅为万分之三。相形之下，外国公司注重专利权的取得，将其专利申请的重点集中在发明专利，并将发明专利申请集中在高新技术领域。据统计，在航空航天、高清晰彩电、通信、电子、汽车等领域，外国公司拥有中国发明专利高达80%甚至90%”。[③] 如今，这一状况有所改善，中国的华为公司截至2019年年底在全球共持有有效授权专利85000多，其中90%为发明专利。[④] 但专利质量提升尤其是高新技术领域专利布局的任务依然很重。

（六）社员权

社员权是团体成员根据其在团体中的地位产生的对于团体的权利。社员权基于社员资格而产生，并因这种资格的丧失而丧失，一般不能继承。社员权是一个复合的权利，包含表决权，对业务的知悉、执行和监督权，盈利分配权和团体终止时的剩余财产分配权。

股东权是最重要的一种社员权。股东权中非经济性质的权利有会议参加权、决议权、选举权与被选举权、股东会决议撤销诉权、股东会决议无效诉权、董事会决议无效或撤销的诉权、股东会召集请求权等。经济性质的权利有股息分配请求权、剩余财产分配请求权、新股认购权、股份收购请求权等。这些权利又因公司种类而有所不同，如股份有限公司股东还有股票交付请求权、股份转让权等。

除股东权外，农民专业合作社的社员对于专业合作社的权利也是社员权，

---

① 《14个国家“万人发明专利拥有量”对比！》IPRdaily中文网，http://www.iprdaily.cn/news_17842.html，2022年3月15日访问。

② 《国家知识产权局：国内每万人口发明专利拥有量达13.3件》，中国政府网，http://www.gov.cn/xinwen/2020-04/23/content_5505591.htm，2022年3月17日访问。

③ 吴汉东：《中国知识产权法制建设的评价与反思》，载《中国法学》2009年第1期，第61-62页。

④ 数据来源于作者参与的课题调研。

社员有参与管理、分享盈余等权利。在表决机制上，根据《农民专业合作社法》规定，农民专业合作社成员大会选举和表决，实行一人一票制，成员各享有一票的基本表决权。而出资额或者与本社交易量（额）较大的成员按照章程规定，可以享有附加表决权。本社的附加表决权总票数，不得超过本社成员基本表决权总票数的百分之二十。享有附加表决权的成员及其享有的附加表决权数，应当在每次成员大会召开时告知出席会议的成员。此外，章程可以限制附加表决权行使的范围。

以上权利类型中，人格权和身份权合称为人身权，物权、债权、知识产权和股权属于财产权的范畴（知识产权和股权有人身权的属性），现代产权也主要指这四大权利。市场交换说到底是权利的交换，人身权原则上是不能交换的，因此不仅贩卖人口属于严重刑事犯罪，人体器官的买卖也是被法律所禁止的。此外，公权力不能成为市场交换的对象。正是基于公权力和人身权的不可交易性，权权交易、权钱交易、权色交易才为法所不许。

此外，关于数据、网络虚拟财产的保护问题，《民法典》第一百二十七条规定："法律对数据、网络虚拟财产的保护有规定的，依照其规定。"对于民法典的这一规定，应当注意以下几点：第一，既然民法典在列举具体权利类型时没有将数据和网络虚拟财产纳入，就意味着数据和网络虚拟财产的保护还没有上升到权利的高度。第二，虽然数据和虚拟财产保护还不是权利，但在法律已经明确规定的情况下，应当是法律予以承认并保护的利益。第三，从民法典的规定来看，民法典对待个人信息和数据、网络虚拟财产的保护态度并不同，个人信息是法律明确肯定并给予保护的利益，而数据、网络虚拟财产的保护问题还有待其他法律的规定。

二、权利的边界在哪里

第一，权利的边界在法律的规定中。法律规定的边界有些比较模糊，如合同、遗嘱等不得违反法律行政法规的强制性规定，不得违背公序良俗，否则无效。有些则比较具体，比如：（1）法律规定租赁的期限不得超过 20 年，超过 20 年的，超过部分无效；承租人未经出租人同意，不得转租。（2）宅基地使用权及其房屋所有权不得非法转让，尤其是不得转让给城市居民。（3）当事人在订立合同过程中知悉的商业秘密或者其他应当保密的信息，无论合同是否成立，不得泄露或者不正当地使用。（4）定金的数额不得超过主合同标的额的百分之二十，超过部分不产生定金的效力。（5）合同生效后，当事人不得因姓名、名称的变更或者法定代表人、负责人、承办人的变动而不履行合同义务。（6）禁止高利放贷，借款的利率不得违反国家有关规定。

第二，权利的边界在合同的约定中。合同还可以对权利的界限进行明确约定，比如，租赁合同可以约定承租人对租赁房屋进行一定程度的装修。

第三，权利的边界存在于不同权利冲突时的权衡取舍。不同权利发生冲突时如何协调权衡？刚才我们讲拍朋友聚会照片并在朋友圈晒可能发生著作权与肖像权、隐私权等权利冲突的问题。由于相对于摄影者的著作权，自然人的肖像权、隐私权更值得保护，所以，我们在拍照之前，得想想是否有权拍，或者是否经过了肖像权人、隐私权人的同意，而在朋友圈发布之前，更应思考是否侵犯了他人的肖像权、隐私权等权利。

第四，权利往往因公共利益而受到限制。为了公共利益的需要，国家可能对我们的权利进行限制。比如，为了疫情防控，国家要收集、加工，甚至公开不少个人信息。但出于公共利益对于个人隐私、信息等的限制，要掌握在必要的限度内。从应对非典到应对新冠肺炎疫情的过程中，我们逐渐摸索出了个人隐私、信息保护与疫情防控信息公开的平衡点。疫情防控固然重要，但个人信息、隐私的保护也很重要，为了疫情防控这一公共利益对个人信息、隐私进行适当限制当然是正当的，但出于公共利益目的对私人权利进行限制也是有限度的。最好的状态就是在确保公共利益实现的前提下，最小限度地限制私人权利，这也就是所谓的比例原则。

三、知晓民事义务也很重要

明白义务也很重要，因为民法视野中的人，是一个负责担当的人。何况，民法典还对公权力机关和基层群众性自治组织设定了不少义务。

首先，必须指出的是，民法典虽然是权利法，但义务的规定也不少，义务一词出现了 177 次。民法典各编都有不少法定义务的规定。学习民法典不能只讲权利，不谈义务。比如，民法典编纂过程中，住宅小区物业管理是各界反映强烈的突出问题。每年物业管理的纠纷和诉讼规模巨大，不仅影响了小区和谐，而且浪费了太多司法资源。为此，民法典作出了针对性回应，专门规定了物业服务合同，对物业服务提供人和业主的权利义务关系作了明确规定。其中，物业服务人的义务主要有：**一是公开和报告义务。**公开是指向业主公开，报告是指向业主大会、业主委员会报告。公开和报告的事项有：服务的事项、负责人员、质量要求、收费项目、收费标准、履行情况，以及维修资金使用情况、业主共有部分的经营与收益情况等。**二是不得随意转委托。**物业服务人不得将其应当提供的全部物业服务转委托给第三人，或者将全部物业服务支解后分别转委托给第三人。物业服务人将物业服务区域内的部分专项服务事项委托给专业性服务组织或者其他第三人的，应当就该部分专项服务事项向业主负责。**三是履行好职责。**物业服务人应当按照约定和物业的使用性质，妥善维修、养护、清洁、绿化和经营管理物业服务区域内的业主共有部分，维护物业服务区域内的基本秩序，采取合理措施保护业主的人身、财产安全。对物业服务区域内违反有关治安、环保、消防等法律法规的行为，物业服务人应当及时采取合理措施制止、向有关行政主管部门报告并协助处理。**四是不得采取停止供电、供水、供热、供燃气等方式催交物业费。**知道以上物业服务人的义务，有利于业主监督物业服务人履行义务。

其次，我们应当明白义务的来源。义务从哪里来？义务有法定义务和约定义务之分。约定义务顾名思义是基于合同约定而产生，在大多数合同中，合同约定的一方的权利即是另一方的义务。法定义务是法律直接规定的义务，如父母对未成年子女负有抚养、教育和保护的义务，成年子女对父母负有赡养、扶助和保护的义务。我们的孩子到了青春期后，总爱对父母说你们不要管我了，其实，父母对未成年子女的抚养、教育和保护义务是不能放弃的。

最后，我们既要重视合同明确约定和法律明确规定的义务，也应重视合同原则约定和法律原则规定的义务，尤其是随着合同的履行和情况的变化而不断产生的义务。法律明确规定的义务如业主对建筑物专有部分以外的共有部分，享有权利，承担义务，不得以放弃权利为由不履行义务，我们不少北方人在海南买了房子，但一年住不了几天。即便如此，也不能以不享受物业服务为条件而不交物业费。法律原则规定的义务就是法律规定基于诚信原则，合同的性质、目的和交易习惯等产生的义务。

总之，权利是好东西，但要妥当行使，要懂得权利的边界，不得滥用。义务虽是负担，但正是义务的认真履行方能彰显民法对个人所要求的负责与担当。因此，我们应当做一个权利义务的明白人。

案例解析

案例一：拆除小区围墙风波

短短一句“已建成的住宅小区和单位大院要逐步打开，实现内部道路公共化”，何以引起如此轩然大波？根源在于对中央新政研读不够、对私有产权保护信心不够，尤其是对政策与法之关系理解不够。对中央新政研读不够表现在将文件倡导的“已建成的住宅小区和单位大院要逐步打开，实现内部道路公共化”，误读甚至曲解为“所有小区院墙要马上推倒”，既忽略了“实现内部道路公共化”的目的限制，也忽视了“逐步”这一“打开”的渐进性限定。对私有产权保护信心不够表现在认为中央的新政一出，业主的土地使用权、院墙所有权等权利便不再有保障，政府可能仅凭中央文件拆除小区围墙，拿走本属于业主共有的小区道路。对政策与法之关系理解不够表现在将二者简单对立起来，以为有中央的一句话，地方政府就可以置现行法律法规于不顾，推倒所有城市小区围墙，并不惜给这一政策贴上“摧毁法治信仰”等颇为吸引眼球之大标签。之所以说对中央政策与法律的关系理解不够是主因，是因为如果能够正确看待政策与法律的关系，就不可能出现对一份中央文件如此的误解或曲解，也不可能如此担心私有产权的保护。其实，党的十八大，尤其是党的十八届四中全会以来，法律和政策的关系越来越清晰，界限越来越清楚。政策可以弥补法律之不足，也可以引领法律之变革，但不可公然侵占法律的领地，对抗法律的规定，挑战法律的权威。“已建成的住宅小区和单位大院要逐步打开，实现内部道路公共化”作为政策规定，所规定的只是未来改革的方向，也就是为未来如何缓解道路拥堵找了出路、定了基调。各级政府当然不能依据这样一句没有刚性约束力的政策强行推倒成千上万小区的院墙。在原《物权法》《土地管理法》《城镇国有土地使用权出让和转让暂行条例》等法律法规（包括地方性法规）对小区道路、院墙的权属，以及收回国有土地使用权有明确规定的情况下，要将中央政策落地，打开已建成封闭住宅小区大门，实现内部道路公共化，必须通过法治方式。所谓法治的方式，就是要在充分尊重业主土地使用权、院墙所有权等权利的基础上，通过市场化的或者法律规定的强制收回国有土地使用权的方式（如果涉及集体土地，还需遵守征收的规定），实现小区内部道路的公共化。也就是说，小区内部道路公共化并非只有强制收回国有土地使用权一种途径，政府完全可以通过与小区业主平等协商的方式，实现其目的。因为小区内部道路的公共化所强调的是“使用”的公共化，而不是“产权”的公共化。只要政府和小区业主能够自愿达成协议，不一定非要通过收回国有土地使用权的方式。

但是，如果小区业主不愿意，政府要强制收回小区道路的国有土地使用权，那就必须遵守限制私人财产权的底线要求：一是目的的正当性——公益性。公共利益既是限制的理由，又是限制的界限。二是形式的正当性——法定性。财产权为基本权利，对其限制应当以法律为之。三是程序的正当性——相互性。相互性原则并非要求限制必须取得被限制者的同意，而是不能排除被限制者的意见对立法和适用法律产生影响。这一原则包括公众参与决策、被限制者参与法律适用程序及可争议性（特别是可诉性）。四是手段的正当性——比例性。比例原则是针对行为目的与手段之间的关系而言的，旨在维持公共利益与财产权之间的公平衡量。这一原则包括三层意思：适宜性，要求手段促使实现期望的结果；必要性，要求手段是必要的；适当性，要求限制的严厉程度，与所追求的目的的重要性、紧迫性程度相当。具体到本争论问题，那就要求必须遵守法律法规的规定，即需满足《物权法》第一百四十八条、《土地管理法》第五十八条规定的“公共利益需要”“旧城区改建”“使用期限届满”等条件，并按照《物权法》第四十二条、第一百四十八条，《城镇国有土地使用权出让和转让暂行条例》第四十二条、第四十七条等的规定给予补偿。同时，在收回程序上，也要尊重小区业主的参与权，给予其充分的救济权。考虑到目前这方面的法律规定还不完善，建议借鉴《国有土地上房屋征收与补偿条例》的规定，出台相应的行政法规，以规范公权力，保障私权利，同时给社会以明确预期，减少纷争。

当然，实现小区内部道路公共化的方式不止以上两种。比如，有专家提出可以等到国有土地使用权 70 年期限届满续期时借机打开小区院门，这是个好建议，也是未来可考虑的“逐步”打开的方式之一，但要实现“到 2020 年，城市建成区平均路网密度提高到8公里／平方公里，道路面积率达到15%”的目标，这一方式的作用有限。

最后，需要特别强调的是，中央文件和法律法规关系在理论上的清晰，并不意味着实践中一定能够严守理论或制度的条条框框。我们特别希望各级政府在贯彻中央文件精神时，一定要处理好政策与法律的关系，认真对待公民权利，用好法律这一治国之重器，以法治方式落实中央政策文件。

案例二：芬兰前总理马蒂·万哈宁隐私权案

本案涉及公众人物的隐私权及其限制问题。公共官员、社会知名人士以及那些志愿跻身公众辩论中希望影响舆论的人通常被认为是公众人物。毫无疑问，公众人物也应当对其私密信息、私密活动和私密空间等私域享有隐私权。但公众人物的隐私权涉及与公众监督公众人物的自由权的冲突，因此，公众人物的隐私权受到一定程度的限制。从现代各国的立法和实践来看，对公众人物的隐私权进行限制是没有争论的，也就是说，为了保证公众更好地监督、批评公众人物，促使其更好地履行职责，当公众人物的隐私权与公众的批评监督权发生冲突时，要对公众人物的隐私权进行克减。但问题并不是那么简单，对公众人物的隐私权利的这种限制没有限度吗？是否可以为了多数人的很小的公共利益而让公众人物付出过分的代价？法律及其实践就是要在这二者之间找到平衡。从各国的具体实践来看，基本的判断标准有两个：一是公开利益的有无及大小；二是泄露他人隐私之人是否有“恶意”。

就本案而言，万哈宁总理毫无疑问是公众人物，其在婚姻结束后与女友亲密交往也无可非议。二人的私生活信息属于他们的共同隐私，双方都有未经对方同意不得向外泄露的义务。鲁苏宁在万哈宁提出分手后，出于报复目的公开二人的私生活信息，其不当性主要表现在以下几个方面：二人车内约会、万哈宁洗桑拿等发生在工作时间之余，也就是我们平常说的“八小时之外”，且并不出格，属正常范围。同时，这些信息对于个人而言属于敏感信息范畴，与公共利益似乎关系不大。也就是说，它们一方面对万哈宁本人非常重要，另一方面对公共利益关系不大。两者相较而言，应当保护隐私权。尤其是，鲁苏宁公开万哈宁个人信息或他们二人的共同信息，完全出于“报复”目的，因此主观“恶意”明显。综合以上因素，二审法院判决鲁苏宁承担法律责任是合理的。至于出版商的责任问题，实际上涉及传播者的责任问题。在鲁苏宁决定公开万哈宁隐私信息的时候，出版商是完全有能力审查并决定是否传播隐私信息的。也就是说，科以鲁苏宁和出版商法律责任，是因为他们是万哈宁隐私利益的最佳控制者。

案例三：微信群发表不当言论名誉侵权案

针对本案，法院审理认为，邵某在双方共同居住的小区业主微信群中针对某公司、黄某发表言论并使用黄某照片作为配图，其对某公司、黄某使用了贬损性言辞，但其未提交证据证明其所发表涉案言论的客观真实性，造成不当言论的传播，邵某在主观上具有过错。网络信息传播迅速，从微信群中其他用户反映情况看，涉案言论确易引发对某公司经营的美容店的猜测和误解，导致对某公司、黄某的负面认识，造成原告社会评价降低，故邵某的行为侵犯了某公司和黄某的名誉权，邵某应当就此承担民事侵权责任。一审法院酌情支持了黄某要求赔礼道歉、赔偿精神损失以及某公司要求赔礼道歉、赔偿经济损失的主张。邵某不服一审判决，提起上诉。二审法院终审判决驳回上诉，维持原判。需要特别强调的是，在如今的互联网和自媒体时代，微信群、朋友圈成为绝大多数人的交流、沟通空间，但有不少人法律意识不强，对他人权利和公共秩序考虑不多，随意甚至肆意发表不当、不负责的言论。其实，微信群、朋友圈也不是法外之地，权利有边界、自由有限度，做个权利义务的明白人，方可享受真正的自由。

第五讲　民有私约如律令

金句名言

只要不违反公正的法律，那么人人都有完全的自由以自己的方式追求自己的利益。

——［英］亚当·斯密

不要说信赖谁，还是让契约来约束他吧！

——［美］杰弗逊

契约是衡量一个人道德品质的天平。遵守契约，你获得的将不只是尊重。

——犹太人名言

依法成立的契约，在缔结契约的当事人间有相当于法律的效力。

——1804年《法国民法典》

市场就是全部契约的总和。

——法谚

言必信，行必果。

——［春秋］孔子

我照契约行事。

——英国著名剧作家、诗人莎士比亚《哈姆雷特》

要点提示

- 民法以自愿为原则，意在承认民事主体的选择权利，从而调动亿万民事主体的积极性、主动性，发挥其创造性。而民法自愿原则的贯彻则是通过民事法律行为制度实现的。
- 民事法律行为是民法典中一个使用比较频繁但又抽象、不好理解的概念。合同是典型的民事法律行为，除了合同之外，民事法律行为还包括单方的遗嘱、悬赏广告、撤销权或解除权的行使、接受或放弃受遗赠的表示等，而且，离婚协议、收养协议等身份关系的协议也属于民事法律行为。民事法律行为的核心是意思表示，目的是设立、变更、终止民事法律关系，结果是民事权利义务的得丧变更。
- 意思表示是向外部表达意欲发生一定民事权利义务变化效果的意思的行为。意思表示的常见形式是书面形式、口头形式。沉默只有在有法律规定、当事人约定或者符合当事人之间的交易习惯时，才可以视为意思表示。
- 民法对民事主体意愿和选择的尊重体现在对其意思表示的尊重。这种尊重一以贯之地体现在民法典各部分，如对民事行为能力的界定和划分以辨别能力和意思表示能力为标准，用益物权和担保物权的设立、合同的订立、夫妻财产制的约定、离婚协议、收养协议、监护协议、遗嘱和遗赠扶养协议等，都是对民事主体“意思”“意愿”的尊重。
- 我们可以说我的权利我说了算，但也不尽然。关键要看“怎么说”“说什么”“怎么做”。合同有有效、无效及效力待定等不同类型，民事法律行为同样有有效、无效和效力待定之分。
- 判断一项民事法律行为是否有效，主要看三点：一看行为人是否具有相应的民事行为能力；二看行为人的意思表示是否真实；三看是否违反法律、行政法规的强制性规定或者违背公序良俗。当然，这三点也是行为人从事法律行为、订立合同时需要特别关注的。
- 对于非法律专业人员来讲，与其判断哪些法律行为有效，不如搞清楚哪些法律行为是无效的，哪些法律行为是效力待定的。无效的法律行为主要包括：无民事行为能力人实施的法律行为（限制行为能力人立的遗嘱也是无效的)、串通虚假的法律行为、违法的法律行为、违反了公序良俗的法律行为、恶意串通损害他人利益的法律行为。效力待定的民事法律行为主要包括附期限的法律行为、附条件的法律行为等。

- 有些有效的民法法律行为，因为在意思表示等方面存在瑕疵，法律赋予了一方当事人反悔的权利，也即特定的一方当事人有撤销的权利，因此这类民事法律行为也被称为可撤销的法律行为。具体包括：基于重大误解的法律行为、受欺诈的法律行为、受胁迫的法律行为、利用他人危困状态或缺乏判断能力而显失公平的法律行为等。
- 我们都想当权利的主人，但当好权利的主人并非易事，而实现权利利益的最大化更需要智慧。合同或协议有有效、无效之分，无效的合同或协议自然无法达到实现权利的目的。有效的合同或协议也并不一定能够实现约定的后果，关键要看合同或协议约定得好不好、执行过程把关严不严。即使是遗嘱、撤销权或解除权的行使、接受或放弃受遗赠的表示等自己一个人说了算的事项，也需注意“说”的方式、“说”的时限等问题，否则同样达不到预想的效果。实现好权利，做到“我说了算”，需要掌握好民事法律行为制度。
- 法律行为被法院、仲裁机构撤销或认定无效的，并不是不发生任何法律效果，只是不能发生当事人当初预期的法律后果而已。因此，法律行为被撤销或认定无效后，可能发生停止履行、恢复原状、赔偿损失等法律后果。

讨论案例

案例一：“暗刷流量”合同无效案[①]

许某通过微信向常某某寻求“暗刷的流量资源”，双方协商后确认常某某为许某提供网络暗刷服务，许某共向常某某支付三次服务费共计 1 万余元。常某某认为，根据许某指定的第三方 CNZZ 后台数据统计，许某还应向他支付流

① 《最高法发布弘扬社会主义核心价值观十大典型民事案例》，参见最高人民法院网站：https：// www.chinacourt.org/article/detail/2020/05/id/5215132.shtml，2022 年 3 月 16 日访问。

量服务费 3 万余元。许某以流量掺假、常某某提供的网络暗刷服务本身违反法律禁止性规定为由，主张常某某无权要求支付对价。常某某将许某诉至北京互联网法院，请求判令许某支付服务费 3 万余元及其利息。

思考问题：如何看待本案？

案例二：开发商“自我举报”无证卖房毁约案[①]

某房地产公司与李某某签订了商品房内部认购合同书。合同签订当日，李某某即交纳全部购房款。其后，房价大幅上涨，该房地产公司在案涉开发项目已经取得土地使用证、建设用地规划许可证、建设工程规划许可证与建筑工程施工许可证的情况下，以案涉房屋未取得商品房预售许可证为由，将李某某起诉至法院，请求确认双方签订的内部认购合同无效。

思考问题：如何看待开发商的诉讼请求？

主要内容

一、认识合同

（一）民法典规定的合同制度

整部民法典 1260 条，合同编 500 多条，可以说是半壁江山，足以说明合同对我们的生活有多么重要。今天我们每个人，不管是购置房产、汽车，还是租房、网购，似乎每一天都很难离开合同。以下介绍基本合同制度。

第一，关于合同的分类。合同，依据不同分类标准，可以划分为不同的类型。值得领导干部关注的分类主要有：（1）有偿合同和无偿合同。区分有偿合同与无偿合同的意义在于无偿合同债务人的注意义务较有偿合同为轻。因此，一般而言，无偿合同债务人仅负故意或重大过失责任，而有偿合同的债务人则对一般的轻过失也要负责。如《民法典》第六百六十二条规定，赠与的财产有

---

① 《最高法发布弘扬社会主义核心价值观十大典型民事案例》，参见最高人民法院网站：https://www.chinacourt.org/article/detail/2020/05/id/5215132.shtml，2022 年 3 月 16 日访问。

瑕疵的，赠与人不承担责任；附义务的赠与，赠与的财产有瑕疵的，赠与人在附义务的限度内承担与出卖人相同的责任；赠与人故意不告知瑕疵或者保证无瑕疵，造成受赠人损失的，应当承担赔偿责任。（2）诺成合同与实践合同。这是依据合同的成立是否以交付标的物为要件而作的划分，实践合同的成立不仅须当事人意思的一致，还须交付标的物方可。绝大多数合同为诺成合同，自然人之间的借款合同为实践合同；定金合同为实践合同；保管合同为实践合同，但当事人可以约定其为诺成合同。这就意味着，如果双方仅仅就定金数额达成了一致，但在定金给付之前，定金合同是不成立的，即使一方不按照约定支付定金，也不能让他承担违约责任，因为连“约”都没有，何谈“违约”。（3）要式合同与不要式合同。这是依据合同的成立是否需要采用特定形式或手续为标准划分的合同类型。要式合同是合同的成立要求采用特定形式或手续的合同。“特定形式和手续”是指经特别规定或约定的书面形式、公证、签证、批准和登记等。（4）有名合同与无名合同。这是依据合同的类型和名称是否被法律所规定为标准所作的划分。有名合同，也称为典型合同，是指法律对合同类型作了规定，并且赋予了一定名称的合同。原合同法规定了买卖合同等 15 种有名合同。保险法、原担保法及其他法律所规定的保险合同、保证合同等合同均为有名合同。民法典规定了 19 种有名合同，包括增加规定了物业服务合同、保理合同等合同类型，将合同法规定的居间合同修改为中介合同。无名合同是法律没有赋予特定名称，也未规范而由当事人任意约定的合同。有名合同首先适用法律对该类合同的规定，而无名合同则适用合同编通则的规定，并可以参照适用最相类似合同的规定。（5）格式合同与非格式合同。格式合同是指当事人一方为了重复使用而预先拟订对所有相对人采用的交易条件，并在订立合同时由相对人决定是否承诺的合同，如保险合同、铁路运输合同，以及供用电、热、水、气合同等。非格式合同是指合同内容由当事人双方自由协商决定的合同。民法典对格式合同规定了规制的具体规则和方法，主要包括格式条款对当事人权利义务的确定应符合公平原则、对格式条款的合理提示原则、合同解释的不利解释原则。如，民法典规定，采用格式条款订立合同的，提供格式条款的一方应当遵循公平原则确定当事人之间的权利和义务，并采取合理的方式提示对方注意免除或者减轻其责任等与对方有重大利害关系的条款，按照对方的要求，对该条款予以说明。提供格式条款的一方未履行提示或者说明义务，致使对方没有注意或者理解与其有重大利害关系的条款的，对方可以主张该条款不成为合同的内容。同时规定，如果存在提供格式条款一方不合理地免除或者减轻其责任、加重对方责任、限制对方主要权利，或者排除对方主要权利，则该格式条款无效。（6）主合同与从合同。主合同是两个以上相互关联的合同中，不以他种合同的存在为前提而能够独立存在的合同。从合同是指必须以他种合同的存在为前提而自身不能独立存在的合同，如设有担保的借贷合同中，借贷合同为主合同，担保合同为从合同。主合同的效力往往影响从合同的效力，即从合同以主合同的存在为前提，主合同无效，从合同除了法律另有规定或当事人另有约定的以外也随之无效；主合同变更或终止，从合同一般也随之变更或终止。相反，从合同不成立或无效，一般不影响主合同的效力。最后，需要强调的是，民法典增加了预约合同的具体规定。当事人约定在将来一定期限内订立合同的认购书、订购书、预订书等，构成预约合同。当事人一方不履行预约合同约定的订立合同义务的，对方可以请求其承担预约合同的违约责任。

第二，关于合同的订立。当事人订立合同，可以采用书面形式、口头形式或者其他形式。订立合同，常见的方式是要约、承诺方式。要约的内容应当具体确定，表明经受要约人承诺，要约人即受该意思表示约束。拍卖公告、招标公告、招股说明书、债券募集办法、基金招募说明书、商业广告和宣传、寄送的价目表等为要约邀请，商业广告和宣传的内容符合要约条件的，构成要约。承诺的对象是要约，承诺的内容应当与要约的内容一致，受要约人对要约的内容作出实质性变更的，为新要约。有关合同标的、数量、质量、价款或者报酬、履行期限、履行地点和方式、违约责任和解决争议方法等的变更，是对要约内容的实质性变更。对要约邀请的回应可能构成要约，对要约的实质性变更构成反要约。要约和承诺原则上到达生效，而非作出或发出生效。当事人采用合同书形式订立合同的，自当事人均签名、盖章或者按指印时合同成立；在签名、盖章或者按指印之前，当事人一方已经履行主要义务，对方接受时，该合同成立。法律、行政法规规定或者当事人约定合同应当采用书面形式订立，当事人未采用书面形式但是一方已经履行主要义务，对方接受时，该合同成立。当事人采用信件、数据电文等形式订立合同要求签订确认书的，签订确认书时合同成立。当事人一方通过互联网等信息网络发布的商品或者服务信息符合要约条件的，对方选择该商品或者服务并提交订单成功时合同成立，但是当事人另有约定的除外。

第三，关于合同的生效。一般情况下，合同成立即生效，但法律另有规定或当事人另有约定的除外。依照法律、行政法规的规定，合同应当办理批准等手续的，依照其规定。未办理批准等手续影响合同生效的，不影响合同中履行报批等义务条款以及相关条款的效力。应当办理申请批准等手续的当事人未履行义务的，对方可以请求其承担违反该义务的责任。依照法律、行政法规的规定，合同的变更、转让、解除等情形应当办理批准等手续的，同样遵守前述规定。法人的法定代表人或者非法人组织的负责人超越权限订立的合同，除相对人知道或者应当知道其超越权限外，该代表行为有效，订立的合同对法人或者非法人组织发生效力。当事人超越经营范围订立的合同的效力，应当依照民法典总则编和合同编的有关规定确定，不得仅以超越经营范围确认合同无效。合同中造成对方人身损害的免责条款（如“工伤概不负责”）或者因故意或者重大过失造成对方财产损失的免责条款无效。合同不生效、无效、被撤销或者终止的，不影响合同中有关解决争议方法的条款（如约定仲裁条款）的效力。

第四，关于合同的履行。合同生效后，当事人就质量、价款或者报酬、履行地点等内容没有约定或者约定不明确的，可以协议补充；不能达成补充协议的，按照合同相关条款或者交易习惯确定。仍不能确定的，适用下列规定：（1）质量要求不明确的，按照强制性国家标准履行；没有强制性国家标准的，按照推荐性国家标准履行；没有推荐性国家标准的，按照行业标准履行；没有国家标准、行业标准的，按照通常标准或者符合合同目的的特定标准履行。（2）价款或者报酬不明确的，按照订立合同时履行地的市场价格履行；依法应当执行政府定价或者政府指导价的，依照规定履行。（3）履行地点不明确，给付货币的，在接受货币一方所在地履行；交付不动产的，在不动产所在地履行；其他标的，在履行义务一方所在地履行。（4）履行期限不明确的，债务人可以随时履行，债权人也可以随时请求履行，但是应当给对方必要的准备时间。（5）履行方式不明确的，按照有利于实现合同目的的方式履行。（6）履行费用的负担不明确的，由履行义务一方负担；因债权人原因增加的履行费用，由债权人负担。合同生效后，当事人不得因姓名、名称的变更或者法定代表人、负责人、承办人的变动而不履行合同义务。

第五，关于合同的变更和转让。债权人转让债权，未通知债务人的，该转让对债务人不发生效力。债务人将债务的全部或者部分转移给第三人的，应当经债权人同意。合同的权利和义务一并转让的，适用债权转让、债务转移的有关规定。

第六，关于合同的解除。当事人协商一致，可以解除合同。当事人可以约定一方解除合同的事由，解除合同的事由发生时，解除权人可以解除合同。有下列情形之一的，当事人可以单方解除合同：（1）因不可抗力致使不能实现合同目的；（2）在履行期限届满前，当事人一方明确表示或者以自己的行为表明不履行主要债务；（3）当事人一方迟延履行主要债务，经催告后在合理期限内仍未履行；（4）当事人一方迟延履行债务或者有其他违约行为致使不能实现合同目的；（5）法律规定的其他情形。以持续履行的债务为内容的不定期合同，当事人可以随时解除合同，但是应当在合理期限之前通知对方。法律规定或者当事人约定解除权行使期限，期限届满当事人不行使的，该权利消灭。法律没有规定或者当事人没有约定解除权行使期限，自解除权人知道或者应当知道解除事由之日起一年内不行使，或者经对方催告后在合理期限内不行使的，该权利消灭。当事人一方依法主张解除合同的，应当通知对方。合同自通知到达对方时解除；通知载明债务人在一定期限内不履行债务则合同自动解除，债务人在该期限内未履行债务的，合同自通知载明的期限届满时解除。对方对解除合同有异议的，任何一方当事人均可以请求人民法院或者仲裁机构确认解除行为的效力。当事人一方未通知对方，直接以提起诉讼或者申请仲裁的方式依法主张解除合同，人民法院或者仲裁机构确认该主张的，合同自起诉状副本或者仲裁申请书副本送达对方时解除。合同解除后，尚未履行的，终止履行；已经履行的，根据履行情况和合同性质，当事人可以请求恢复原状或者采取其他补救措施，并有权请求赔偿损失。合同因违约解除的，解除权人可以请求违约方承担违约责任，但是当事人另有约定的除外。主合同解除后，担保人对债务人应当承担的民事责任仍应当承担担保责任，但是担保合同另有约定的除外。

第七，关于违约责任。当事人一方不履行合同义务或者履行合同义务不符合约定的，应当承担继续履行、采取补救措施或者赔偿损失等违约责任。当事人一方不履行债务或者履行债务不符合约定，根据债务的性质不得强制履行的，对方可以请求其负担由第三人替代履行的费用。当事人一方不履行合同义务或者履行合同义务不符合约定，造成对方损失的，损失赔偿额应当相当于因违约所造成的损失，包括合同履行后可以获得的利益；但是，不得超过违约一方订立合同时预见到或者应当预见到的因违约可能造成的损失。当事人可以约定一方违约时应当根据违约情况向对方支付一定数额的违约金，也可以约定因违约产生的损失赔偿额的计算方法。约定的违约金低于造成的损失的，人民法院或者仲裁机构可以根据当事人的请求予以增加；约定的违约金过分高于造成的损失的，人民法院或者仲裁机构可以根据当事人的请求予以适当减少。定金的数额由当事人约定，但是，不得超过主合同标的额的20%，超过部分不产生定金的效力。给付定金的一方不履行债务或者履行债务不符合约定，致使不能实现合同目的的，无权请求返还定金；收受定金的一方不履行债务或者履行债务不符合约定，致使不能实现合同目的的，应当双倍返还定金。当事人既约定违约金，又约定定金的，一方违约时，对方可以选择适用违约金或者定金条款。定金不足以弥补一方违约造成的损失的，对方可以请求赔偿超过定金数额的损失。当事人一方因不可抗力不能履行合同的，根据不可抗力的影响，部分或者全部免除责任，但是法律另有规定的除外。因不可抗力不能履行合同的，应当及时通知对方，以减轻可能给对方造成的损失，并应当在合理期限内提供证明。当事人迟延履行后发生不可抗力的，不免除其违约责任。当事人一方违约后，对方应当采取适当措施防止损失的扩大；没有采取适当措施致使损失扩大的，不得就扩大的损失请求赔偿。当事人因防止损失扩大而支出的合理费用，由违约方负担。当事人都违反合同的，应当各自承担相应的责任。当事人一方违约造成对方损失，对方对损失的发生有过错的，可以减少相应的损失赔偿额。

第八，典型合同重点内容提示。一是在买卖合同，标的物毁损、灭失的风险，在标的物交付之前由出卖人承担，交付之后由买受人承担，但是法律另有规定或者当事人另有约定的除外。依照法律、行政法规的规定或者按照当事人的约定，标的物在有效使用年限届满后应予回收的，出卖人负有自行或者委托第三人对标的物予以回收的义务。二是在供用电、水、气、热力合同，用电人逾期不支付电费的，应当按照约定支付违约金，经催告用电人在合理期限内仍不支付电费和违约金的，供电人可以按照国家规定的程序中止供电，但应当事先通知用电人。供用水、供用气、供用热力合同，参照适用供用电合同的有关规定。三是在赠与合同，赠与人在赠与财产的权利转移之前可以撤销赠与，但经过公证的赠与合同或者依法不得撤销的具有救灾、扶贫、助残等公益、道德义务性质的赠与合同除外。需要特别强调的是，《民法典》第六百六十六条增加规定了赠与的“穷困抗辩”，即赠与人的经济状况显著恶化，严重影响其生产经营或者家庭生活的，可以不再履行赠与义务。四是在借款合同，借款的利息不得预先在本金中扣除。利息预先在本金中扣除的，应当按照实际借款数额返还借款并计算利息。禁止高利放贷，借款的利率不得违反国家有关规定。借款合同对支付利息没有约定的，视为没有利息。自然人之间借款对支付利息约定不明确，视为没有利息。五是在保证合同，机关法人不得为保证人，但是经国务院批准为使用外国政府或者国际经济组织贷款进行转贷的除外。以公益为目的的非营利法人、非法人组织不得为保证人。保证的方式包括一般保证和连带责任保证。六是在租赁合同，租赁期限不得超过 20 年，超过 20 年的，超过部分无效。当事人未依照法律、行政法规规定办理租赁合同登记备案手续的，不影响合同的效力。承租人未经出租人同意转租的，出租人可以解除合同。出租人知道或者应当知道承租人转租，但是在六个月内未提出异议的，视为出租人同意转租。出租人出卖租赁房屋的，应当在出卖之前的合理期限内通知承租人，承租人享有以同等条件优先购买的权利；但是，房屋按份共有人行使优先购买权或者出租人将房屋出卖给近亲属的除外。出租人履行通知义务后，承租人在 15 日内未明确表示购买的，视为承租人放弃优先购买权。值得一提的是，民法典落实党中央提出的建立租购同权住房制度的要求，保护承租人利益，增加规定房屋承租人的优先承租权。七是在承揽合同，承揽人将其承揽的主要工作交由第三人完成的，应当就该第三人完成的工作成果向定作人负责；未经定作人同意的，定作人也可以解除合同。定作人在承揽人完成工作前可以随时解除合同，造成承揽人损失的，应当赔偿损失。八是关于建设工程合同，应当采用书面形式，发包人不得将应当由一个承包人完成的建设工程支解成若干部分发包给数个承包人。禁止承包人将工程分包给不具备相应资质条件的单位。禁止分包单位将其承包的工程再分包。建设工程主体结构的施工必须由承包人自行完成。九是在物业服务合同，物业服务人应当定期将服务的事项、负责人员、质量要求、收费项目、收费标准、履行情况，以及维修资金使用情况、业主共有部分的经营与收益情况等以合理方式向业主公开并向业主大会、业主委员会报告。业主应当按照约定向物业服务人支付物业费。物业服务人已经按照约定和有关规定提供服务的，业主不得以未接受或者无须接受相关物业服务为由拒绝支付物业费。物业服务人不得采取停止供电、供水、供热、供燃气等方式催交物业费。

最后，民法典的以下内容与政府关系比较密切。一是民法典结合新冠肺炎疫情防控工作，完善国家订货合同制度。民法典规定国家根据抢险救灾、疫情防控或者其他需要下达国家订货任务、指令性任务的，有关民事主体之间应当依照有关法律、行政法规规定的权利和义务订立合同。依照法律、行政法规的规定负有发出要约义务的当事人，应当及时发出合理的要约。依照法律、行政法规的规定负有作出承诺义务的当事人，不得拒绝对方合理的订立合同要求。二是针对实践中一方当事人违反义务不办理报批手续影响合同生效的问题，民法典明确了当事人违反报批义务的法律后果，健全合同效力制度，即依照法律、行政法规的规定，合同应当办理批准等手续的，依照其规定。未办理批准等手续影响合同生效的，不影响合同中履行报批等义务条款以及相关条款的效力。应当办理申请批准等手续的当事人未履行义务的，对方可以请求其承担违反该义务的责任。

（二）合同的历史

说到合同，出生在中华人民共和国成立前的老人可能还熟悉契约这个概念。合同和契约是什么关系，我们该如何对待合同？

我们很多人经常混用合同和契约，一会儿说订立合同，一会儿又说契约自由。其实，合同在新中国成立之前被称为契约，而且合同和契约并不是一回事。早在西周，就有了契约。在漫长的发展过程中，契约有很多名称，如傅别、书契、券契、租契、私约、红契、白契、官契、纸契等。最早的契约出现在纸发明之前，当时的契文都是刻在竹简木牍上。纸发明后，在纸上书写契文。为了取信和对质，便在分别写有全部契文的左右两契并合处书写一个大的“同”字。这样，立约人各自的契纸上便各有半个“同”字。遇有争议，便将两契合到一起，如果“同”字能够对得上，就没问题。后来又索性书写“合同”两字，“合同”概念由此而来。合同契也成为广泛使用的一种契约形式。南北朝以后，由立契人署名画押的单契逐渐取代合同契，因而“合同”一词也逐渐退出契约领域。

由此可见，我国古代的契约制度历史悠久、形式多样，合同只是契约的一种。严格说，它是验证契约的一种标记，类似今天的押缝标志，它本身并不是当事人之间的协议。一直到 1949 年中华人民共和国成立时，大都使用“契约”一词。中华人民共和国成立初期，合同和契约并用，之后的法律文本只用合同。

历史地看，古代商品交换比较烦琐。罗马的重大交换有的需通过宗教仪式，要有五名证人和一名手持铜秤的人，卖方还需要念誓词。有的需要经过虚拟的法庭审理程序，比如转让某个奴隶的所有权时，买方抓住奴隶并用庄重的语气声明该奴隶是他的财产，而卖方则在裁判官询问他是否提出相反要求时保持沉默，之后，裁判官判归买方所有。我国出土汉墓中发现的刻于砖石之上的“买地券”，包括有地界、证人、不得侵犯等项内容。唐代的市场交换，买奴婢及大牲畜，按规定必须立“市券”，以证明交易是合法的，否则“过三日，笞三十，卖者减一等”。

近代合同制度形成于 17 世纪、18 世纪，成熟于 19 世纪。典型特点是奉行“契约自由”和“契约神圣”，不仅是否订立契约自由，订立契约的内容和形式也自由。法律对当事人的契约很少有干预。

20 世纪以来，资本主义工商业的发展使得合同当事人之间的地位发生了深刻变化，弱者有时只能在“要么接受、要么走开”之间进行所谓的选择，并无讨价还价的余地。面对形式上自由、实质上严重不公，现代各国对合同自由进行适度干预。最为典型的就是对各式各样的“霸王条款”说“不”。按照我国法律，保险公司提供的保险条款免除或者减轻保险公司的责任，应当提示投保人注意，并在投保人要求时予以说明，否则投保人可以主张该条款不成为合同的内容。

（三）合同与协议

民法典第三编的编名为“合同”，既有合同的一般规定，也有典型合同的具体规范。在合同编之外，民法典还规定了监护协议、姓名肖像等许可协议、离婚协议、收养协议、遗赠扶养协议等。

合同与协议是什么关系？根据民法典合同编第一条（《民法典》第四百六十三条）和第二条（《民法典》第四百六十四条），合同编调整因“合同”而产生的民事关系，至于因婚姻、收养、监护等有关身份关系的“协议”产生的民事关系，适用有关该身份关系的法律规定；没有规定的，可以参照其性质适用本编规定。由此可见，虽然生活中合同与协议经常混用，但在民法典的意义上，二者有区别，那就是涉及财产交换的协议称为合同，涉及人格、身份的协议就叫协议。合同与协议，不仅可以适用的法律不同，其相应的纠纷解决渠道也不同。如根据《仲裁法》第二条、第三条，平等主体的公民、法人和其他组织之间发生的合同纠纷和其他财产权益纠纷，可以仲裁，而婚姻、收养、监护、扶养、继承纠纷不能仲裁。

（四）合同与民事法律行为

何为民事法律行为？民事法律行为是民法典中一个使用比较频繁但又抽象、不好理解的概念。合同是典型的民事法律行为，除了合同之外，民事法律行为还包括单方的抛弃所有权的行为、免除债务人债务的行为、遗嘱行为、捐助财产并设立财团法人的行为、悬赏广告、行使撤销权、解除权或抵销权的行为、接受或放弃受遗赠的表示等，而且，离婚协议、收养协议等身份关系的协议也属于民事法律行为。民事法律行为的核心是意思表示，民事主体要按照自己的意愿安排生活，就得将自己的“意思”表达出来，即意思表示，目的是设立、变更、终止民事法律关系，结果是民事权利义务的得丧变更。比如，张某在微信朋友圈发布一则信息：出租某小区二室一厅房屋一套，月租金 3000 元。王某看到消息后约张某看房，觉得房屋可以，便说租金 2500 元可不可以？张某看在“微友”的分上，表示同意，但提出需交半年租金的保证金，且必须每月 10 日前支付下个月租金，迟延超过 20 天便收回房屋。王某说这没有问题，于是张某就把房屋钥匙给了王某。后来王某也没有交保证金，半年后，王某因一时资金周转困难迟延支付租金一个多月，张某催要无果后便给王某发微信称：合同解除，3 日内腾退房屋并支付所欠租金。在这个案例中，张某为了出租房屋、王某为了承租房屋，先后多次表示其“意思”，结果是订立了合同，实现了双方设立合同债权的目的。同时，在王某违约迟延支付租金超过 1 个月的情况下，张某按照双方事先约定通知解除租赁合同，这属于按照合同约定单方行使合同解除权（不需要王某同意合同即解除），其目的就是终止合同关系，收回房屋。在这个案例中，意思表示包括张某的第一条朋友圈信息（民法上称之为要约邀请）、王某认为房屋可以但租金 2500 元可不可以（民法上称之为要约）、张某同意租金 2500 元但提出其他条件（民法上称之为反要约）、王某表示同意（民法上称之为承诺），至此，合同成立。之后，因王某违约，张某催要、通知单方解除合同，催要、解除合同通知均属意思表示。正是众多的意思表示促成合同成立，也正是张某的解除权行使行为，导致合同消灭，而合同行为、解除权行使行为，就是民事法律行为。关于民事法律行为，值得强调的有以下几点：

第一，意思表示一般要以明示方式作出，但在特定情况下，也可以沉默方式作出。比如，一般的赠与合同需要赠与人表示赠与，受赠人表示接受赠与方可成立，不是说别人的赠与我都得接受，否则怎么会有“廉者不受嗟来之食”之名言？何况，如果别人的赠与不经受赠人同意即生效，那某下属给上级送的礼品上级如何拒绝？但是，如果春节期间亲朋好友之间互送小礼品，很多时候接受礼品的一方也不作专门的意思表示，那么这种沉默应该视为同意接受。只不过，沉默只有在有法律规定、当事人约定或者符合当事人之间的交易习惯时，才可以视为意思表示。实践中，有时候特定行为本身即表达了其内心意思，如春节期间朋友互发红包，一方发的红包他方点收，之后他方反过来回发一个红包，也被点收。这里，点收行为本身即表明了其同意接受的意思。

第二，民法对民事主体意愿和选择的尊重体现在对其意思表示的尊重。这种尊重一以贯之地体现在民法典各部分，如对民事行为能力的界定和划分以辨别能力和意思表示能力为标准，用益物权和担保物权的设立、合同的订立、夫妻财产制的约定、离婚协议、收养协议、监护协议、遗嘱和遗赠抚养协议等，都是对民事主体“意思”“意愿”的尊重。

第三，民事法律行为虽然种类繁多、形态各异，但具有以下特点：一是民事法律行为能够在当事人之间引起民事权利义务关系的发生、变更或者消灭。二是民事法律行为都是当事人的意思表示行为。一项法律行为可以由一个意思表示行为构成，如抛弃所有权的行为、解除合同的行为、立遗嘱的行为等，但大多数民事法律行为是合同行为。三是民事法律行为所引起的具体法律效果是由当事人的意思表示所决定的。法律行为产生怎样的法律后果，取决于行为人所表达出来的意思。一定程度上可以说，民事法律行为制度体现了对市场主体意愿的尊重，允许当事人“说了算”。不过，民法尊重当事人的意愿和选择，让当事人自己“说了算”，但当事人“说”的不一定都“算数”。民事法律行为有有效的、无效的、效力待定的，还有虽然有效但一方当事人有权撤销的。

第四，民事主体要做到自己“说了算”，要让法律行为产生预期的效果，至少要满足以下几个条件：一是行为人具有相应的民事行为能力，无民事行为能力人实施的民事法律行为无效，限制民事行为能力人实施的纯获利益的民事法律行为或者与其年龄、智力、精神健康状况相适应的民事法律行为有效，但所立的遗嘱无效。二是意思表示真实。民法尊重民事主体的选择和意愿，但也只尊重真实的选择和意愿。因此，基于重大误解、受欺诈、被胁迫、危困状态或缺乏判断能力被利用等而实施的非真实的意思表示，将可能影响民事法律行为的效力，不必然发生当事人追求的法律效果。三是不违反法律、行政法规的强制性规定，不违背公序良俗。注意，这里的强制性规定指的是法律、行政法规的强制性规定，不包括地方性法规、规章和规范性文件的强制性规定。此外，并不是违反法律、行政法规的任何强制性规定都必然导致民事法律行为无效。强制性规定有效力性强制性规定和管理性强制性规定之分。有些强制性规定明确规定违反该规定的合同无效，比如《民法典》第七百零五条第一款规定“租赁期限不得超过二十年。超过二十年的，超过部分无效”。第一千零七条第一款规定“禁止以任何形式买卖人体细胞、人体组织、人体器官、遗体”。第二款紧接着规定“违反前款规定的买卖行为无效”。然而，大量的强制性规定并未规定违反之后对民事法律行为的效力。四是基于私法自治原则，民事法律行为以不具有特定形式为原则，以要求某种形式要式（主要为书面形式）为例外，因此只要法律没有规定为要式的法律行为即为不要式行为。从《民法典》对民事法律行为形式的要求来看，要求具备特定形式的民事法律行为主要集中在以下几个方面：离婚、收养、遗嘱等身份行为或者与身份相关的行为；房屋买卖、建设用地使用权出让转让等以变动不动产物权为内容的法律行为；抵押、质押、定金等各类担保合同行为；民法典合同编规定的银行借款合同、融资租赁合同等。

第五，根据民法典规定，以下民事法律行为是可撤销的：基于重大误解实施的民事法律行为，行为人有权请求人民法院或者仲裁机构予以撤销；一方以欺诈手段，使对方在违背真实意思的情况下实施的民事法律行为，受欺诈方有权请求人民法院或者仲裁机构予以撤销；第三人实施欺诈行为，使一方在违背真实意思的情况下实施的民事法律行为，对方知道或者应当知道该欺诈行为的，受欺诈方有权请求人民法院或者仲裁机构予以撤销；一方或者第三人以胁迫手段，使对方在违背真实意思的情况下实施的民事法律行为，受胁迫方有权请求人民法院或者仲裁机构予以撤销；一方利用对方处于危困状态、缺乏判断能力等情形，致使民事法律行为成立时显失公平的，受损害方有权请求人民法院或者仲裁机构予以撤销。需要注意的是，撤销权的行使应在法律规定的期限内完成，否则，撤销权将消灭。《民法典》第一百五十二条规定，有下列情形之一的，撤销权消灭：（1）当事人自知道或者应当知道撤销事由之日起一年内、重大误解的当事人自知道或者应当知道撤销事由之日起九十日内没有行使撤销权；（2）当事人受胁迫，自胁迫行为终止之日起一年内没有行使撤销权；（3）当事人知道撤销事由后明确表示或者以自己的行为表明放弃撤销权。此外，当事人自民事法律行为发生之日起五年内没有行使撤销权的，撤销权消灭。

第六，根据民法典规定，以下民事法律行为是无效的：无民事行为能力人实施的民事法律行为无效；行为人与相对人以虚假的意思表示实施的民事法律行为无效；违反法律、行政法规的效力性强制性规定的民事法律行为无效；违背公序良俗的民事法律行为无效；行为人与相对人恶意串通，损害他人合法权益的民事法律行为无效。关于遗嘱，民法典有一些特殊规定，无民事行为能力人或者限制民事行为能力人所立的遗嘱无效；受欺诈、胁迫所立的遗嘱无效；伪造的遗嘱无效；遗嘱被篡改的，篡改的内容无效。需要注意的是，无效的法律行为不能产生当事人追求的法律效果，但并不是没有任何法律效力。法律行为被认定无效后，会产生返还财产、折价补偿，甚至赔偿等法律后果。

第七，善于运用民事法律行为制度实现好、维护好民事权益。民事法律行为制度，既是有效实现权利的重要制度，也是救济权利、维护权益的重要制度，实现好、维护好权益，需要重视、灵活运用民事法律行为制度。要善于用合同制度安排生活，包括当下的和未来的生活甚至身后的事务；要善于运用其他民事法律行为制度实现权益、维护权益。要知道，民法典规定的民事法律行为制度给我们提供了广阔的选择空间和多样的实现工具，关键的问题是如何运用好这些权利和工具。比如，对于继承和遗赠的接受或放弃，民法典设计了完全不同的规则，即继承开始后，继承人放弃继承的，应当在遗产处理前，以书面形式作出放弃继承的表示；没有表示的，视为接受继承。而受遗赠人应当在知道受遗赠后 60 日内，作出接受或者放弃受遗赠的表示；到期没有表示的，视为放弃受遗赠。还比如，对转租行为的认可或否定，根据民法典的规定，转租应经出租人同意，承租人未经出租人同意转租的，出租人可以解除合同。如果出租人知道或者应当知道承租人转租，但是在六个月内未提出异议的，视为出租人同意转租。

二、重视合同的谈判、签订和履行

美国前总统杰弗逊曾言，“不要说信赖谁，还是让契约来约束他吧！”犹太人有一句名言，称“契约是衡量一个人道德品质的天平。遵守契约，你获得的将不只是尊重”。市场就是全部契约的总和，在当今市场经济社会，契约的重要性怎么强调也不为过。然而，虽然我国的改革开放已超过40年，市场经济体制日益健全，合同也越来越受到市场主体的重视，企业领导者也越来越重视合规，但由于我国契约传统和契约文化比较欠缺，契约精神尚未深入人心，全社会尤其是个别地方政府领导、中小企业领导及普通老百姓的契约意识、合规意识还没有普遍树立起来，对合同谈判、合同签署及合同履行还不够重视。贯彻落实民法典，应当重视合同的谈判、签署和履行。

（一）重视合同的谈判和签署

合同是当事人意思表示一致的产物，是合同当事人谈判的结果。实践中，除了供用电、水、气、热力合同，公共运输合同，强制保险合同等之外大量的合同是可以谈判的，固然谈判受双方实力的影响，但即便是弱势的一方，也有其必须保障的核心利益，不是没有谈判的空间。实践中，很多人由于不了解基本合同制度，不懂得合同谈判重点和技巧，看到一方或中介拿出的合同文本便以为是不可谈判的，很多时候抱着“看不懂”“看了也白看”以及过分相信对方的心态放弃了合同谈判，结果造成了自己利益的严重受损。某种意义上讲，合同是谈出来的。不经历艰苦的谈判，很难实现自己利益的最大化；不经历认真的谈判，很难产生明确具体周全的合同。从实践来看，很多人上当受骗的原因就在于不仅合同没有经历谈判过程，就连最后签署之前也没有认真看一遍。

重视合同的谈判和签署，不仅要重视合同的有效性，包括合同实质有效和合同形式有效，避免合同因为存在瑕疵甚至重大缺陷而无效，更要重视合同核心条款约定。合同双方往往利益对立，各方的核心关切和利益往往不一致，在合同谈判和签署中，一定要注意通过明确具体的约定，尤其是违约责任的约定，促使他方履行合同义务，实现自己的权利。一定要避免只重视权利义务的约定，而忽视违约责任的做法。要知道，没有足够的违约责任压力，合同义务的履行就很难有可靠的保障。此外，类似房屋租赁等履行期比较长的合同，一定要注意约定一方违反约定时，另一方单方解除合同的权利。最后，合同纠纷的争议解决方式和管辖也是合同的重要条款，一定要认真对待。合同纠纷的解决方式主要有诉讼和仲裁，仲裁需要当事人在合同中约定仲裁条款或者纠纷发生后双方达成仲裁协议，如果没有仲裁约定，纠纷往往需要通过诉讼途径解决。即使是诉讼，合同中可以对法院管辖进行约定，不同地方的法院管辖，对于当事人诉讼成本的支出等具有重大影响，差旅费和时间成本往往会使“外地”一方放弃诉讼维权或者在调解、和解中处于不利地位。实践中，有的合同约定纠纷由原告所在地法院管辖，这无异于鼓励诉讼；有的约定由被告住所地法院管辖，这对于抑制诉讼有积极价值，但对原告维权可能产生不利影响。

合同的谈判重要，但最终的签署才使谈判的成果得以固定、落地。从实践来看，合同的最终签署至少应注意以下几个方面：一是合同签订主体的一致性和签字代表的代表权。合同签订主体的一致性应注意审查签订主体与谈判主体的一致性，合同首部主体与签字页主体的一致性，尤其要注意防范伪造签章带来的风险。签字代表的代表权需注意法人代表的资格，尤其是非法人代表签字时，其授权代表的授权真实性。二是谈判内容和签字文本内容的一致性。一定要注意考察谈判内容是否已被纳入合同文本，纳入合同文本的内容是否是经过谈判协商一致的。既要防止已经达成一致的重要内容被“漏掉”，也要避免准备合同文本一方在最终合同文本中加入未经协商一致的“私货”。三是合同签订的时间最好不要留空。合同签订的时间关系到合同生效的时间、合同义务的履行，而且，如果合同签订时间不明确，往往给对方以“可乘之机”。不仅自己签署合同时要明确时间，还要督促对方明确时间，在自己先签邮寄对方再签章的情形下尤应如此。四是合同的签订地意义重大，签署合同时应对签订地点特别注意。根据民事诉讼法，合同或者其他财产权益纠纷的当事人可以书面协议选择被告住所地、合同履行地、合同签订地、原告住所地、标的物所在地等与争议有实际联系的地点的人民法院管辖，但不得违反对级别管辖和专属管辖的规定；因合同纠纷或者其他财产权益纠纷，对在中华人民共和国领域内没有住所的被告提起的诉讼，如果合同在中华人民共和国领域内签订或者履行，或者诉讼标的物在中华人民共和国领域内，或者被告在中华人民共和国领域内有可供扣押的财产，或者被告在中华人民共和国领域内设有代表机构，可以由合同签订地、合同履行地、诉讼标的物所在地、可供扣押财产所在地、侵权行为地或者代表机构住所地人民法院管辖。另外，根据涉外民事关系法律适用法，适用“与该涉外民事关系有最密切联系的法律”这项基本原则，而合同的签订地可能是判断是否有“最密切联系”的因素之一。按照民法典规定，当事人采用合同书形式订立合同的，最后签名、盖章或者按指印的地点为合同成立的地点，但是当事人另有约定的除外。也就是说，合同的签订地也是可以约定的，如果没有约定，最后签名、盖章或者按指印的地点为合同成立的地点。

（二）重视合同的履行

合同签署之后，就应当重视合同的履行。各方当事人不仅要重视自己的权利实现，也要重视自己义务的履行；不仅要避免合同签订之后因忽视权利行使的节点而导致权利受损，也要防范因忽视义务的履行而招致严重的违约责任，应该在合同签订之后，对主要权利的行使和义务的履行进行梳理，形成简明扼要的合同权利行使和义务履行时间表和路线图。

重视合同的履行不应仅仅关注权利的行使和重要义务的履行，对于合同约定不明的处理，争议的处理，要基于习惯、惯例和诚信原则，客观、公正对待，尤其要注意基于交易习惯和诚信原则等而产生的通知、协助、保密等义务的履行。有这样一个案例，贵州的李某与北京某房地产开发公司于 1999 年订立了一份购买开发公司在北京开发的底商的合同，约定房款 490 万元（单价 9800 元 / 平方米），分五期支付，其中第四期为工程结构封顶时交纳 98 万元，逾期 10 日，开发公司有权解除合同，并请求李某承担违约责任。李某按照合同约定的时间及方式支付了前三期房款。2000 年 12 月 20 日，楼房封顶。此时，北京房价已上涨不少。开发公司想，不告诉李某，他就不按期付款，届时解除合同把房子卖个高价，还可以向李某请求违约赔偿。开发公司也真这么做了。2001 年 1 月 14 日，开发公司以李某第四期房款逾期未付为由向李某发出解约通知书解除了合同，并于几天后将合同项下的房屋以 12000 元 / 平方米的价格出售给北京市某银行，且为该行办理了入住手续。李某向法院提起了诉讼，认为开发公司对工程封顶有通知义务，开发公司单方解约属于违约，在该房已为善意第三人占有使用、实际履行已不可能的情况下，应当承担违约责任并赔偿李某的损失。法院认为开发公司对工程封顶有通知义务，开发公司未履行通知义务擅自将房屋出售给第三人是造成合同不能履行的主要原因，判决开发公司返还已收的工程款 299 万元，并一次性赔偿李某 100 万元。这个案例说明，合同的履行应当全面，主要义务固然重要，但也不能忽视次要甚至附随义务的履行，次要、附随义务不履行的后果也可能很重。本案中的“通知义务”虽然不是合同约定的，但该项义务对于原告第四期义务的履行至关重要。

三、如何防范合同法律风险

我曾经遇到这样的一个案件，基本案情大概是：2008 年 5 月，张三从李四那里买了一套二手房（价款 90 万元），双方合同约定产权过户之日起 30 日内李四迁出所有登记在该房屋的户口，否则每日承担已付房款总额万分之五的违约金。合同签订后 2 个月，双方办妥了产权过户手续。2013 年 7 月，张三将该房屋转卖给了王五（价款 350 万元），双方同样约定产权过户之日起 30 日内李四迁出所有登记在该房屋的户口，否则每日承担已付房款总额万分之五的违约金，合同签订 3 个月后，双方同样办妥了产权过户登记手续。2016 年 8 月，王五在将自己家人的户口迁入所买房屋时，才发现李四一家的户口还在该房屋，尤其是还有一个学龄前儿童的户口。由于担心原户主户口的存在影响自己孩子就近上学和未来房屋的转让，王五在多次催促张三和李四迁出户口未果的情况下，向法院提起诉讼要求迁出李四一家的户口并根据合同约定承担接近 200 万元的违约金。此时，张三才意识到问题的严重性，他认真根据合同计算了一下，如果严格按照合同执行，他要向王五承担接近 200 万元的违约金损失，但他只能向李四主张 100 多万元的违约金赔偿；而且如果李四迟迁出户口一日，他要向王五每日承担约 1700 多元的违约金，但他只能向李四主张每日不到 500 元的违约金赔偿。这个案件中最终张三多付出多少违约金无从得知。但这一案例却告诉我们签订合同时审慎确定违约风险的重要性。实践中，好多当事人在签订合同时并不认真，对合同履行过于乐观，对约定的违约责任也满不在乎，而在合同履行过程中，又对合同是否履行或者完全履行关注不够，对可能招致的法律责任更是没有认真识别，结果导致“祸从天降”之后，只能被动承受。

我长期担任法律顾问，一项重要工作就是审核合同。20 多年来审过的合同少说也有几百份。通过合同审核，我发现合同谈判签订过程中总有一些内容是大家容易忽视的，总有一些错误是大家常犯的。合同要签署了，连对方的真实身份、住址、联系方式等都不掌握，以至于发生纠纷准备起诉时，起诉状上的被告信息都填不全，更何况对方的履约能力和诚信状况。不是本人或者公司法人代表签署合同的，也没有正式授权委托书。合同主要义务的履行没有明确时间节点，以后如何要求对方履行都无法确定。双方权利义务的约定明显不公平，只约定一方的违约责任。不重视违约责任的约定，只简单约定违反合同约定的承担违约责任，这和不约定没什么区别，因为你不约定也是按照法律规定承担违约责任。不重视合同纠纷解决方式的约定，有的只简单约定发生纠纷的双方友好协商解决，有的进一步约定向法院起诉或者通过仲裁解决，这也和没有约定差不多，因为不约定也有权协商、到法院起诉，没有明确约定仲裁机构的，约定是无效的，真正有意义的是明确约定仲裁机构或者到什么地方的法院起诉，因为合同纠纷法律允许选择原告住所地法院、被告住所地法院、合同签订地法院、合同履行地法院等起诉。不重视合同约定内容前后是否一致，一会儿说收到首付款合同生效，一会儿又说合同签字盖章后生效。

我长期参与合同纠纷的处理，发现很多人并不重视签订书面合同，即使签订书面合同，也不明确约定，等发生纠纷后“哑巴吃黄连，有苦说不出”。比如，我和你约定好租你的铺面 2 年，每月租金 2 万元，因为是熟人没有签订书面合同，可刚过了 2 个月，铺面的市场租金大涨，你为了租更高价格，提出解除和我的租赁合同，我说不是说好了 2 年吗？你不承认，我又没有证据证明，只好吞下苦果，因为法律规定租赁合同租期约定不明的，合同任何一方可以随时解除租赁合同。

其实，合同的法律风险远不止这些，有合同签订的风险，也有合同履行的风险。防范风险，需从合同谈判、签署和履行三个方面重点把握。

（一）合同谈判阶段的风险防范

第一，要有书面合同意识。合同有口头的，也有书面的。书面合同明明白白，便于约束双方，有利于纠纷解决。但很多人并不重视书面合同。很多父母在子女买房时出资，但出资是赠与还是借款，往往在发生纠纷后说不清楚，拿不出证据。有些父母为已婚子女买房，但究竟是赠与自己的子女还是赠与小两口，也没有明确的合同约定，引发了不少纠纷。当然，这并不是说我去菜市场卖两斤土豆、借朋友的车开两天也要签署书面合同，但比较重大的交易还是最好签订书面合同，即使是熟人也应该签合同，毕竟“口说无凭”，人情不能作为交易的担保。很多人一说起书面合同，总觉得太复杂，不懂得怎么签。的确，有些特别重大或专业的交易当然需要复杂的合同，但对老百姓来说，书面合同并没有固定要求，大多数合同只要把自己最关心的事项约定清楚即可，何况很多合同都有范本可参考。我们一定要认识到，签书面合同不是给自己找麻烦而是保护自己的权益，对书面合同**不能抵触，也不要把它神秘化**。我国有订立书面合同的传统，宋代以后的契约有**“今恐人心无信，立此文契为照”**的文句。我们一定要做到：尽可能签订书面合同，合同约定尽可能明确，类似房屋买卖、设立公司、股权转让、重大投资等合同尽可能咨询专业人士或者请专业人士帮忙。

第二，要有底线意识，并不是什么事情都可以用合同来约束的，并不是所有的合同都是有效的。有这样一个案例：一位女博士后和他的男友结婚前签订了一份《落户协议》，约定“某先生随某女士出站落户北京，如果双方离婚，某先生给某女士补偿款 1000 万元”。后来，双方离婚，女方起诉索赔 1000 万元补偿款，但法院认定该协议无效。是的，合同有无效的，还有可撤销的。如果我们签了无效的或可撤销的合同，签订合同的目的就可能落空。因此，合同谈判之前，要**明白谈判的底线，否则辛辛苦苦谈判一场，最终落得个“空喜欢”的下场，甚至还要花不少精力、财力去收拾烂摊子**。要确保合同有效可执行，有两个方面是需要特别关注的：首先，合同约定是不是违反法律的规定，虽说并不是只要违反合同就无效，但有无效的风险，建议出现这种情况时咨询专业人士。其次，合同约定是不是违背公序良俗，违背公序良俗的合同是无效的，比如包养情妇合同、夫妻约定不得离婚否则净身出户、在劳动合同中约定职工不得结婚或者生育子女、赌博合同，等等。

第三，要在正式谈判之前多做些功课。民法典规定了买卖合同、租赁合同、赠与合同、中介合同等 18 种典型合同，谈判之前先看看民法典相关合同的规定很有必要。其次，要摸清谈判对方的基本情况，尤其是实力和诚信状况。了解对方的基本情况，可以让对方提交身份证明复印件，或者营业执照复印件及其法人代表身份证明、授权代表的授权委托书等书面材料，而进一步了解需要登录企业信息网、中国裁判文书网等网站查询，看看他的投资人、注册资本、是否有异常经营记录、是否有重大违法处罚、是否官司缠身。当然，特别重大的交易，建议委托律师进行专门调查。

第四，要学会谈判。合同是谈出来的，大量的合同是可以谈判的，即使有合同范本，也是可以谈判的。另外，要抓住合同谈判的重点。我们常见的房屋买卖合同、租赁合同范本都是厚厚的一本，搞得很多人眼花缭乱，但真正需要关注的重点也就那么几项：一是交换对象的权属状况。交换的对象是权利，因此，需要搞清楚你交换的对象是什么权利，有没有负担。比如，二手房买卖，交换的是房屋所有权和土地使用权，所以你首先要看看出卖人是不是房主，这个看一下房产证就可以，有些地方还给业主发了土地证，如果是夫妻共有房产，是否双方都同意卖。另外，房屋是否已经出租，如果出租，承租人是否放弃了优先购买权，还有房屋是否设立了居住权，是否影响买房的目的。二是要关注数量、质量、价款、酬金及其交付或支付时间、方式等。比如房屋买卖，房屋的面积、什么时候交押金、首付款，什么时候办理产权过户手续、迁出户口等。三是怎么通过你的义务履行制约对方履行合同义务，尽可能争取合同履行的主动。我碰到过这样一个案件，一个人将他的公司股权转让给好朋友，约定先支付 100 万元，等开始办理工商变更等手续后再支付 300 万元，剩余的 200 多万元款项由于公司从事的工程项目尚未完工，无法确定准确数额，双方只约定等工程结算后一个月内支付。结果等第二笔款项支付完毕，公司的工商登记手续变更之后，受让方不配合工程结算，转让股权的一方无法如愿拿到剩余款项。这就是一个典型的对合同谈判重视不够的案例。作为一个掌管公司多年的人，应该知道公司的工商登记变更意味着失去对公司的控制权，而失去对公司的控制权就意味着公司工程项目结算可能受阻，但出于对朋友的信任也好，还是当时考虑不周全也罢，最终签订了一个使自己陷入被动、利益无法保障的合同。实践中，很多合同约定分期付款的目的，并不仅仅是减轻付款压力，很多时候就是促使对方及时履行义务，正是通过双方权利义务的犬牙交错、相互制约，确保合同正常履行，最终实现各自的核心利益。四是要重视违约责任的约定。我们拿什么促使对方履行义务？除了用我的义务的后履行促使对方先履行义务之外，最有效的手段可能就是违约责任。所以，一定要在约定对方义务之后，进一步约定如果对方不履行将承担什么责任，不仅要明确还要尽可能重一点，这样便于对方履行合同。我见过的很多房屋租赁合同都约定如果不按合同约定支付租金，每逾期一日承担拖欠租金万分之五或更高的违约金，逾期达到一定期限后，出租方有权解除合同，没收保证金，并请求违约赔偿。记得曾有一位跨国公司的法务老总这样讲，我们签订的合同，对方连违约的想法都可能不会产生，除非他想破产，因为我们都约定了比较重的违约责任。我们中国人，好多人还受传统观念的影响，总觉得不好意思把丑话说在前面，尤其不好意思在谈判阶段就说违约以后如何承担责任的事，似乎在谈恋爱时就谈分手一样不吉利。其实，这种想法要不得。从我的实务经验来看，有些人违约，就是因为合同没有签好，导致对方产生了违约的动机和动力。**最后，纠纷的解决方式也很重要。**是诉讼，还是仲裁？仲裁和诉讼，是不同的纠纷解决方式，仲裁需要双方明确约定。仲裁的好处是可以选择仲裁机构，可以选定仲裁员，上海和山西的两个企业签订合同，可以选择北京仲裁委员会进行仲裁，可以从北京仲裁委员会的仲裁员名册中选择仲裁员。此外，仲裁裁决一旦作出就生效，不存在二审，效率比较高，而且仲裁裁决不公开。实践中，有不少企业选择仲裁方式解决纠纷的一个原因就是仲裁审理和结果的不公开。如果没有选择仲裁，只能诉讼。但即使是诉讼，也不是没有选择的余地，可以选择合同签订地、履行地、原告住所地、被告住所地等不同地方的法院。这已在前文介绍。

（二）合同签署阶段的风险防范

我们常听专业人员讲，合同签订好了高枕无忧，签订不好则后患无穷。合同的谈判重要，但最终的签署才使谈判的成果得以固定、落地。从实践来看，很多人上当受骗的原因就在于不仅合同没有经历认真谈判过程，就连最后签署之前也没有认真看一遍。合同的最终签署应特别注意以下三点：

第一，合同签订主体的一致性和签字代表的代表权。签字代表的代表权需注意法人代表的资格，尤其是非法人代表签字时，其授权代表的授权真实性。

第二，谈判内容和签字文本内容的一致性。一定要注意谈判内容是否纳入合同文本，纳入合同文本的内容是否是经过谈判协商一致的。既要防止好不容易达成一致的重要内容被“漏掉”，也要避免准备合同文本一方在最终合同文本中加入未经协商一致的“私货”，有时候一字之差、天壤之别，比如能够要求双倍返还的是“定金”，而不是“订金”。即使是合同签字之前双方对个别内容的变更，也要体现在合同中，以防“空口无凭”。

第三，签字之前再认真看看合同约定的权利能否实现，义务能否履行，违约责任能否承担得起，否则等字签了，就没有任何回旋余地了。

（三）合同履行阶段的风险防范

或许有人问，合同都签订了，按合同约定履行就是了，还需注意什么？我最近遇到了一个案子，小两口出资成立了一家小餐饮公司并自己经营。两年前以餐饮公司的名义租用一间商铺经营某品牌餐饮，租赁合同约定了租金等每月应当支付的费用及其逾期支付的违约责任。租赁期间，因为新冠肺炎疫情经营无法持续，在拖欠几个月租金后，出租方提出解除租赁合同，小两口也同意，但对拖欠租金及其违约金数额未达成协议。又拖了半年多后，小两口在没有支付拖欠租金及其违约金，也没有腾退交付租赁房屋的情况下，偷偷地注销了餐饮公司，并远走高飞玩起了“失联”。出租人无奈之下单方书面通知解除了合同，并提起了诉讼，请求小两口按照租赁合同约定支付拖欠的租金、长达一年的房屋占用费，以及租金和房屋占用费相应的高额违约金。作为被告的小两口没有参加诉讼。最后，法院经过缺席审理支持了出租人的请求。判决后双方没有上诉，现已生效。在这个案子中，餐饮公司实际拖欠的租金并不多，何况租金拖欠是因为疫情原因。如果小两口懂得民法典合同编的规定或者想到咨询法律人士，就可以基于疫情而主张适当减少租金及其相应的违约金，并通过及时终止合同而止损。但小两口不仅没有这样做，反而选择了注销公司走人的方式。其实，小两口可能没有想到的是，虽然租赁合同是餐饮公司和出租方签订，但小两口作为餐饮公司的股东和实际经营者，没有清偿债务即注销公司，将要连带承担公司的债务，而这时的债务，不再是拖欠的租金及其利息，还包括房屋占用费及其利息，以及高额的违约金。小两口可能更没想到的是，出租方可能很快申请强制执行，如果小两口不配合执行，很可能被法院列入失信被执行人名单，之后，不能坐飞机、高铁，不能入住星级酒店，不能买房、旅游度假，连孩子上学等都可能受到影响，如果违反，还可能被罚款、拘留，甚至追究刑事责任。

我国出土汉墓中发现的著名的《杨绍买地砖》上载有“民有私约如律令”的字样。古罗马的法律认为当事人双方达成的合同是一种“法锁”，打开“法锁”需要认真履行合同。犹太人的圣典《塔木德》中有这样的警句：“遵守契约，尊重契约，你获得的将不只是尊重。”1804年《法国民法典》规定，依法成立的契约，在缔结契约的当事人间有相当于法律的效力。

合同签署之后，就应当恪守合同，诚实履行。不仅要避免合同签订之后因忽视权利行使的节点而导致权利受损，也要防范忽视义务的履行而招致严重的违约责任。实践经验告诉我们，比较有效的办法是在合同签订之后，对主要权利的行使和义务的履行进行梳理，形成简明扼要的合同权利行使和义务履行的时间表和路线图。

重视合同的履行还应学会善于运用法律手段及时维护自己的权益。比如，时刻关注对方的履约能力，本来合同约定你先付款，可你发现对方很可能无法供货时，你不能再严格按照合同约定先付款了，而是要求对方先供货或者提供担保。对方出现违约后，及时用书面形式催告违约方履行合同义务，如果对方仍不履行义务，要根据情况及时行使合同解除权。在发生损害的情形，要及时采取措施防止损失扩大。比如，发生保险事故后，本应积极采取措施防止损失扩大，并按照保险合同约定提交相关材料索赔，可总有人不这样做，总以为有保险在、反正保险公司赔，结果索赔被拒或部分被拒。当然，在整个合同履行过程中，一定要有证据意识，注意保管重要证据。

总之，我们一定要有契约意识、树立契约精神，善于维护自己的合法权益，注意防范合同法律风险，尤其要避免被纳入失信被执行人名单。

案例解析

案例一：“暗刷流量”合同无效案

本案中，法院审理认为，“暗刷流量”的行为违反商业道德底线，使得同业竞争者的诚实劳动价值被减损，破坏正当的市场竞争秩序，侵害了不特定市场竞争者的利益，同时也会欺骗、误导网络用户选择与其预期不相符的网络产品，长此以往，会造成网络市场“劣币驱逐良币”的不良后果，最终减损广大网络用户的利益。常某某与许某之间“暗刷流量”的交易行为侵害广大不特定网络用户的利益，进而损害了社会公共利益、违背公序良俗，其行为应属绝对无效。

“暗刷流量”的交易无效，双方当事人不得基于合意行为获得其所期待的合同利益。虚假流量业已产生，如以互相返还的方式进行合同无效的处理，无异于纵容当事人通过非法行为获益，违背了任何人不得因违法行为获益的基本法理，故对双方希望通过分担合同收益的方式，来承担合同无效后果的主张，一审法院不予支持。常某某与许某在合同履行过程中的获利，应当予以收缴。一审法院判决驳回原告常某某要求许某支付服务费3万多元及利息的诉讼请求；并作出决定书，收缴常某某、许某的非法获利。一审判决作出后，双方当事人均未提起上诉，一审判决已发生法律效力。

此案是全国首例涉及“暗刷流量”虚增网站点击量的案件。“暗刷流量”的行为违反商业道德，违背诚实信用原则，其危害不小。本案法院通过民事审判，不仅否定了合同的效力，而且收缴了违法所得，对于惩治互联网领域乱象有一定作用。不过，由于本案属于民事案件，只能以民事判决对违法行为的效力进行否定并采取一定措施。“暗刷流量”虚增网站点击量的行为在实践中并不少见，但本案是全国首例，这一方面说明本案的典型意义，另一方面也说明通过民事手段惩治此类行为的乏力。解决类似问题，仅通过民事手段显然是不够的，毕竟大多数类似的行为不可能进入民事审判。

案例二：开发商“自我举报”无证卖房毁约案

本案中，法院审理认为，李某某在签订认购合同当日即支付了全额购房款，某房地产公司作为销售方的合同目的已经实现，但其不积极履行己方合同义务，在房地产市场出现价格大幅上涨的情况下提起本案诉讼主张合同无效，违背诚实信用原则。某房地产公司签约时未取得商品房预售许可证，虽然违反了商品房预售许可制度，但案涉楼盘在一审诉讼前已经取得了除预售许可证之外的“四证”，工程主体已经建成，在李某某上诉过程中，案涉楼盘也取得了商品房预售许可证，预售制度所欲避免的风险在本案中已经不存在。因此，该公司签约时未取得商品房预售许可证的事实，并不必然导致其签订认购合同的民事法律行为无效。该公司为获取超出合同预期的更大利益，违背合同约定，提起本案诉讼主张合同无效，显然与社会价值导向和公众认知相悖，人民法院不予支持。

商品房预售许可证制度的主要目的是保护购房人。然而，实践中，有不少开发商在没有取得商品房预售许可证的情况下违规销售房屋，收取部分甚至全额销售价款，之后在房价上涨的情况下怠于办理商品房预售许可证，导致购房人不能及时取得房屋产权。而本案开发商更是在能够办理预售许可证的情况下，为了获得合同之外的不当利益，恶意违约并提起诉讼确认合同无效。法院并未以签约时未取得商品房预售许可证为由机械地确认房屋认购合同无效，而是在综合考虑各种因素及商品房预售制度的立法目的后，对开发商的背信行为给予否定性评价，保护了消费者的合法权益。

第六讲　损害赔偿风险的识别及防控

金句名言

任何人不得因自身的不法获得利益。

——拉丁语格言

救济走在权利之前，无救济即无权利。

——英美法谚

人类对于不公正的行为加以指责，并非因为他们愿意做出这种行为，而是唯恐自己会成为这种行为的牺牲者。

——［古希腊］柏拉图

法律的力量仅限于禁止每一个人损害别人的权利，而不禁止他行使自己的权利。

——［法］罗伯斯比尔

举证之所在，败诉之所在。

——古罗马法谚

不知道法律的规定不能成为免责的理由。

——古罗马谚语

要点提示

- 责任有法律责任和政治责任之分。政治责任是领导干部制定符合民意的公共政策并推动实施的义务，以及没有履行好义务时应受到的制裁和谴责。法律责任有刑事责任、行政责任和民事责任之别。政治责任与法律责任的主要区别有：法律责任必须有法律的明文规定而政治责任不可能由法律明文精确地规定；政治责任的追究相对于法律责任具有优先性；法律责任有专门的认定机关而政治责任不能仅以专门机关来认定；政治责任与法律责任的承担方式不一样；法律责任不具有连带性而政治责任具有连带性。①
- 民事责任是民事主体因违反法律规定或合同约定而应当承担的责任，其主要表现形态是违约责任和侵权责任。
- 是否构成违约责任，主要根据合同的约定判断，如果合同约定不明或没有约定，根据民法典合同编的规定。
- 如果合同他方违约不履行义务，你也可以通过不履行你的义务促使对方履行。如果他的不履行构成了根本违约，导致你的合同目的落空，你可以解除合同。合同解除后，你还可以请求赔偿损失。
- 古代侵权责任是结果责任，那时还不知道过错为何物。近代侵权责任由过错责任主导，在现代，侵权责任的根基还是过错，但无过错责任的大量出现是趋势。
- 是否构成侵权责任，一般是从是否有损害后果、行为是否违法、违法行为与损害后果是否有因果关系，以及行为人是否有过错四个方面予以判断，简单讲，就是从是否有损害、损害是不是由某一行为造成的、行为人是否有过错几个方面判断。这即典型的过错责任。此外，侵权责任还有所谓无过错责任（又称严格责任）之说。
- 无过错责任并不是说行为人事实上没有过错，而是说法律规定某一行为人对某一损害承担责任并不以行为人有过错为前提，也就是说行为人要对造成的损害后果承担责任，而不问行为人是否有过错。

---

① 张贤明：《政治责任与法律责任的比较分析》，载《政治学研究》2000年第1期，第13页。

- 侵权责任有按份责任和连带责任之分。在现代社会，责任的主流形态是按份责任，连带责任只有在法律（法规、规章不可以设定连带责任）明确规定或合同约定的情形下方可成立。只不过，近年来的立法中，出现了越来越多的连带责任规定，比如《食品安全法》《广告法》等法律。
- 在风险无处不在的现代社会，我们应当学会识别、控制、分散风险，根据风险发生的可能性、严重程度，以及自身的承受能力，分别选择风险自留、风险规避、风险分散等风险管理手段。
- 民事权利的权利人和义务人总是分离的，而且所有权等权利的实现只需所有权人之外的其他人容忍、尊重、不干涉所有权人行使权利即可。因此，民事权利并不必然与责任联系，只有义务人不履行义务的情况下，法律责任才会从幕后到台前。但公权力不可放弃、不可转让，必须行使，不存在选择的余地。权力、义务主体一致，谁享有权力，谁就承担责任，因此，对公权力而言，权力、义务、责任是一致的，可以说，权力即义务，不履行义务导致责任。正是在这个意义上，我们常说职责，即职权和责任，也就是说，有权必有责。

讨论案例

案例一：八达岭野生动物世界老虎伤人事件[①]

2016 年 7 月 23 日，延庆区北京八达岭野生动物世界有限公司（以下简称八达岭野生动物世界）发生一起东北虎伤人事件，造成 1 死 1 伤，八达岭野生动物世界暂停营业。

8 月 24 日，“7·23”东北虎致游客伤亡事故调查组作出该事件的调查报告，报告认定造成此次事件的原因：一是赵某未遵守八达岭野生动物世界猛兽区严禁下车的规定，对园区相关管理人员和其他游客的警示未予理会，擅自下车，导致其被虎攻击受伤。二是周某见女儿被虎拖走后，救女心切，未遵守八达岭野生动物世界猛兽区严禁下车的规定，施救措施不当，导致其被虎攻击死

① 本案例根据 2016 年 7 月 26 日《澎湃新闻》、8 月 24 日《央视新闻》、8 月 27 日《北京青年报》、11 月 23 日《新京报》等的报道编写。

亡。报告认为，八达岭野生动物世界在事发前进行了口头告知，发放了“六严禁”告知单，与赵某签订了《自驾车入园游览车损责任协议书》，猛兽区游览沿途设置了明显的警示牌和指示牌，事发后工作开展有序，及时进行了现场处置和救援。结合原因分析，调查组认定“7·23”东北虎致游客伤亡事故不属于生产安全责任事故。

8 月 25 日，八达岭野生动物世界重新营业，与出事前一样，自驾游览动物园的游客要与园方签订一份协议书，但较之前增加了游客自驾限速、园方责任义务等方面的内容。出事前的《自驾车入园游览车损责任协议书》显示，进入园区的自驾车进入猛兽区必须关好、锁好车门窗，禁止投食，严禁下车，其余多为车辆在行驶中的一些约束。而新的《自驾车入园游览协议书》将协议分为 12 项内容，除旧协议书记载的上述内容外，还规定了自驾游园的收费标准，园方应履行的相关安全管理责任义务，包括在园区内设置明显通行警示标志、在猛兽区配置安全巡逻车等。新协议中，有三个条款被画下划线并加粗，包括游客自驾游览猛兽区时必须关闭车门锁、严禁离开自驾车辆和开窗、园区电话等内容。

11 月，死伤者家属向延庆法院提起侵权诉讼，死者周某的三名亲人作为原告，向动物园索赔丧葬费、死亡赔偿金、被抚养人生活费、精神损害赔偿金近 125 万元，赵女士则提出了 31 万余元赔偿，包括医疗整形费、误工费、住院伙食补助费、营养费、护理费、精神损失费、残疾赔偿金、被抚养人生活费。原告认为，家人误判过了猛兽区而下车有一定过错，但作为经营者的动物园管理方过错明显更大，应当对损害结果承担大部分责任。11 月 15 日，延庆法院受理此案。

思考问题：原告可以以被告违约请求损害赔偿吗？

案例二：黄某诉某物业服务有限公司健康权纠纷案[①]

2020 年 6 月，黄某从上海市来到天津河东区某小区探望祖母。此时，正值天津市有关部门发布紧急防控通知，要求严格落实社区出入口值班值守，加强

① 《人民法院贯彻实施民法典典型案例（第一批）》，参见最高人民法院网站：https：//www.court.gov.cn/zixun-xiangqing-347181.html，2022 年 3 月 16 日访问。

验码、亮码、登记等疫情防控措施。一天晚上，黄某骑共享单车进入小区，物业公司值守保安当即呼喊要求其停车接受亮码、登记等疫情防控检查措施。黄某听到有人呼喊后回头观看，随即加速向前骑行。值守保安即骑车追赶，伸手接触原告背部时车辆失控摔倒。后黄某将物业公司诉至法院，要求赔偿其医疗费、交通费、营养费、护理费、误工费等各项损失共计5万多元。

思考问题：物业公司应当赔偿吗？

主要内容

有人说今天我们这个时代，是个权利的时代。有人说，今天我们所处的社会是个风险社会。是的，我们的权利不少，但权利被侵犯的可能性也不低。权利遭到侵犯怎么办？如果受到侵犯后得不到保护，那和没权利没什么不同。签了合同，你不履行，我追究你的违约责任，而且违约责任还可以约定，那发生交通事故，车毁人伤了怎么办？这就涉及人身损害和财产损失的赔偿。

可是，损害很多，一定要找个人赔吗？有一位著名法学家曾说，良好的法律政策应让损失停留于发生之处，除非有特别干预的理由。那么，你的损害让我赔的特别理由又是什么呢？在我们老百姓的朴素观念中，既然让赔，那首先你得证明你有损害，如果没有损害，当然谈不上赔偿。既然让我赔，你得证明损害是我造成的，也就是说损害和我的行为之间有因果关系，否则为什么让我赔。既然让我赔，光有损害和因果关系还不够，你还得证明我有错，如果我没有错，你凭什么让我承担责任。可是，为什么你驾驶机动车造成交通事故，首先要承保机动车强制责任保险（以下简称交强险）的保险公司承担责任？机动车和行人发生交通事故，机动车方“无责”，为什么也要承担10%的责任？“撞了白撞”和“撞了不白撞”哪个更有道理？前几年北京八达岭野生动物世界老虎伤人案中，为什么法律要求除非动物世界证明已尽到管理职责，否则要赔偿？某企业污染环境造成损害，民法典为什么规定由企业举证证明它的行为与损害之间不存在因果关系，否则要承担责任。理解今天民法典规定的形形色色的侵权损害赔偿责任，还得从侵权损害赔偿发展变化的历史中把握。当然，我们了解侵权损害赔偿制度的目的，主要还是学以致用，学会在发生损害事故时判断侵权损害赔偿责任的有无，进而防范控制侵权损害赔偿风险。现代社会是个风险社会，每个人不可能生活在无风险状态。据报道，几个月前，重庆奉节一名 8 岁男童被三条恶犬撕咬身亡，犬主被刑事控制。男童父亲咨询律师得知可以请求犬主赔偿 92 万元，但考虑到两家同村且相距不远，后经街道办事处协调，双方达成和解，由犬主赔偿 55 万元换取谅解书。[①] 对于本案的犬主而言，他可能根本没有意识到民事侵权赔偿风险，刑事责任风险更是意料之外。其实，我们面临的赔偿责任风险可能越来越大。2021 年下半年，北京市高院出台了规定，在全市推进**人身损害赔偿标准城乡统一试点**，从 2021 年 10 月 1 日起，北京市人身损害赔偿不区分城镇居民与农村居民，按统一的城镇居民赔偿标准计算残疾赔偿金、死亡赔偿金及被扶养人生活费。这是对过去"同命不同价"的彻底变革。而 2020 年北京市城镇居民人均可支配收入为 75000 多元，这就意味着仅死亡赔偿金一项最高可达 150 万元。2022 年 4 月 24 日，《最高人民法院关于修改〈最高人民法院关于审理人身损害赔偿案件适用法律若干问题的解释〉的决定》发布。自从 2022 年 5 月 1 日起，残疾赔偿金、死亡赔偿金等城乡二元赔偿标准造成的"同命不同价"成为历史，人身损害的残疾赔偿金、死亡赔偿金、被扶养人生活费等统一按照城镇居民人均可支配收入、人均消费支出标准计算。

一、侵权损害赔偿的历史

人类历史上现今仅存最完整、最早的成文法典是 3800 年前的《汉谟拉比法典》，这部法典规定，如果医生以青铜刀为自由民施行严重的手术而导致自由民死亡，或以青铜刀割自由民的眼疮而毁损自由民眼睛，则医生应断指。

200 多年前，也就是 1804 年的《法国民法典》规定，"因过错致人损害者，应对他人负赔偿之责"。

我们看法国民法典和汉谟拉比法典的规定有何不同？汉谟拉比法典的规定是类似于"以牙还牙""以眼还眼"，而且不问医生有无过错，直接对损害后果承担责任，这是典型的结果责任。而法国民法典规定对损害进行赔偿，不再是以牙还牙，赔偿还要有过错。法国民法典的这一规定奠定了近代侵权责任法著

---

① 《重庆奉节一小学生上学途中被三条恶犬咬死后续：双方已达成和解》，https://baijiahao.baidu.com/s?id=1698084951875961326&wfr=spider&for=pc，2022 年 3 月 8 日访问。

名的**过错责任原则**。

从古代的结果责任，到近代的过错责任，这是侵权损害赔偿制度的巨大进步。虽然罗马法已有过错的概念，如《国法大全》规定如果医生为你的奴隶动手术，忽视了治疗，奴隶因此死亡，医生就要承担过失的责任。无经验也是一种过错，例如，医生手术水平低劣，或用错了药，杀死了你的奴隶。但将过错确立为侵权损害赔偿的一般原则，还是近代法国民法典才实现的。它的进步意义在哪里呢？一方面，让个人就他的过错行为给他人造成的损害负责任，有道德上的正当性，很容易为社会大众所接受，有错当然要承担责任。另一方面，过错责任的反面就是如果这个人没有过错，将不负责任。这使得个人从古代动辄被追究责任的束缚下解放了出来，从而可以对自己行为的后果有所预期，这有助于调动人们行为的积极性。自主参与、自己负责，这无疑体现了对个人尊严的尊重。

当然，从古代的结果责任到近代的过错责任，这才是侵权损害赔偿制度发展的第一步。时代在变迁，现代侵权损害赔偿制度也变化了不少。这可以从我国民法典的规定中看出来。民法典一方面规定，过错侵害他人民事权益造成损害的，应当承担侵权责任。另一方面又规定，依照法律规定推定行为人有过错，其不能证明自己没有过错的，应当承担侵权责任。这是什么意思呢？就是你要证明自己没有过错，才能免予承担侵权责任。由于一般情况下受害人要让加害人承担侵权责任，得自己证明加害人有过错，而这里规定特殊情形下由加害人证明自己没有过错，所以也叫举证责任倒置。比如，到海南旅游，游客不幸被掉落的椰子砸伤，谁该承担责任？根据民法典，林木的所有人或者管理人不能证明自己没有过错的，应当承担侵权责任。此外，民法典还规定，造成他人民事权益损害，不论有无过错，法律规定应当承担侵权责任的就要承担责任。这叫无过错责任。比如，道路交通安全法规定，机动车发生交通事故造成人身伤亡、财产损失的，由保险公司在机动车第三者责任强制保险责任限额范围内予以赔偿。民法典规定，因污染环境、破坏生态造成他人损害的，侵权人应当承担侵权责任。

既然过错责任有道德正当性，有利于调动人们的积极性，为什么民法典又要规定过错推定责任和无过错责任呢？我们回顾一下近现代历史就明白了。法国民法典之后不久，火车在西方发达国家出现，此后，铁路事故、矿山事故等日益严重。到 1900 年前后，每 50 位美国工人中每年就有一位因工伤事故死亡或者伤残，其中铁路与煤矿事故发生率最高。而世界上第一辆汽车 1886 年诞生后，到 20 世纪 20 年代前后汽车在发达国家普及，汽车事故更是触目惊心。1930 年美国上道路行驶的机动车是 2300 万辆。结果是，1930 年美国有超过 3 万人死于机动车事故，这比今天的死亡率高 20 倍。另外，事故受害人得不到有效赔偿，那个年代，社会保障不健全、商业保险几乎没有，受害人也很难证明铁路企业、矿山企业、机动车驾驶人有过错，因而获得赔偿困难重重。在美国，有统计表明，1909 年至 1910 年，至少有 43% 的工伤死亡事故家庭几乎没有得到任何赔偿，即便有些家庭能从雇主处获得一定的赔偿，金额往往不超过死者半年的收入。为了减轻受害人获得赔偿的证明负担，工业文明先进国家纷纷开始改革侵权损害赔偿制度，要么让企业或机动车方证明自己没有过错，否则承担损害赔偿责任；要么干脆规定无过错责任，就让企业或机动车方赔偿，除非他们能够证明受害人有故意或重大过失。当然，工业事故赔偿后来直接演变成了工伤保险。有些国家甚至将机动车事故受害人补偿也通过社会保障途径解决。

那么，让企业或机动车方承担比较重的赔偿责任，合理性何在？其实，法律是平衡的艺术，这是现代工业社会在权衡受害人保护和加害人自由之后不得不作出的艰难选择。一方面，现代工业极大地改善了人类生活、促进了社会进步，因而不能认为其是不法行为；另一方面，现代工业又不断地制造较大范围的危险，这些危险是社会一般人难以预防和控制的。对于这些人为造成的“不幸损害”，应如何分配？法律最终倾向于让危险来源的制造者承担，理由是：危险来源的制造者在一定限度内可以控制危险；他们从经营或使用该企业、物品中收到了高额利益，基于公平正义的原则，获得利益即须承担风险；这些企业能够在一定范围内承担风险，而且还可以通过价格机制或保险分化风险，而让一般公民承担此危险则几乎不可能；让一般受害人承担举证责任甚为困难。或许有人要问，我是私家车主又不是企业，为什么还要承担那么重的责任呢？其实，机动车无过错责任的承担与保险有很大关系。也就是说，法律规定机动车方承担比较重的责任的目的，并不是让损害赔偿责任的负担停留在机动车方，而是让机动车方通过投保，进一步将赔偿责任分散给社会。因此，机动车方无过错责任一定要和成熟的保险市场结合起来。

或许，有人还想问，不问过错就让加害人承担损害赔偿责任，这是不是回到了古代的结果责任？当然不是。古代的结果责任主要还是个人之间的责任，那时候不是不问过错，而是可能根本不知道什么是过错，而且绝大多数情况下加害人是有过错的，但现代工业事故很多时候并不存在道德非难性。另外，在现代无过错责任，加害人还可以通过证明受害人有过错、损害由不可抗力造成等减轻责任或免除责任。比如民用核设施营运单位对损害承担无过错责任，但是，能够证明损害是因战争、武装冲突、暴乱等情形或者受害人故意造成的，不承担责任。当然，还有一个重大区别，今天的无过错责任大多建立在责任保险基础上，古代的结果责任不可能与保险有关。

二、侵权损害赔偿责任的“三、四步识别法”

在现代社会，各类事故频发，我们有时是受害者，有时是加害者。作为受害者，总觉得别人应当承担责任，但又怕别人不承担责任；作为加害者，生怕承担责任，尤其是过重的赔偿责任。因此，每当遇到事故，尤其是突发事故，总会慌张万分、不知所措。

侵权损害赔偿责任的确类型繁多、责任规定各异。民法典在规定侵权损害赔偿的一般规则之后，又对监护人责任、用人单位责任、网络侵权责任、教育机构责任、产品责任、机动车交通事故责任、医疗损害责任、环境污染责任、高度危险责任、饲养动物损害责任、建筑物和物件损害责任等专门作了规定。

法律规定的确复杂，但万变不离其宗，我们在面对具体案件时，可用“三、四步识别法”对侵权损害赔偿责任的有无作出大概的判断。这里的“三、四步识别法”，是指侵权损害赔偿责任的判断可以基本按以下三、四个前后相继的步骤完成：

第一步，看是否有损害，且损害是不是加害人造成的，也就是说损害和加害人的行为之间是否存在因果关系。一般情况下，因果关系好判断，但也有些特殊情形，比如环境污染损害等，如果没有专业机构检测鉴定，很难证明。这就是民法典让污染行为人证明不存在因果关系的原因。需要指出的是，这里讲的因果关系不是事实上的因果关系，而是法律上的因果关系，一般称之为相当因果关系。即只有损害的行为和受损害结果之间的联系达到一般观念中相当的程度，方可认定该损害与行为之间存在因果关系。比如，几年前在河南郑州发生的电梯劝烟案，一审法院认为双方都无过错，根据公平原则判决由被告（劝烟者）分担 1.5 万元的损失。判决后，被告尽管不服，但没有上诉，而原告认为补偿太少提起了上诉。结果二审法院以劝说不要吸烟行为与受害人犯心脏病死亡的损害之间没有法律所要求的相当因果关系，从而判决原告败诉，驳回了原告的上诉。

第二步，看民法典是否对它有专门规定，如果有专门规定，就对照规定条文寻找答案。比如，八达岭野生动物世界老虎伤人事件，就应当对照民法典“饲养动物损害责任”的规定，从中很容易发现该适用的条文，即动物世界的动物造成他人损害的，动物世界应当承担侵权责任；但是，能够证明尽到管理职责的，不承担侵权责任。

第三步，如果民法典没有特殊规定，看加害人是否有过错。侵权责任的主要形态是过错责任，除非法律有特殊规定。一般情况下，加害人只对他的过错行为向受害人承担损害赔偿责任。而过错的判断主要看加害人是否违法，是否违反了一般人的注意义务。一个基本的方法是看加害人能否预见、避免损害的发生。当然，这里还有一个平衡问题。比如，某小区在人行道旁边建了一个小型篮球场，经常有小孩子打篮球，如果没有任何围栏导致篮球伤了路人，篮球场的修建者当然有过错，因为，这是可以预见的，也是可以预防的。假如篮球场的修建者建了 3 米高的围栏，但一个调皮的男孩子故意把篮球扔出去伤了路人，这时就不能认为篮球场的修建者有过错了。或许有人认为，如果你把围栏加高到 4 米、5 米，就不会发生类似伤害，但问题是，法律是平衡的艺术，法律规定在追求公平的同时也讲效率，法律不能给某一方规定过重的责任。

第四步，加害人是否有抗辩事由。主要的抗辩事由有行使职权行为、不可抗力、正当防卫、紧急避险、受害人同意、受害人有过错等。比如，城管部门拆除违法建筑、公安部门捉拿犯罪嫌疑人，不可避免地会造成他人人身或财产损害，但这是行使职权行为，只要损害未超过必要限度即不用承担责任。再比如，民法典实施后发生的羽毛球击伤对方球员眼睛案中，法院以受害人自甘冒险认定加害人不用赔偿，而文体活动中的自甘冒险本质上就是文体活动参与者默示同意一定限度的风险。

需要指出的是，以上几个判断步骤是前后相继的，如果第一步判断的结果是不存在损害或因果关系，责任就当然不成立，就没有进一步判断的必要。之后的判断同样如此。此外，需要特别提醒的是，一般情况下不可抗力是加害人不承担责任的抗辩事由，但在特殊侵权，甚至不同的特殊侵权类型中，关于不可抗力的规定都不一样，需要根据具体侵权类型判定。比如，民用核设施发生核事故造成他人损害或者民用航空器造成他人损害的，民法典并未明确规定核事故和民用航空事故是由不可抗力造成的，可以免除责任人的责任。

三、侵权和违约损害赔偿风险的防控

我们先看损害赔偿的构成。损害赔偿包括人身损害赔偿和财产损失赔偿。经常有朋友问我，发生事故造成人身损害，可以得到哪些赔偿？主要的赔偿项目有：医疗费、护理费、交通费、营养费、住院伙食补助费等为治疗和康复支出的合理费用，以及因误工减少的误工费。造成残疾的，还应当赔偿辅助器具费和残疾赔偿金；造成死亡的，还应当赔偿丧葬费和死亡赔偿金。这些损害项目的具体赔偿标准各地不太一样，但很容易从网上查到。另外，侵害自然人人身权益造成**严重精神损害**的，有权请求精神损害赔偿。

侵害他人财产的，财产损失按照**损失发生时的市场价格或者其他合理方式计算**。有人可能想问，赔偿可不可以分期支付？当然双方可以协商，协商不一致的，赔偿费用应当一次性支付；一次性支付确有困难的，可以分期支付，但是被侵权人有权请求提供相应的担保。

需要强调的是，民法典规定了特殊情形的惩罚性赔偿。全国首例适用民法典污染环境惩罚性赔偿条款判决的案件中，被告某化工公司雇请他人将1000多吨硫酸钠废液非法倾倒至某村，导致当地村民饮用水源受到污染，法院根据相关鉴定意见判决被告承担环境修复费用、环境功能性损失费用、环境污染惩罚性赔偿款等共计300多万元。除了故意污染环境破坏生态的惩罚性赔偿外，民法典还规定了故意侵犯他人知识产权情节严重的惩罚性赔偿，明知产品存在缺陷仍然生产、销售或者没有采取有效补救措施造成他人死亡或者健康严重损害的惩罚性赔偿。

然而，从实践来看，多数人对于风险并没有一个清晰的认识，对于如何识别、管理风险基本没有概念。结果，没事则已，一旦有事就倾家荡产。可是，普通的社会成员如何承担如此巨大的风险呢？现在的大型公司都特别强调风险管理，即通过风险识别，根据风险的大小和发生的可能性，将风险予以类别化，然后根据公司的风险偏好和承受能力，分别选择避免风险、预防风险、自保风险和转移风险等风险管理方法。生活在现代风险社会的个人及中小企业主，也应当逐步树立风险管理意识。为此，特别建议：

第一，要有风险识别意识。风险在哪里？风险管理的前提是要知道可能的风险点。普通百姓的生活，从“柴米油盐酱醋茶”到购房置业、重大投资，其风险显然不同。我们没有必要为一般“柴米油盐酱醋茶”去斤斤计较，但必须为自己的重大决定负责。从我所提供法律服务的情况来看，好多人并不在乎合同的签订，当然也不懂得如何审查合同。其实，合同有一页纸的，也有几十成百页纸的。简单并不意味着没有风险，复杂也不意味着没有头绪可以理。一个市场交换行为一般都由四个方面构成，分别是交换的主体、交换的对象、交换的工具、交换的责任。主体就是合同的双方当事人，对象就是交换的权利，工具主要是合同，责任主要是违约责任。对于普通百姓来讲，不管合同是复杂还是简单，核心者无非这四点，因此，可以从这几个角度分别考察：（1）你在和谁做交易？你的对手是谁这个问题如同你找的对象是谁一样的重要。俗话说“女怕嫁错郎”，讲的就是这个道理。你在和谁做交易这个问题，需要你明白你的交易对手是自然人，还是公司、合伙等组织。如果是公司，就登录“国家企业信用信息公示系统”（http：//www.gsxt.gov.cn/index.html），看看其设立人情况、股权变更情况、资产负债情况、经营是否正常等；如果是合伙，不仅要看合伙企业，还要看合伙人的构成以及各合伙人的责任承担方式，因为合伙内部，还有普通合伙企业和特殊合伙企业之分，在特殊合伙企业，不仅有普通合伙人，还有有限合伙人，实践中甚至存在一般有限合伙人和优先有限合伙人的复杂结构设计。有些人买房子，在没弄清楚这房子是家庭或夫妻共有财产还是个人财产的情况下，就贸然签订合同、交付定金，结果因为房屋共有人不签字同意而使交易无法推进。（2）你在买什么或者卖什么？我们买一个金手镯可能需要考虑是不是真金、成色几何等问题，本来这不应该是问题，可是，大千世界无奇不有，真有好多善良的人是在没有弄清楚交易的对象是什么的情况下就开始了交易谈判甚至成交。例如，温州住宅国有土地使用权期满自动续期事件中，王女士根本没有考虑到她买的对象除了房屋所有权之外，还有国有土地使用权，而这个国有土地使用权是有期限限制的；有些人买房子或受让土地，不知道房子或土地的产权性质、土地的用途、房子或土地上是否有抵押负担或者租赁等债权负担，就谈判签署合同，结果上当受骗在所难免。（3）你的合同有效吗？签订了合同并不必然意味着合同有效。合同可能因为违法而无效，比如贩卖人口、器官、枪支弹药、毒品的合同就是无效的；合同可能因为双方意思表示不真实而无效，比如双方串通起来签订合同损害国家、集体或第三人利益；合同可能因为欺诈、胁迫、重大误解以及利用对方危困状态等而可撤销；合同还可能因为代理人无权代理、附条件、附期限等而效力待定；等等。面对如此复杂的情况，作为合同的一方当事人，真有必要好好考虑一下合同是否有效这个问题，因为合同生效是合同履行的前提，也是让对方承担违约责任的前提。（4）违约的后果是什么？合同虽然已经生效，并不必然意味着合同一定能够得到履行，且不说发生不可抗力等特殊情况，就是不发生特殊情况，合同对方也有可能故意不履行，比如合同签订后，房屋价格大涨，这时不少人选择了不履行。

第二，要有风险评估意识。仅仅知道风险的存在是不够的，要进行有效风险管理，需要对风险进行科学评估。房屋买卖，你不仅需要识别可能的违约风险，还需要更进一步对风险的大小及发生的概率进行评估。比如，如果你是买方，就需要明白对方不履行时你有没有有效合法的制约手段，合同约定的违约金是否足以促使对方老老实实地履行合同；如果你是卖方，你真想突破诚信的道德底线，那至少也得算计一下不履行的可能后果。如果你购买了机动车，就要对交通事故风险作出评估。从实践来看，驾驶机动车发生交通事故的风险是比较大的，尤其是新手上路。这里的风险不仅可能是自己车辆的损坏、他人车辆的损坏，还可能是更为严重的人身伤亡。车辆损失的风险因车辆价值不同而相去甚远，人身伤亡的损害赔偿风险也因地域的不同而差别很大，发达地区人的“命价”动辄一两百万元，而落后地区可能就三五十万元。

第三，要有风险控制意识。识别风险、评估风险之后，就应当对风险如何处置予以安排。如何对待或处置风险，不仅取决于风险的大小（风险发生的概率和风险的大小），而且与风险主体的风险偏好有关。因此，风险如何控制，不仅取决于风险的识别、评估，还与每个人的风险偏好、风险承受能力等有关。现在保险公司开发的责任保险项目不少，其中包括损失保险、责任保险、保证保险、信用保险等不同类型，机动车还有强制保险。每个人应当根据自己的具体需要，选择投保不同的保险产品。比如，你在北上广等大城市开车上路，如果技术不是相当熟练，建议在交强险之外再投保 100 万元限额以上的各类保险，因为，前面已经讲过，北京仅死亡赔偿金一项就可能超过 150 万元。

总之，我们生活在风险社会，侵权损害赔偿风险便是一种主要风险类型。学会识别、控制、分散侵权风险，我们的生产就会更加稳健、生活就会更加从容。

四、侵权责任重点制度提示

侵权行为有一般侵权行为与特殊侵权行为之分。真正侵害行为人自己仅负单纯的过错责任的，为一般侵权行为，而所负责任非为单纯的过错责任，或者最终负责任的非为真正侵害行为人等的则为特殊侵权行为。下面简单介绍一些特殊侵权行为。

（一）职务侵权

职务侵权行为，是指企业、事业单位和社会团体等法人的工作人员在执行职务中实施的侵权行为。职务侵权行为仍然为过错责任，只不过在赔偿损害时，先由工作人员所在的法人承担。劳务派遣期间，被派遣的工作人员因执行工作任务造成他人损害的，由接受劳务派遣的用工单位承担侵权责任；劳务派遣单位有过错的，承担相应的补充责任。至于法人赔偿后向有过错的工作人员的追偿，则为另一法律关系。

（二）监护侵权

无行为能力人或限制行为能力人实施的侵权行为或加害行为，以其财产或其监护人的财产负赔偿责任。监护侵权行为的责任由监护人承担，但如果被监护人有财产的，则由其本人负责。本人财产不足的，由监护人负补充责任。监护人尽到监护责任的，可以减轻其侵权责任。

（三）网络侵权

除非法律另有规定，网络用户、网络服务提供者利用网络侵害他人民事权益的，应当承担侵权责任。

网络用户利用网络服务实施侵权行为的，权利人有权通知网络服务提供者采取删除、屏蔽、断开链接等必要措施。通知应当包括构成侵权的初步证据及权利人的真实身份信息。网络服务提供者接到通知后，应当及时将该通知转送相关网络用户，并根据构成侵权的初步证据和服务类型采取必要措施；未及时采取必要措施的，对损害的扩大部分与该网络用户承担连带责任。权利人因错误通知造成网络用户或者网络服务提供者损害的，应当承担侵权责任。网络用户接到转送的通知后，可以向网络服务提供者提交不存在侵权行为的声明，声明应当包括不存在侵权行为的初步证据及网络用户的真实身份信息。网络服务提供者接到声明后，应当将该声明转送发出通知的权利人，并告知其可以向有关部门投诉或者向人民法院提起诉讼。网络服务提供者在转送声明到达权利人后的合理期限内，未收到权利人已经投诉或者提起诉讼通知的，应当及时终止所采取的措施。网络服务提供者知道或者应当知道网络用户利用其网络服务侵害他人民事权益，未采取必要措施的，与该网络用户承担连带责任。

（四）校园事故侵权

无行为能力人在幼儿园、学校或者其他教育机构学习、生活期间受到人身损害的，幼儿园、学校或者其他教育机构应当承担过错推定责任。限制行为能力人在学校或者其他教育机构学习、生活期间受到人身损害的，学校或者其他教育机构承担过错责任。

但是，无行为能力人或者限制民事行为能力人在上述机构学习、生活期间，受到幼儿园、学校或者其他教育机构以外的第三人人身损害的，由第三人承担侵权责任；幼儿园、学校或者其他教育机构未尽到管理职责的，承担相应的补充责任。幼儿园、学校或者其他教育机构承担补充责任后，可以向第三人追偿。

（五）产品侵权

产品侵权，是指产品缺陷致人损害的侵权责任。产品侵权责任的责任承担者包括生产者、销售者以及运输者、仓储者等。

对于消费者的损害，生产者承担的是无过错责任，销售者承担的是过错责任，但销售者不能指明缺陷产品的生产者也不能指明缺陷产品的供货者的，销售者应当承担侵权责任。运输者、仓储者等第三人承担的是过错责任。不过，因产品存在缺陷造成损害的，被侵权人可以向产品的生产者请求赔偿，也可以向产品的销售者请求赔偿。产品缺陷由生产者造成的，销售者赔偿后，有权向生产者追偿。因销售者的过错使产品存在缺陷的，生产者赔偿后，有权向销售者追偿。

产品投入流通后发现存在缺陷的，生产者、销售者应当及时采取停止销售、警示、召回等补救措施；未及时采取补救措施或者补救措施不力造成损害扩大的，对扩大的损害也应当承担侵权责任。采取召回措施的，生产者、销售者应当负担被侵权人因此支出的必要费用。明知产品存在缺陷仍然生产、销售，或者没有采取停止销售、警示、召回等有效补救措施，造成他人死亡或者健康严重损害的，被侵权人有权请求相应的惩罚性赔偿。

（六）机动车侵权

我国实行交强险制度，对机动车第三者责任强制保险责任限额范围内（20万元，其中死亡伤残赔偿限额为18万元，医疗费用赔偿限额为1.8万元，财产损失赔偿限额为0.2万元）的损害，由保险公司赔偿；保险赔偿不足的部分，机动车之间的交通事故，根据各自过错的大小承担相应的责任，而机动车与非机动车驾驶人、行人之间的交通事故，由机动车一方承担赔偿责任，但有证据证明非机动车驾驶人、行人有过错的，根据过错程度适当减轻机动车一方的赔偿责任；机动车一方没有过错的，承担不超过10%的赔偿责任。当然，如果交通事故的损失是由非机动车驾驶人、行人故意碰撞机动车造成的，机动车一方不承担赔偿责任。

租赁、借用机动车发生交通事故，交强险赔偿范围之外的机动车一方的损害赔偿责任由机动车使用人承担；机动车所有人对损害的发生有过错的，承担相应的赔偿责任。

以买卖等方式转让并交付但未办理所有权转移登记的机动车发生交通事故，交强险赔偿范围之外的机动车一方的损害赔偿责任由受让人承担。

以挂靠形式从事道路运输经营活动的机动车，发生交通事故造成损害，属于该机动车一方责任的，由挂靠人和被挂靠人承担连带责任。

盗窃、抢劫或者抢夺的机动车发生交通事故造成损害的，由盗窃人、抢劫人或者抢夺人承担赔偿责任；盗窃人、抢劫人或者抢夺人与机动车使用人不是同一人，发生交通事故造成损害，属于该机动车一方责任的，由盗窃人、抢劫人或者抢夺人与机动车使用人承担连带责任。

机动车发生交通事故造成损害，属于该机动车一方责任的，先由承保机动车强制保险的保险人在强制保险责任限额范围内予以赔偿；不足部分，由承保机动车商业保险的保险人按照保险合同的约定予以赔偿；仍然不足或者没有投保机动车商业保险的，由侵权人赔偿。

机动车驾驶人发生交通事故后逃逸，该机动车参加强制保险的，由保险人在机动车强制保险责任限额范围内予以赔偿；机动车不明、该机动车未参加强制保险或者抢救费用超过机动车强制保险责任限额，需要支付被侵权人人身伤亡的抢救、丧葬等费用的，由道路交通事故社会救助基金垫付。道路交通事故社会救助基金垫付后，其管理机构有权向交通事故责任人追偿。

非营运机动车发生交通事故造成无偿搭乘人损害，属于该机动车一方责任的，应当减轻其赔偿责任，但是机动车使用人有故意或者重大过失的除外。

（七）医疗侵权

医疗侵权一般为过错责任，即一般情况下，患者在诊疗活动中受到损害，医疗机构或者其医务人员有过错的，由医疗机构承担赔偿责任。但是，医疗机构存在违反法律、行政法规、规章以及其他有关诊疗规范的规定，隐匿或者拒绝提供与纠纷有关的病历资料，遗失、伪造、篡改或者违法销毁病历资料等行为的，推定医疗机构有过错。

医务人员在诊疗活动中应当向患者说明病情和医疗措施。需要实施手术、特殊检查、特殊治疗的，医务人员应当及时向患者具体说明医疗风险、替代医疗方案等情况，并取得其明确同意；不能或者不宜向患者说明的，应当向患者的近亲属说明，并取得其明确同意。但因抢救生命垂危的患者等紧急情况，不能取得患者或者其近亲属意见的，经医疗机构负责人或者授权的负责人批准，可以立即实施相应的医疗措施。

因药品、消毒产品、医疗器械的缺陷，或者输入不合格的血液造成患者损害的，患者可以向药品上市许可持有人、生产者、血液提供机构请求赔偿，也可以向医疗机构请求赔偿。患者向医疗机构请求赔偿的，医疗机构赔偿后，有权向负有责任的药品上市许可持有人、生产者、血液提供机构追偿。

患者在诊疗活动中受到损害，有下列情形之一的，医疗机构不承担赔偿责任:（1）患者或者其近亲属不配合医疗机构进行符合诊疗规范的诊疗（医疗机构或者其医务人员也有过错的，应当承担相应的赔偿责任）;（2）医务人员在抢救生命垂危的患者等紧急情况下已经尽到合理诊疗义务;（3）限于当时的医疗水平难以诊疗。

（八）环境污染和生态破坏侵权

环境污染和生态破坏责任为无过错责任。因污染环境、破坏生态发生纠纷，行为人应当就法律规定的不承担责任或者减轻责任的情形及其行为与损害之间不存在因果关系承担举证责任。

两个以上侵权人污染环境、破坏生态的，承担责任的大小，根据污染物的种类、浓度、排放量，破坏生态的方式、范围、程度，以及行为对损害后果所起的作用等因素确定。

侵权人违反法律规定故意污染环境、破坏生态造成严重后果的，被侵权人有权请求相应的惩罚性赔偿。

因第三人的过错污染环境、破坏生态的，被侵权人可以向侵权人请求赔偿，也可以向第三人请求赔偿。侵权人赔偿后，有权向第三人追偿。

违反国家规定造成生态环境损害，生态环境能够修复的，国家规定的机关或者法律规定的组织有权请求侵权人在合理期限内承担修复责任。侵权人在期限内未修复的，国家规定的机关或者法律规定的组织可以自行或者委托他人进行修复，所需费用由侵权人负担。

违反国家规定造成生态环境损害的，国家规定的机关或者法律规定的组织有权请求侵权人赔偿下列损失和费用:（1）生态环境受到损害至修复完成期间服务功能丧失导致的损失;（2）生态环境功能永久性损害造成的损失;（3）生态环境损害调查、鉴定评估等费用;（4）清除污染、修复生态环境的费用;（5）防止损害的发生和扩大所支出的合理费用。

（九）高度危险作业侵权

高度危险作业包括民用核设施（包括运入运出核设施的核材料）、民用航空器等的运行，使用易燃、易爆、剧毒、高放射性、强腐蚀性、高致病性等高度危险物，从事高空、高压、地下挖掘活动或者使用高速轨道运输工具。

高度危险作业侵权责任为无过错责任，除了受害人故意这一共同的免责事由以外，各种不同的高度危险作业的免责或减责事由并不相同。如民用核设施的侵权中，只有战争、武装冲突、暴乱等少数的不可抗力可以免责，民用航空器侵权中，不可抗力不是免责事由；易燃、易爆、剧毒、高放射性、强腐蚀性、高致病性等高度危险物造成他人损害的侵权责任中，不可抗力可以免责，被侵权人的重大过失可以减轻占有人或者使用人的责任；高空、高压、地下挖掘活动或者使用高速轨道运输工具的侵权责任中，不仅不可抗力可以免责，而且只要被侵权人对损害的发生有重大过失，就可以减轻经营者的责任。

承担高度危险责任，法律规定赔偿限额的，依照其规定，但是行为人有故意或者重大过失的除外。

（十）饲养动物侵权

饲养的动物造成他人损害的，动物饲养人或者管理人应当承担侵权责任，但能够证明损害是因被侵权人故意或者重大过失造成的，可以不承担或者减轻责任。违反管理规定，未对动物采取安全措施造成他人损害的，动物饲养人或者管理人应当承担侵权责任；但是，能够证明损害是因被侵权人故意造成的，可以减轻责任。

禁止饲养的烈性犬等危险动物造成他人损害的，动物饲养人或者管理人应当承担侵权责任。

动物园的动物造成他人损害的，动物园应当承担侵权责任，但能够证明尽到管理职责的，不承担侵权责任。

遗弃、逃逸的动物在遗弃、逃逸期间造成他人损害的，由动物原饲养人或者管理人承担侵权责任。

（十一）建筑物和物件侵权

建筑物、构筑物或者其他设施倒塌、塌陷造成他人损害的，由建设单位与施工单位承担连带责任，但是建设单位与施工单位能够证明不存在质量缺陷的除外。建设单位、施工单位赔偿后，有其他责任人的，有权向其他责任人追偿。因所有人、管理人、使用人或者第三人的原因，建筑物、构筑物或者其他设施倒塌、塌陷造成他人损害的，由所有人、管理人、使用人或者第三人承担侵权责任。

建筑物、构筑物或者其他设施及其搁置物、悬挂物发生脱落、坠落造成他人损害，所有人、管理人或者使用人不能证明自己没有过错的，应当承担侵权责任。所有人、管理人或者使用人赔偿后，有其他责任人的，有权向其他责任人追偿。

禁止从建筑物中抛掷物品。从建筑物中抛掷物品或者从建筑物上坠落的物品造成他人损害的，由侵权人依法承担侵权责任；公安等机关应当依法及时调查，查清责任人；经调查难以确定具体侵权人的，除能够证明自己不是侵权人的外，由可能加害的建筑物使用人给予补偿。可能加害的建筑物使用人补偿后，有权向侵权人追偿。物业服务企业等建筑物管理人应当采取必要的安全保障措施防止前述情形的发生；未采取必要的安全保障措施的，应当依法承担未履行安全保障义务的侵权责任。

堆放物倒塌、滚落或者滑落造成他人损害，堆放人不能证明自己没有过错的，应当承担侵权责任。

在公共道路上堆放、倾倒、遗撒妨碍通行的物品造成他人损害的，由行为人承担侵权责任。公共道路管理人不能证明已经尽到清理、防护、警示等义务的，应当承担相应的责任。

因林木折断、倾倒或者果实坠落等造成他人损害，林木的所有人或者管理人不能证明自己没有过错的，应当承担侵权责任。

在公共场所或者道路上挖掘、修缮安装地下设施等造成他人损害，施工人不能证明已经设置明显标志和采取安全措施的，应当承担侵权责任。窨井等地下设施造成他人损害，管理人不能证明尽到管理职责的，应当承担侵权责任。

五、侵权损害赔偿范围

（一）人身损害赔偿

侵害他人造成人身损害的，应当赔偿医疗费、护理费、交通费、营养费、住院伙食补助费等为治疗和康复支出的合理费用，以及因误工减少的收入。造成残疾的，还应当赔偿辅助器具费和残疾赔偿金；造成死亡的，还应当赔偿丧葬费和死亡赔偿金。因同一侵权行为造成多人死亡的，可以以相同数额确定死亡赔偿金。

被侵权人死亡的，其近亲属有权请求侵权人承担侵权责任。被侵权人为组织，该组织分立、合并的，承继权利的组织有权请求侵权人承担侵权责任。支付被侵权人医疗费、丧葬费等合理费用的人有权请求侵权人赔偿费用，但是侵权人已经支付该费用的除外。

侵害他人人身权益造成财产损失的，按照被侵权人因此受到的损失或者侵权人因此获得的利益赔偿；被侵权人因此受到的损失以及侵权人因此获得的利益难以确定，被侵权人和侵权人就赔偿数额协商不一致，向人民法院提起诉讼的，由人民法院根据实际情况确定赔偿数额。

侵害自然人人身权益造成严重精神损害的，被侵权人有权请求精神损害赔偿。因故意或者重大过失侵害自然人具有人身意义的特定物造成严重精神损害的，被侵权人有权请求精神损害赔偿。

（二）财产损害赔偿

侵害他人财产的，财产损失按照损失发生时的市场价格或者其他合理方式计算。

故意侵害他人知识产权，情节严重的，被侵权人有权请求相应的惩罚性赔偿。

最后，受害人和行为人对损害的发生都没有过错的，依照法律的规定由双方分担损失。损害发生后，当事人可以协商赔偿费用的支付方式。协商不一致的，赔偿费用应当一次性支付；一次性支付确有困难的，可以分期支付，但是被侵权人有权请求提供相应的担保。

案例解析

案例一：八达岭野生动物世界老虎伤人事件

本案是一起典型的违约责任和侵权责任竞合（竞合是指两种责任可同时成立）案件。不管本案中的八达岭野生动物世界最终是否承担责任，本案的原告既可以基于被告违约提起诉讼，也可以基于被告侵权提起诉讼。因为，本案的受害人与八达岭野生动物世界之间因为购票、签署协议等行为产生合同关系，根据合同约定，八达岭野生动物世界有安全保障义务，在造成1死1伤后果的情况下，原告有权提起违约诉讼，至于八达岭野生动物世界是否已经尽到安全保障义务，则属法院审查范围。此外，八达岭野生动物世界饲养的老虎造成1死1伤的后果，死者家属和伤者当然有权以生命、健康权受侵害为由起诉八达岭野生动物世界构成侵权。在原告既可以主张违约责任，也可以主张侵权责任的情形下，原告有权在这二者中作出有利于自己的选择。一般来讲，原告主张违约责任的举证责任负担较轻，但赔偿范围会小一些，主要表现在很难获得精神损害赔偿，而主张侵权责任正好相反。但在饲养的野生动物侵权的场合，由于民法典侵权责任编规定此时野生动物园应当承担举证证明自己已经尽到管理职责，也就是说法律将一般侵权情形本应由原告承担的举证责任规定由被告承担（这叫举证责任倒置），从而大大减轻了原告的举证负担，加之原告主张侵权责任可以请求精神损害赔偿，所以本案的原告选择了有利于自己的侵权诉讼。

关于本案的责任认定，学者、律师有不同看法，有主张被告没有完全尽到管理职责，因而不能免责的；也有主张被告已经尽到管理职责，因而无须承担赔偿责任的。至于造成分歧的原因，主要在于对于事实的认定是否能够推导出被告已经尽到安全保障义务，笔者无意对此作出进一步评论。需要强调的是：第一，类似本案被告的营业机构，即使与被告签订相关协议完全免除自己的责任，并不能完全保证自己真的不承担责任。本案审理时，原《合同法》第四十条规定，“提供格式条款一方免除其责任、加重对方责任、排除对方主要权利的，该条款无效”。第五十三条规定，“（一）造成对方人身伤害的；（二）因故意或者重大过失造成对方财产损失的”属于合同中无效的免责条款。第二，鉴于消费者往往因为合同复杂、不易理解、时间紧张等原因不会认真阅读合同条款的现实，类似被告的格式合同提供者应当对合同中影响消费者权益的重要条款给予明确提示。八达岭野生动物世界在该事件发生后能够总结经验教训，在新协议中对一些重要条款通过画下划线并加粗的方式给予明确提示，一方面是对消费者负责的举动，另一方面也是有效分散自己风险的举措。在现代市场经济中，契约是当事人安排自己事务的有效手段，国家机关、社会组织和企业等，应当重视契约、善用契约。

最后需要指出的是,《民法典》第九百九十六条规定，因当事人一方的违约行为，损害对方人格权并造成严重精神损害，受损害方选择请求其承担违约责任的，不影响受损害方请求精神损害赔偿。第四百九十六条第二款规定，采用格式条款订立合同的，提供格式条款的一方应当遵循公平原则确定当事人之间的权利和义务，并采取合理的方式提示对方注意免除或者减轻其责任等与对方有重大利害关系的条款，按照对方的要求，对该条款予以说明。提供格式条款的一方未履行提示或者说明义务，致使对方没有注意或者理解与其有重大利害关系的条款的，对方可以主张该条款不成为合同的内容。根据第四百九十七条规定，如果存在提供格式条款一方不合理地免除或者减轻其责任、加重对方责任、限制对方主要权利，或者提供格式条款一方排除对方主要权利等情形，该格式条款无效。第四百九十八条规定，对格式条款的理解发生争议的，应当按照通常理解予以解释。对格式条款有两种以上解释的，应当作出不利于提供格式条款一方的解释。格式条款和非格式条款不一致的，应当采用非格式条款。至于动物侵权责任的规定，民法典并无实质性修改。

案例二：黄某诉某物业服务有限公司健康权纠纷案

法院审理认为,《民法典》第二百八十六条规定，对于物业服务企业或者其他管理人执行政府依法实施的应急处置措施和其他管理措施，业主应当依法予以配合。本案事发之时，正值聚集性疫情扩散、防控形势严峻的关键时期，物业服务有限公司依照有关政策要求派员值守、验码登记、阻拦冲岗，是履职尽责的体现，其行为没有过错，不应当承担赔偿责任。黄某在物业人员大声呼喊之际却加速骑行，最终导致摔伤，应自行承担相应后果，故判决驳回黄某的诉讼请求。

民法典是权利法，但也规定了不少义务，包括政府、基层自治组织及民事主体等的义务。履行好义务，是保护权利、实现权利的基础。民法典的普法教育，既要突出权利，但也不能只讲权利不讲义务，否则就会走偏，会助长权利滥用行为。

第七讲　家务事有那么难处理吗

金句名言

对于亚当，天堂是他的家，而他的后裔，家就是天堂。

——［法］伏尔泰

婚姻实质上是伦理关系。婚姻是具有法定意义的伦理性的爱。

——［德］黑格尔

没有冲突的婚姻，几乎同没有危机的国家一样难以想象。

——［法］莫鲁瓦

承担义务是幸福而长久的婚姻关系的基础。

——［美］弗罗伦斯·伊萨克斯

在父母的眼中，孩子常是自我的一部分，子女是他理想自我再来一次的机会。

——费孝通

子女中那种得不到遗产继承权的幼子，常常会通过自身奋斗获得好的发展。而坐享其成者，却很少能成大业。

——［英］培根

在巨富中死去是一种耻辱。

——［美］卡耐基

要点提示

- 我国实行婚姻自由、一夫一妻、男女平等的婚姻制度。结婚应当男女双方完全自愿，禁止任何一方对另一方加以强迫，禁止任何组织或者个人加以干涉。父母不得干涉子女的婚姻，子女也不得干涉父母离婚、再婚以及婚后的生活。
- 谁是家庭成员？配偶、父母、子女和其他共同生活的近亲属为家庭成员。需要注意的是，配偶、父母、子女作为家庭成员不以共同生活为条件，其他近亲属要成为家庭成员需共同生活。
- 婚姻法将“患有医学上认为不应当结婚的疾病”作为禁止结婚的情形，民法典并未延续这一规定，只是规定一方患有重大疾病的，应当在结婚登记前如实告知另一方；不如实告知的，另一方可以向人民法院请求撤销婚姻。
- 夫妻的财产，有约定的按照约定。男女双方可以约定婚姻关系存续期间所得的财产以及婚前财产归各自所有、共同所有或者部分各自所有、部分共同所有。只不过约定应当采用书面形式。
- 夫妻的财产，如果没有约定，除一方的婚前财产、一方因受到人身损害获得的赔偿或者补偿、遗嘱或者赠与合同中确定只归一方的财产、一方专用的生活用品等外，其余为夫妻共同财产。这里要特别注意两点：遗嘱或者赠与合同确定只归一方的财产为个人财产，如果没有确定或者没有遗嘱，将为共同财产，除非子女结婚前，父母为双方购置房屋出资的，该出资为对自己子女个人的赠与。另外，生产、经营、投资的收益为共同财产，即使投资行为发生在婚前，只要收益产生于婚内，就归夫妻共同财产。
- 夫妻的债务，夫妻双方共同签名或者夫妻一方事后追认等共同意思表示所负的债务，以及夫妻一方在婚姻关系存续期间以个人名义为家庭日常生活需要所负的债务，属于夫妻共同债务。夫妻一方在婚姻关系存续期间以个人名义超出家庭日常生活需要所负的债务，不属于夫妻共同债务；但是，债权人能够证明该债务用于夫妻共同生活、共同生产经营或者基于夫妻双方共同意思表示的除外。

- 对亲子关系有异议且有正当理由的，父或者母可以向人民法院提起诉讼，请求确认或者否认亲子关系。对亲子关系有异议且有正当理由的，成年子女可以向人民法院提起诉讼，请求确认亲子关系。
- 夫妻双方自愿离婚的，应当签订书面离婚协议，并亲自到婚姻登记机关申请离婚登记。离婚协议应当载明双方自愿离婚的意思表示和对子女抚养、财产以及债务处理等事项协商一致的意见。自婚姻登记机关收到离婚登记申请之日起 30 日内，任何一方不愿意离婚的，可以向婚姻登记机关撤回离婚登记申请。30 日期限届满后 30 日内，双方应当亲自到婚姻登记机关申请发给离婚证；未申请的，视为撤回离婚登记申请。
- 离婚时，夫妻的共同财产由双方协议处理；协议不成的，由人民法院根据财产的具体情况，按照照顾子女、女方和无过错方权益的原则判决。
- 因重婚、与他人同居、实施家庭暴力、虐待遗弃家庭成员或其他重大过错导致离婚的，无过错方有权请求损害赔偿。
- 收养人应当同时具备下列条件：无子女或者只有一名子女；有抚养、教育和保护被收养人的能力；未患有在医学上认为不应当收养子女的疾病；无不利于被收养人健康成长的违法犯罪记录；年满 30 周岁。
- 继承开始后，按照法定继承办理；有遗嘱的，按照遗嘱继承或者遗赠办理；有遗赠扶养协议的，按照协议办理。
- 继承开始后，继承人放弃继承的，应当在遗产处理前，以书面形式作出放弃继承的表示；没有表示的，视为接受继承。受遗赠人应当在知道受遗赠后 60 日内，作出接受或者放弃受遗赠的表示；到期没有表示的，视为放弃受遗赠。
- 法定继承的继承顺序为：第一顺序：配偶、子女、父母；第二顺序：兄弟姐妹、祖父母、外祖父母。丧偶儿媳对公婆，丧偶女婿对岳父母，尽了主要赡养义务的，作为第一顺序继承人。被继承人的子女先于被继承人死亡的，由被继承人的子女的直系晚辈血亲代位继承。被继承人的兄弟姐妹先于被继承人死亡的，由被继承人的兄弟姐妹的子女代位继承。
- 我们不仅要善于运用合同等法律工具从事交易、安排好当下的生活，也要善于运用遗嘱提前安排“后事”。太多的案例已经表明，如果不提前安排妥当，财富多不一定是好事。

- 遗嘱的种类包括自书遗嘱、代书遗嘱、打印遗嘱、录音录像遗嘱、口头遗嘱、公证遗嘱。遗嘱对立遗嘱人、遗嘱的形式等有严格的要求，如立遗嘱人必须具有完全民事行为能力，打印遗嘱应当有两个以上见证人在场见证，遗嘱人和见证人应当在遗嘱每一页签名，注明年、月、日，立口头遗嘱只限于立遗嘱人处于危急情况的特殊情形。

讨论案例

案例一：

张某与王某系夫妻，张某的父亲得了重大疾病需要巨额医疗费用。张某欲卖掉家里的另一套商品房为父治病，可妻子王某坚决不同意。

思考问题：张某该如何是好？

案例二：

李某有一个妹妹，父亲早逝，母亲有一套房。两年前母亲身体健康时写了遗嘱，言明房子由李某继承，并进行了公证。如今民法典已颁布，李某得知民法典规定“立有数份遗嘱，内容相抵触的，以最后的遗嘱为准”，因此她觉得公证的遗嘱也不一定可靠，想寻求法律帮助。

思考问题：李某该怎么办？

案例三：苏某甲诉李某田等法定继承纠纷案[①]

苏某泉于2018年死亡，其父母和妻子均先于其死亡，生前未生育和收养子女。苏某泉的姐姐苏某乙先于苏某泉死亡，苏某泉无其他兄弟姐妹。苏某甲系苏某乙的养女。李某田是苏某泉堂姐的儿子，李某禾是李某田的儿子。苏某泉生前未立遗嘱，也未立遗赠扶养协议。上海市徐汇区某房屋的登记权利人为

---

① 《人民法院贯彻实施民法典典型案例（第一批）》，参见最高人民法院网站：https：//www.court.gov.cn/zixun-xiangqing-347181.html，2022年3月16日访问。

苏某泉、李某禾，共同共有。苏某泉的梅花牌手表1块及钻戒1枚由李某田保管中。苏某甲起诉请求，依法继承系争房屋中属于被继承人苏某泉的产权份额，及梅花牌手表1块和钻戒1枚。

思考问题：本案中，苏某甲有继承苏某泉遗产的权利吗？

主要内容

俗话说，清官难断家务事。的确，家务事涉及婚姻、家庭、收养、继承等诸多领域；家庭又是一个相对稳定且需要相对稳定的组织，在这样一个组织体中，柴米油盐酱醋茶、抬头不见低头见，感情伦理法律道德习俗交织，冲突似乎不可避免，如何妥当处理，只讲民法可能不行，但不学点民法可能也行不通。比如，敏感复杂的公婆关系如何处理？实践中，有不少人要求儿媳、女婿和女儿、儿子一样对待公婆、岳父母，如果达不到自己的要求，就抱怨指责，不仅没有促进家庭关系的和谐，反而关系更加僵化。事实上，我们要知道，按照民法典义务，一般情况下儿媳对公婆、女婿对岳父母没有法定赡养义务，也很难和女儿、儿子一样继承公婆、岳父母的遗产，因此，我们不能强制要求儿媳、女婿和女儿、儿子一样对待公婆、岳父母。当然，基于中国传统文化，良好家风养成，和谐美好家庭关系，倡导、鼓励儿媳、女婿善待公婆、岳父母是非常必要的。也就是说，在处理这一敏感、复杂关系时，要注意方式方法，少一点强制、必须，多一点尊重、鼓励。以下重点介绍如何处理夫妻等复杂关系及一些基本的婚姻家庭继承法律知识。

一、如何处理夫妻关系

（一）基本原则

夫妻关系主要涉及结婚、财产、债务和离婚四个方面。处理夫妻关系的关键是始终牢记男女平等、婚姻自由原则，这既是新中国成立之初改革旧婚姻制度的成果，也是新中国70多年来婚姻制度不断完善的一条主线。

1950年《婚姻法》第一条规定：废除**包办强迫、男尊女卑、漠视子女利益的封建主义婚姻制度**。实行男女**婚姻自由、一夫一妻、男女权利平等、保护妇

女和子女合法权益的新民主主义婚姻制度。要知道1950年《婚姻法》所废除的，恰恰是千百年封建婚姻家庭制度所体现出的极度不平等、不自由。

历史地看，2000多年来贯穿历朝历代始终的封建**聘娶婚制**，典型特点就是三从四德、父母之命、买卖婚姻，父母把儿女的婚姻当成买卖来做，婚后妻子可任由丈夫买卖。直至晚清和北洋政府，法律仍无视妇女对财产的继承权，妇女改嫁的，夫家财产仍要听前夫家的意见。即使到了民国民法，作为妻子没有姓名权、没有选择居住地的权利，也缺少教育子女权，父母对于未成年子女教育意见不一致时，父亲说了算。妇女要离婚很难。如妇女受到婆家虐待，但如果不至手脚折断，造成残疾，就不能申请离婚；而且即使手脚残废，但如果仅仅是婆婆所致，丈夫并未参与，也构不成请求离婚的理由。毛泽东在1930年的《寻乌调查》中还写道“**普通总是卖儿子，卖妻卖女的不经见**”。由此可见，1950年《婚姻法》的上述规定是对封建主义婚姻制度的根本性改变。从此之后的1980年婚姻法和今天的民法典，均坚持婚姻自由、一夫一妻、男女平等的婚姻制度。

民法典对婚姻平等、自由原则主要体现在“四不得”，即**不得强迫、不得干涉、不得欺诈、不得借婚姻索取财物。强扭的瓜不仅不甜，还违反法律规定。具体讲，一方面**，结婚应当**男女双方**完全自愿，不仅禁止一方对另一方实施**胁迫**，也不允许一方对另一方进行**欺诈**。这里所谓的胁迫，例如一方以给另一方或者其近亲属的生命、身体、健康、名誉、财产等方面造成损害为要挟，迫使另一方人违背真实意愿结婚。对于受胁迫或受欺诈的婚姻，受害一方有权申请撤销。《民法典》第一千零五十二条规定，因胁迫结婚的，受胁迫的一方可以向人民法院请求撤销婚姻。请求撤销婚姻的，应当自胁迫行为终止之日起一年内提出。被非法限制人身自由的当事人请求撤销婚姻的，应当自恢复人身自由之日起一年内提出。但受胁迫或者被非法限制人身自由的当事人请求撤销婚姻的，不适用民法典“应当自胁迫行为终止之日起一年内提出的”规定限制。婚姻法规定“患有医学上认为不应当结婚的疾病”禁止结婚，民法典更加尊重老百姓意愿，只是规定一方患有重大疾病的，应当在结婚登记前如实告知另一方；不如实告知的，另一方可以向人民法院请求撤销婚姻，还可以请求损害赔偿。就在民法典实施不久，北京发生了一例案件，因为未告知重大疾病，不仅解除了婚姻，还赔了5万元。**另一方面**，任何组织或者个人不得干涉他人的婚姻，借婚姻索取财物。现在，在一些落后农村地区，索取高额彩礼的现象还比较普遍。值得强调的是，这里的任何组织和个人不仅包括父母，也包括子女。也就是说，不仅父母不得干预子女的婚姻自由，子女也应当尊重父母的婚姻权利，不得干涉父母**离婚、再婚以及婚后的生活**。

最后，民法典规定了三种婚姻无效的情形，分别是重婚、有禁止结婚的亲属关系及未到法定婚龄。而有权向人民法院就已办理结婚登记的婚姻请求确认婚姻无效的主体，包括婚姻当事人及利害关系人。其中利害关系人包括：以重婚为由的，为当事人的近亲属及基层组织；以未到法定婚龄为由的，为未到法定婚龄者的近亲属；以有禁止结婚的亲属关系为由的，为当事人的近亲属。需要特别注意的是，在重婚的情形下，基层组织有权请求法院确认婚姻无效。

（二）夫妻财产

关于财产，如果看法律规定，确实比较复杂。其实，只要把握两点即可。

第一点，民法有一个基本原则——自愿，这一原则在夫妻财产方面的表现就是尊重夫妻的约定。也就是说，夫妻的财产归属，有约定的，按照约定。双方可以约定**婚姻关系存续期间所得的财产**以及**婚前财产**归各自所有、共同所有或者部分各自所有、部分共同所有。只不过，约定应当采用书面形式。

第二点，如果没有约定，记住哪些是个人财产，剩下的就是共同财产。个人财产主要是四类：一方的婚前财产，一方因受到人身损害获得的赔偿或者补偿，遗嘱或者赠与合同中确定只归一方的财产，一方专用的生活用品。这里特别需要强调的是遗嘱或者赠与合同中确定只归一方的财产。此外，军人的伤亡保险金、伤残补助金、医药生活补助费属于个人财产。前不久，有朋友问我，他说儿子结婚前他花了 200 多万元买了一套房子，儿子结婚后办了房产证，证书上记载了小两口的名字，可刚结婚不久小两口就闹离婚，法院能判房子归儿子吗？我说，你给儿子买房，属于赠与，产权登记在小两口名下，显然不能说你只赠与了儿子一方，民法典规定遗嘱或者赠与合同中确定只归一方的财产属于个人财产，你这种情况显然不是。现在很多父母为子女出资购置房屋或汽车等重要财产。对于这些财产的归属，父母如果只希望自己的子女享有所有权，最好通过赠与合同明确约定只归自己的子女，并在相应的产权登记中予以落实。另外，如果父母有只让自己的子女继承其遗产的意愿，也应当通过遗嘱明确指定遗产只归自己的子女。如果没有明确约定或指定，继承或者受赠的财产为共同财产。知道了哪些属于个人财产，共同财产的范围也就基本清楚了，比如，夫妻在婚姻关系存续期间所得的工资、奖金、劳务报酬；生产、经营、投资的收益，包括一方以个人财产投资取得的收益；知识产权的收益等。实践中，管理夫妻共同财产的一方往往要求另一方上交工资、奖金等，这从工资奖金归共同财产的角度看是有道理的。还有，虽然婚前的财产为一方的个人财产，但是，生产、经营、投资的收益为共同财产，即使投资行为发生在婚前，只要收益产生于婚内，就归夫妻共同财产，当然，孳息和自然增值除外。此外，男女双方实际取得或者应当取得的住房补贴、住房公积金、基本养老金、破产安置补偿费为共同财产。还有，由一方婚前承租、婚后用共同财产购买的房屋，登记在一方名下的，应当认定为夫妻共同财产。

关于夫妻财产，特别强调以下几点：

第一，如前介绍，现在很多父母为子女出资购置房屋或汽车等重要财产。对于这些财产的归属，实践中发生了不少纠纷。关于房产的归属，最高人民法院的司法解释明确规定：当事人结婚前，父母为双方购置房屋出资的，该出资应当认定为对自己子女个人的赠与，但父母明确表示赠与双方的除外。当事人结婚后，父母为双方购置房屋出资的，依照约定处理；没有约定或者约定不明确的，为夫妻共同财产。或许很多父母并不习惯用书面约定的方式处理财产归属，因此，房屋产权的登记就显得尤为重要，不管是婚前购置的房产，还是婚后购置的房产。

第二，实践中很多夫妻共同的房屋登记在一方名下，这种做法是有一定风险的。因为，如果房产证上有姓名的这一方未经另一方同意擅自处分房产（很可能还伴随挥霍转让款），这时如果买方并不知道该房属于夫妻共同财产，而且支付了合理对价并已办理不动产登记，房产证上没有姓名的这一方是无法追回房屋的，只有在离婚时，可以请求赔偿损失（如果有损失的话）。

第三，婚姻关系存续期间，可以向法院请求分割共同财产的情形只有两种，一是一方有隐藏、转移、变卖、毁损、挥霍夫妻共同财产或者伪造夫妻共同债务等严重损害夫妻共同财产利益的行为；二是一方负有法定扶养义务的人患重大疾病需要医治，另一方不同意支付相关医疗费用。当然，这里讲的是向法院通过诉讼的方式请求分割共同财产，如果双方协议分割，自无问题。

第四，夫妻一方婚前签订不动产买卖合同，以个人财产支付首付款并在银行贷款，婚后用夫妻共同财产还贷，不动产登记于首付款支付方名下的，离婚时该不动产由双方协议处理。不能达成协议的，法院一般会将该不动产判归登记一方，尚未归还的贷款为不动产登记一方的个人债务。双方婚后共同还贷支付的款项及其相对应财产增值部分，离婚时，法院会按照照顾子女、女方和无过错方权益的原则，判决由不动产登记一方对另一方进行补偿。

第五，婚姻关系存续期间，双方用夫妻共同财产出资购买以一方父母名义参加房改的房屋，登记在一方父母名下，离婚时另一方不得主张按照夫妻共同财产对该房屋进行分割。购买该房屋时的出资，可以作为债权处理。

（三）夫妻债务

夫妻债务可区分为共同债务和个人债务，我们只要明白了哪些是共同债务，也就知道了哪些是个人债务。夫妻共同债务主要有三类：

第一类，夫妻双方共同明确认可的债务。这包括共同签字所负的债务，也包括夫妻一方所负的债务，另一方事后追认的。

第二类，夫妻一方在婚姻关系存续期间，以个人名义为日常家庭生活需要所负的债务。何为“日常家庭生活需要”，有些可能很容易判断，有些则不然，因为不同的家庭收入不同、生活方式不同，消费结构也有很大不同。民间有一种说法，“吃饭穿衣量家当”，就是说消费要与收入差不多。因此，举债数额是判断是否属于日常家庭生活的关键因素，一般情况下，为日常家庭生活需要所负的债务不应超过家庭年收入过多。

第三类，债权人能够举证证明该债务用于共同生活、共同生产经营等。

关于夫妻债务，1950 年《婚姻法》第二十四条规定，离婚时，原为夫妻共同生活所负担的债务，以共同生活时所得财产偿还；如无共同生活时所得财产或共同生活时所得财产不足清偿时，由男方清偿。男女一方单独所负的债务，由本人偿还。1980 年《婚姻法》基本延续了 1950 年《婚姻法》的规定，其第三十二条规定，离婚时，原为夫妻共同生活所负的债务，以共同财产偿还。如该项财产不足清偿时，由双方协议清偿；协议不成时，由人民法院判决。男女一方单独所负债务，由本人偿还。2001 年《婚姻法》第十九条第三款规定，夫妻对婚姻关系存续期间所得的财产约定归各自所有的，夫或妻一方对外所负的债务，第三人知道该约定的，以夫或妻一方所有的财产清偿。第四十一条规定，离婚时，原为夫妻共同生活所负的债务，应当共同偿还。共同财产不足清偿的，或财产归各自所有的，由双方协议清偿；协议不成时，由人民法院判决。2003年《最高人民法院关于适用〈中华人民共和国婚姻法〉若干问题的解释（二）》（以下简称《婚姻法司法解释（二）》）第二十四条规定："债权人就婚姻关系存续期间夫妻一方以个人名义所负债务主张权利的，应当按夫妻共同债务处理。但夫妻一方能够证明债权人与债务人明确约定为个人债务，或者能够证明属于婚姻法第十九条第三款规定情形的除外。"2017年2月28日，最高人民法院公布《最高人民法院关于适用〈中华人民共和国婚姻法〉若干问题的解释（二）的补充规定》，在《婚姻法司法解释（二）》第二十四条的基础上增加两款，分别作为该条第二款和第三款，内容是：夫妻一方与第三人串通，虚构债务，第三人主张权利的，人民法院不予支持。夫妻一方在从事赌博、吸毒等违法犯罪活动中所负债务，第三人主张权利的，人民法院不予支持。由此可见，夫妻一方所负债务的法律规定，除了基于共同生活所负债务以外，基本经历了个人负担，到共同负担，再到民法典的个人负担的发展历程。

应该说，民法典对夫妻债务的规定对我们的生活影响不小。从风险防范的角度讲，民法典实施后给已婚的他（她）人借钱，一定要考虑这笔钱借给他（她）之后，究竟他（她）是以家庭共同财产保证偿还，还是仅仅以个人财产保证偿还。如果数额比较大，还有必要问一下借款的用途。当然，从日常生活观念及证据的角度来讲，了解所借款项的支付收款方或去向也对判断是否属于夫妻共同债务具有重要意义。

（四）关于离婚

离婚有协议离婚和诉讼离婚两种形式。协议离婚就是好聚好散，双方对子女抚养、财产以及债务处理等事项协商一致，签订了书面离婚协议。如果双方无法达成书面离婚协议，只能通过诉讼途径离婚。

协议离婚的，夫妻双方需亲自到婚姻登记机关申请离婚登记。之所以法律要求夫妻双方需亲自到婚姻登记机关申请离婚登记，是因为离婚和结婚这样的身份行为是不允许代理的。

为了防止现实中存在的各种草率离婚，民法典专门增加规定了离婚"冷静期”制度，即自婚姻登记机关收到离婚登记申请之日起30日内，任何一方不愿意离婚的，可以向婚姻登记机关撤回离婚登记申请。这里的“30日”即为冷静期，而30日“冷静期”届满后30日内，双方应当再亲自到婚姻登记机关申请发给离婚证；未申请的，视为撤回离婚登记申请。可以说，在民法典实施之前，可以闪婚闪离，现在可以闪婚，但不能闪离。

诉讼离婚的，在什么情况下法院会判离呢？民法典规定如果感情确已破裂，调解无效的，应当准予离婚。何为“感情确已破裂”？以下几种情况法律明确规定应当准予离婚：重婚或者与他人同居；实施家庭暴力或者虐待、遗弃家庭成员；有赌博、吸毒等恶习屡教不改；因感情不和分居满二年；一方被宣告失踪，另一方提起离婚诉讼；第一次离婚诉讼判决不准离，双方又分居满一年，一方再次提起离婚诉讼。

诉讼离婚需要注意的事项有：一是现役军人的配偶要求离婚，应当征得军人同意，但是军人一方有重大过错的除外。二是女方在怀孕期间、分娩后一年内或者终止妊娠后六个月内，男方不得提出离婚；但是，女方提出离婚或者人民法院认为确有必要受理男方离婚请求的除外。三是离婚时，夫妻的共同财产由双方协议处理；协议不成的，由人民法院根据财产的具体情况，按照照顾子女、女方和无过错方权益的原则判决。四是有下列情形之一，导致离婚的，无过错方有权请求损害赔偿：（1）重婚；（2）与他人同居；（3）实施家庭暴力；（4）虐待、遗弃家庭成员；（5）有其他重大过错。五是夫妻一方隐藏、转移、变卖、毁损、挥霍夫妻共同财产，或者伪造夫妻共同债务企图侵占另一方财产的，在离婚分割夫妻共同财产时，对该方可以少分或者不分。离婚后，另一方发现有上述行为的，可以向人民法院提起诉讼，请求再次分割夫妻共同财产。

关于离婚财产分割，基本的规定是由双方协议处理；协议不成的，由人民法院根据财产的具体情况，按照**照顾子女、女方和无过错方**权益的原则判决。谁是过错方？**重婚、与他人同居、实施家庭暴力、虐待遗弃家庭成员，以及隐藏、转移、变卖、毁损、挥霍**夫妻共同财产，或者**伪造夫妻共同债务**企图侵占另一方财产。实践中，经常有朋友问我，说夫妻关系不好准备离婚或者已经提起离婚诉讼，另一方**隐藏、转移、变卖、毁损、挥霍**夫妻共同财产，或者**伪造夫妻共同债务，**你说该怎么办？我说关键是要掌握好证据，因为出现这种情况，法律规定在夫妻共同财产分割时可以少分或者不分。即使离婚后发现有这些行为，也可以起诉请求再次分割夫妻共同财产。至于因重婚、与他人同居、实施家庭暴力、虐待遗弃家庭成员等导致离婚的，不仅会影响共同财产分割，无过错方还有权请求损害赔偿。需要注意的是，民法典特别规定，夫妻一方因抚育子女、照料老年人、协助另一方工作等负担较多义务的，离婚时有权向另一方请求补偿，另一方应当给予补偿。

关于子女抚养，重点内容有：一是基本的原则是：不满 2 周岁的子女，以由母亲直接抚养为原则；已满 2 周岁的子女，父母双方对抚养问题协议不成的，由人民法院根据双方的具体情况，按照最有利于未成年子女的原则判决；子女已满 8 周岁的，应当尊重其真实意愿。关于双方抚养子女的条件，如果父母抚养子女的条件基本相同，双方均要求直接抚养子女，但子女单独随祖父母或者外祖父母共同生活多年，且祖父母或者外祖父母要求并且有能力帮助子女照顾孙子女或者外孙子女的，可以作为父或者母直接抚养子女的优先条件予以考虑。抚养费的数额，可以根据子女的实际需要、父母双方的负担能力和当地的实际生活水平确定。二是抚养费的标准。有固定收入的，抚养费一般可以按其月总收入的 20% 至 30% 的比例给付。负担两个以上子女抚养费的，比例可以适当提高，但一般不得超过月总收入的 50%。无固定收入的，抚养费的数额可以依据当年总收入或者同行业平均收入，参照上述比例确定。有特殊情况的，可以适当提高或者降低上述比例。三是子女的抚养关系可以变更，除了抚养人抚养能力客观变化、抚养态度恶化导致的变更以外，已满 8 周岁的子女，愿随另一方生活，而该方又有抚养能力的，可以请求法院变更抚养关系。四是父母不得因子女变更姓氏而拒付子女抚养费。父或者母擅自将子女姓氏改为继母或继父姓氏而引起纠纷的，应当责令恢复原姓氏。

二、如何处理家庭关系

说到家庭，民法典特别规定，家庭应当**树立优良家风，**弘扬家庭美德，重视家庭文明建设。那么，**谁是家庭成员**。有不少表格要求填写家庭成员，按照民法典规定，配偶、父母、子女和其他共同生活的近亲属为家庭成员，而近亲属包括配偶、父母、子女、兄弟姐妹、祖父母、外祖父母、孙子女、外孙子女，因此家庭成员只能是近亲属范围中的某些人。需要注意的是，配偶、父母、子女作为家庭成员不以共同生活为条件，比如，孩子在国外留学，父母在千里之外的老家生活，这不影响他们是我的家庭成员。但其他近亲属要成为家庭成员需要共同生活这一条件。

除夫妻关系外，重要的家庭关系是父母子女关系。父母子女关系相对好处理，但有时候或者在特定阶段也比较头疼。青春期的孩子可能会对父母说你不要管我了。这时候你该怎么办呢？能不管吗？但你直接说我就要管你效果好吗？其实，民法典规定父母对未成年子女负有抚养、教育和保护的义务。这些义务是不能放弃的，因此必须管，但管的方法是否妥当需斟酌，因为家庭成员之间是平等的。如果你对孩子说，不是我要管你，而是法律规定的义务我不能放弃，这样效果可能会好点，毕竟现在的孩子对法律还是有敬畏之心的。另外，与父母对未成年子女的抚养、教育、保护三项义务相对，成年子女对父母也有赡养、扶助和保护的三项义务。**父母子女关系还有一个值得关注的，就是亲子关系的认定，**民法典规定，对亲子关系有异议**且有正当理由的**，父或者母可以起诉请求**确认或者否认**亲子关系。对亲子关系有异议且有正当理由的，**成年子女**可以起诉请求**确认亲子关系。注意，成年子女只能请求确认亲子关系，而不能请求否认亲子关系。**

家庭关系还有一项重要内容，即收养。找谁收养，也就是说谁可以送养；收养谁，也就是谁可以被收养；收养人应当具备哪些条件等，民法典都有明确规定。这里特别强调一下**死亡一方父母的优先抚养权。**配偶一方死亡，另一方送养未成年子女的，死亡一方的父母有优先抚养的权利。实践中争夺孩子抚养权的案例不少，虽然在子女去世的情况下，爷爷奶奶或姥爷姥姥无权和儿媳妇、女婿争孩子的抚养权，但如果儿媳妇或儿子送养其子女的，爷爷奶奶或姥爷姥姥有优先权。

需要指出的是，旧中国买卖孩子名义上不说“卖”而说“过继”，但大家都认为是买卖。今天，仍有以收养名义买卖儿童的，这是前不久发布的《中国儿童发展纲要（2021—2030 年）》明确提出要有效防范和严厉打击的。

家庭关系中，还有一项值得关注的内容，就是其他家庭成员之间是否有扶养、赡养、抚养义务。生活中经常有人问兄弟姐妹之间是否有扶养义务这样的问题。其实，兄弟姐妹之间，祖父母、外祖父母与孙子女、外孙子女之间的扶养、赡养、抚养义务的存在是有诸多条件限制的。比如，父母死亡或无力抚养、自己有负担能力等。也就是说，一般情况下兄弟姐妹之间，祖父母、外祖父母与孙子女、外孙子女之间是没有扶养义务的。

三、如何处理继承关系

现代人财富积累越来越多，因继承引发的矛盾也不少。继承关系的处理，涉及两个方面的问题，一个是作为继承人如何继承财产，另一个是作为被继承人如何妥当安排“后事”。

我们先看第一个问题。家里老人去世了，该如何处理遗产？民法典坚持自愿原则，尊重老百姓的自主安排，如果老人留有遗嘱且遗嘱有效，按遗嘱继承。如果没有遗嘱或者遗嘱无效，就按法律规定继承。这时，主要应关注以下几点：**一是继承的对象是遗产**。因此，很多情况下首先需要将被继承人的遗产从夫妻财产或家庭财产中分割出来。我们常听说要先将夫妻财产拿出一半就是这个道理。**二是看谁有权继承**。法律规定的第一顺序继承人有配偶、子女、父母，如果子女先于老人死亡的，由子女的**直系晚辈血亲**代位继承，比如由孙子代他父母的位置继承爷爷奶奶姥爷姥姥的遗产。此外，被继承人的丧偶儿媳对公婆，丧偶女婿对岳父母，尽了主要赡养义务的，作为第一顺序继承人。如果没有第一顺序继承人，或者第一顺序继承人被剥夺继承权，或者放弃继承权，则由第二顺序继承人继承，第二顺序继承人有兄弟姐妹、祖父母、外祖父母，如果兄弟姐妹先死亡的，由兄弟姐妹的子女代位继承，也就是说外甥、侄子侄女代其父母继承。**三是遗产的处理**。原则上同一顺序继承人继承遗产的份额，一般应当均等。但对**生活有特殊困难又缺乏劳动能力**的继承人，**应当**照顾；对被继承人尽了主要扶养义务或者**与被继承人共同生活的继承人，可以**多分；而对有扶养能力和有扶养条件的继承人，不尽扶养义务的，**应当**不分或者少分。

此外，我们要学会用遗嘱处理遗产。实践中，因为没有对后事事先安排妥当引发的家庭矛盾太多了，我也见过不少父母子女之间、兄弟姐妹之间因为争夺遗产而对簿公堂、反目成仇的案例。如果不提前安排妥当，财富多了不一定是好事。订立遗嘱，需要注意以下几点：一是遗嘱的种类包括自书遗嘱、代书遗嘱、打印遗嘱、录音录像遗嘱、口头遗嘱、公证遗嘱，都有不同的要求。二是遗嘱的形式有严格要求，比如，打印遗嘱不仅要求有两个以上的见证人见证，还要求遗嘱人和见证人应当在遗嘱每一页签名，注明年、月、日。三是除了自书遗嘱、公证遗嘱之外的遗嘱都需要有两个以上见证人在场见证，而见证人一定是无利害关系之人。四是公证遗嘱不再有优先效力，立有数份遗嘱，内容相抵触的，以最后的遗嘱为准。所以，以后即使有公证遗嘱，也不能保证实际能够继承遗产。从不动产登记部门的角度看，民法典的这一个制度变革对登记部门带来了不小挑战。民法典实施之前，只要有公证遗嘱，不动产登记部门就可以办理不动产过户登记。而现在，严格讲，即使继承人以公证遗嘱办理不动产登记过户手续，登记部门依然可能面临登记错误赔偿的风险。而对于非公证遗嘱继承，过去的做法是要求所有继承人到不动产登记部门接受询问、签署有关文件，但这会给老百姓办理不动产继承过户登记带来不便。如何协调遗嘱继承乃至继承不动产登记安全和老百姓办事便利之间的关系，的确需要探讨更好的办法。

最后，关于继承再强调几点：一是，无人继承又无人受遗赠的遗产，归国家所有，用于公益事业；死者生前是集体所有制组织成员的，归所在集体所有制组织所有。二是，民法典规定了遗产管理人制度，继承开始后，遗嘱执行人为遗产管理人；没有遗嘱执行人的，继承人应当及时推选遗产管理人；继承人未推选的，由继承人共同担任遗产管理人；没有继承人或者继承人均放弃继承的，由被继承人生前住所地的民政部门或者村民委员会担任遗产管理人。对遗产管理人的确定有争议的，利害关系人可以向人民法院申请指定遗产管理人。遗产管理人应当依法履行职责，因故意或者重大过失造成继承人、受遗赠人、债权人损害的，应当承担民事责任。遗产管理人可以依照法律规定或者按照约定获得报酬。

四、如何依法收养

（一）送养人、被收养人和收养人的资格

孤儿的监护人、儿童福利机构和有特殊困难无力抚养子女的生父母可以作为送养人。未成年人的父母均不具备完全民事行为能力且可能严重危害该未成年人的，该未成年人的监护人可以将其送养。

丧失父母的孤儿、查找不到生父母的未成年人和生父母有特殊困难无力抚养的未成年子女可以被收养。

收养人一般应当同时具备下列条件：（1）无子女或者只有一名子女；（2）有抚养、教育和保护被收养人的能力；（3）未患有在医学上认为不应当收养子女的疾病；（4）无不利于被收养人健康成长的违法犯罪记录；（5）年满30周岁。

（二）收养的特殊限制

无子女的收养人可以收养两名子女；有子女的收养人只能收养一名子女。收养孤儿、残疾未成年人或者儿童福利机构抚养的查找不到生父母的未成年人，可以不受收养子女或自己子女数量的限制。

有配偶者收养子女，应当夫妻共同收养。无配偶者收养异性子女的，收养人与被收养人的年龄应当相差40周岁以上。

配偶一方死亡，另一方送养未成年子女的，死亡一方的父母有优先抚养的权利。

收养人、送养人要求保守收养秘密的，其他人应当尊重其意愿，不得泄露。

（三）收养的成立与生效

收养应当向县级以上人民政府民政部门登记。收养关系自登记之日起成立。收养关系当事人各方或者一方要求办理收养公证的，应当办理收养公证。

自收养关系成立之日起，养父母与养子女间的权利义务关系，适用民法典关于父母子女关系的规定；养子女与养父母的近亲属间的权利义务关系，适用民法典关于子女与父母的近亲属关系的规定。

养子女与生父母以及其他近亲属间的权利义务关系，因收养关系的成立而消除。

总之，婚姻家庭深受风俗习惯、传统观念影响。一些不好的风俗习惯、传统观念至今还影响着我们法律的实施效果。比如，1950年《婚姻法》规定禁止买卖婚姻、禁止借婚姻索取财物已有70多年了，但高额彩礼的问题依然存在。历史上限制妇女继承的规定，今天还影响到农村妇女承包土地的权利。**处理家务事，不能全靠民法，但绝对不能忽视民法。**

案例解析

案例一：

首先，需要说明的是，张某的父亲是王某的公公，根据民法典，王某对其公公无法定赡养义务，王某的公公也不是王某的家庭成员，因此，王某不同意支付巨额医疗费用从法律上讲也无可厚非。

其次，张某对其父亲有法定赡养义务，张某提出以家庭共有的另一套商品房的变卖款为父亲治病诚属正当。

最后，以往的法律并未对这种复杂情况提供明确的解决办法。民法典对此作了回应，即该法第一千零六十六条规定，婚姻关系存续期间，有下列情形之一的，夫妻一方可以向人民法院请求分割共同财产：（1）一方有隐藏、转移、变卖、毁损、挥霍夫妻共同财产或者伪造夫妻共同债务等严重损害夫妻共同财产利益的行为；（2）一方负有法定扶养义务的人患重大疾病需要医治，另一方不同意支付相关医疗费用。

值得进一步强调的是，民法典是社会生活的百科全书，这部法典为我们提供了丰富的解决复杂疑难问题的思路或具体办法。我们学习民法典不仅仅是为了守法，更重要的是要学会善于运用民法为我们提供的选择机会和方法更好地安排生活、解决矛盾纠纷。或许民法典为我们提供的解决办法不是最好的，但至少是能够为社会大众所普遍接受的，因为法律本身就是社会大众共同意志的产物。

案例二：

首先，民法典在遗嘱的形式和效力方面的确有比较大的改变。在遗嘱的形式方面，在原来继承法规定的口头遗嘱、自书遗嘱、代书遗嘱、录音遗嘱和公证遗嘱的基础上，增加规定了打印遗嘱和录像遗嘱，使得立遗嘱人有了更多的选择。在遗嘱的效力上，《继承法》第二十条第二款规定，立有数份遗嘱，内容相抵触的，以最后的遗嘱为准。第三款规定，自书、代书、录音、口头遗嘱，不得撤销、变更公证遗嘱。由此确立了公证遗嘱相对于其他遗嘱的优先效力。

但民法典改变了这一规则，其第一千一百四十二条只是规定，立有数份遗嘱，内容相抵触的，以最后的遗嘱为准，从而取消了公证遗嘱的优先效力。

其次，虽然民法典改变了遗嘱的效力规则，使得公证遗嘱的优先效力丧失，但民法典于 2021 年 1 月 1 日生效。按照法不溯及既往的原则，对于民法典生效之前所立的数份遗嘱，如果内容相抵触且有公证遗嘱的，当然应当按照继承法的规定确定遗嘱的效力。但问题是，在民法典实施后，李某的母亲仍有可能立新遗嘱。如果民法典实施之前的公证遗嘱和民法典实施之后的其他遗嘱内容相抵触，公证遗嘱并不当然具有优先效力。

最后，民法典的配套制度正在不断建设中，目前实践的做法是，只要有公证遗嘱，不动产登记部门就会办理不动产过户登记。如果遗嘱没有经过公证，需要所有继承人到场。这种做法在民法典实施之前固然没有问题，但在今天，这样操作是有一定风险的。本案中，李某如果要确保她所持有的公证遗嘱得以顺利执行，避免日后的矛盾纠纷，还可以在其母亲判断能力缺乏时申请认定其母亲为限制行为能力人或无行为能力人，因为按照民法典，无民事行为能力人和限制民事行为能力人所立的遗嘱无效。

案例三：苏某甲诉李某田等法定继承纠纷案

法院审理认为，苏某泉生前未立遗嘱，也未立遗赠扶养协议，故苏某泉的遗产应由其继承人按照法定继承办理。苏某甲系苏某泉姐姐苏某乙的养子女，在苏某乙先于苏某泉死亡且苏某泉的遗产无人继承又无人受遗赠的情况下，根据《最高人民法院关于适用〈中华人民共和国民法典〉时间效力的若干规定》第十四条，适用《民法典》第一千一百二十八条第二款和第三款的规定，苏某甲有权作为苏某泉的法定继承人继承苏某泉的遗产。另外，李某田与苏某泉长期共同居住，苏某泉生病在护理院期间的事宜由李某田负责处理，费用由李某田代为支付，苏某泉的丧葬事宜也由李某田操办，相较苏某甲，李某田对苏某泉尽了更多的扶养义务，故李某田作为继承人以外对被继承人扶养较多的人，可以分得适当遗产且可多于苏某甲。对于苏某泉名下系争房屋的产权份额和梅花牌手表 1 块及钻戒 1 枚，法院考虑到有利于生产生活、便于执行的原则，判归李某田所有并由李某田向苏某甲给付房屋折价款人民币 60 万元。

本案的典型意义有二：一是本案属于甥侄代位继承的典型案例。民法典之前的继承制度只认可被继承人的子女先于被继承人死亡的，由被继承人的子女的直系晚辈血亲代位继承。民法典考虑到目前单身比较多或者即使结婚不愿生育孩子的也比较多的国情，增加规定被继承人的兄弟姐妹先于被继承人死亡的，由被继承人的兄弟姐妹的子女代位继承。二是继承人之外的人对被继承人扶养较多的，可以适当分得遗产。

第八讲　攸关权利“生命”的时间

金句名言

法律帮助勤勉人，不帮睡眠人。

——西方法谚

有些权利也有“保质期”，不是年份越久，权利的成色越足。

要点提示

- 民法典有不少时间的规定。这些时间规定对于权利的保护和实现意义重大。时间过了，可能权利就消灭了，也可能权利还在，但却得不到法院的保护。因此，在民法典的世界里，“有权不使，过期作废”也可能“成立”。
- 民法典规定的时间主要是两类，一类是诉讼时效，一类是除斥期间。诉讼时效是可变期间，可以中止、中断、延长；除斥期间是不变期间。
- 诉讼时效有一般诉讼时效、特殊诉讼时效和最长诉讼时效之分。民法通则规定的一般诉讼时效期间是二年，民法典将这一期间延长为三年，这是一个重大变化。
- 民法通则规定诉讼时效期间从知道或者应当知道权利被侵害时起计算，民法典规定诉讼时效期间自权利人知道或者应当知道权利受到损害以及**义务人**之日起计算。这一改变非常有利于保护权利人，因为如果不知道义务人，受害人无法提起诉讼保护自己的权利。此外，未成年人遭受性侵害的损害赔偿请求权的诉讼时效期间，自受害人年满 18 周岁之日起计算。

- 在诉讼时效期间的最后六个月内，发生不可抗力导致权利人不能行使请求权的，诉讼时效中止。
- 权利人向义务人提出履行请求、义务人同意履行义务、权利人提起诉讼或者申请仲裁等可使诉讼时效中断，诉讼时效中断后，时效期间重新计算。当然，是否出现导致诉讼时效中断的事由，需要证据证明，这就意味着权利人需注意收集并妥当保存可证明时效中断的证据。
- 诉讼时效届满的后果是：义务人可以提出不履行义务的抗辩，但法院不得主动适用诉讼时效的规定；诉讼时效期间届满后，义务人同意履行的，不得以诉讼时效期间届满为由抗辩；义务人已自愿履行的，不得请求返还。

讨论案例

案例一：张某“有权不使，过期作废”案[①]

2015 年 8 月 15 日，张某与某房地产开发公司签订预售合同（合同文本由开发公司提供），约定除不可抗力外，2015 年 12 月 31 日前交房。同时合同补充条款又约定：2015 年 12 月 31 日前将该房屋交付，除不可抗力及其他出卖方难以预计的客观情况外，客观情况包括但不限于非因出卖方原因导致的以下情况：供水、供电、煤气、排水、通信、网络、道路等公共配套设施的延误、规划调整导致的工程推延、政府政策变化等。还约定，本合同所指不可抗力的范围包括自然灾害、恶劣天气、政府行为、因市政配套的批准与安装、重大工程技术难题以及其他无法预见、无法避免或控制、无法克服的事件和情况等。2016 年 7 月 1 日，开发公司交房。之后，张某以开发公司延迟交房为由诉请支付违约金，但开发公司认为施工过程中出现的小区沿河道路和煤气配套公共管道安装和对接的问题，属于合同约定的“不可抗力”，因此，开发公司不属于逾期交房。经查，系争房屋所在小区的燃气管道外管工程于 2015 年 3 月 23 日

---

① 《最高人民法院公报案例（2019 年第 5 期）》，参见鹤岗市向阳区法院网：http://hgxy.hljcourt.gov.cn/public/detail.php？ id=1792，2022 年 3 月 12 日访问。

由上海市奉贤区金汇镇人民政府与燃气公司签订合同，施工期限为90天，由于属地村民为管道建设用地和该小区配套道路建设等要求办理镇保，阻挠施工，该工程不能如期完成。2016年2月16日，上海市奉贤区金汇镇人民政府召开协调会进行协调，工程得以顺利进行。2016年4月20日，燃气管道外管工程竣工验收。2016年5月9日，燃气公司出具合格证明。2016年6月2日，开发公司取得上海市建设工程规划验收合格证。2016年7月1日，开发公司取得上海市新建住宅交付使用许可证。

思考问题：本案合同中有关开发公司免责的约定有效吗？

案例二：20年前的借款还能要回吗？

张某因养殖花蛤需要资金，分别于1994年1月12日和12月7日向王某借款2万元、1万元，约定半年后还本付息，并出具借条两份。在此之后，张某除在1994年农历腊月三十日偿还给王某借款本金1万元外，再未还本付息。2015年9月15日，王某向法院提起诉讼，请求张某偿还本息。

思考问题：王某的请求能得到法院的保护吗？

主要内容

我们常说“时间就是生命”“时间就是金钱”，其实，时间的经过不仅可以挽救生命、创造财富，还可以减轻或免除责任，使权利丧失“生命”或者不再受法院的保护。

一、从历史上相关制度看时间对于责任追究的意义

中国古代有保辜制度，伤害案件发生后，如果被害人没有当下死亡，加害人在法定期限内积极救助被害人，保证被害人不出现更为严重的伤害后果。在这种情况下，如果被害人在法定期限内死亡的，对加害人以杀人罪论处；被害人在法定的期限内没有死亡，或者是因为其他原因死亡以及在法定的期限外死亡的，就以伤害罪论处。保辜制度表明，时间的经过对罪行的轻重有重要意义。

古罗马《儒里亚法》规定通奸罪经过五年不再追究。之后罗马法又规定，

侵犯个人利益的犯罪经过 1 年不再追究，侵犯社会利益的犯罪经过 5 年不再追究，侵犯国家利益的犯罪经过 20 年不再追究。但极其重要的犯罪除外。

日本在 17 世纪、18 世纪的江户时代出现了“旧恶”制度，除了严重犯罪外，过了一定期限的“旧恶”一笔勾销、不再追究。

几年前，美国华盛顿州野生动物管理局收到一位名叫罗伊的人的来信。他在信中说，在 1967 年至 1970 年期间，他非法猎杀了 3 只白尾鹿。随着生命接近尽头，他的内心也越来越难以平静，赶在临终前，主动向野生动物管理局坦白自己的罪行，并愿意接受惩罚。管理局的官员收到信后，立即与罗伊取得了联系，并告诉罗伊，非法猎杀白尾鹿的确有罪，但该罪的时效已过，他不会因此受罚。

今天，我国的刑法针对不同严重程度的犯罪规定了不追究刑事责任的不同期限，这叫追诉时效。根据《刑法》规定，犯罪经过下列期限不再追诉：（1）法定最高刑为不满五年有期徒刑的，经过五年；（2）法定最高刑为五年以上不满十年有期徒刑的，经过十年；（3）法定最高刑为十年以上有期徒刑的，经过十五年。行政处罚法也规定了违法行为经过一定期限后不再处罚，这叫处罚时效，民法典则规定了权利保护的诉讼时效。

为什么经过一定期限后，违法甚至犯罪可能不再追究，享有的权利可能得不到法律的保护。对于违法犯罪而言，生活经验和科学研究告诉我们，没有人能够不受时间限制持续地维持自己曾经体验到的愉悦和悲伤，由违法行为引起的印象在经过一段时间之后便会淡化，为其他的印象所覆盖并最终消逝；受到不法侵害的被害人及其亲属的复仇欲望逐渐会被接受现实的情感所取代，此时**旧事重提所造成的痛楚更甚于沉默地原谅**；在违法犯罪实施一段时间之后，行为人自己也会认为相应的罪行已经成为旧日往事。对于权利保护来说，权利如果不积极主张权利，在普通人的观念中就意味着没有必要给予保护。正如法律谚语所讲“法律不保护躺在权利上睡大觉的人”。

我们常说“有权不使，过期作废”，这里的“权”当然不是民事权利。只是，有些民事权利真有“保质期”，而不像白酒那样，年份越久越香。正如法律谚语所讲，法律不保护权利上的睡眠者。实践中，有不少人就是因为不了解或者不重视民法的时间规定，导致权利过期作废或者无法得到法律的保护。

民法典有关时间的规定不少，最值得我们老百姓关注的有三点，分别是诉讼时效、除斥期间和期间的计算。下面依次介绍。

二、诉讼时效

在实践中，经常碰到这样的场景：我给你借10万元，约定半年内还，时间到了你没有还，碍于朋友情面我没好意思要，过了一年时间，你看见我了，说实在不好意思，现在手头紧，等以后有钱了我一定尽快还。时间又过了一年，我还是没好意思催，可是有一天，家里老人生病，急需一笔钱，于是我硬着头皮再次向你要，没想到你电话不接，人都找不见了。一气之下，我把你告到法院，你咨询律师后得知，原来可以主张这笔债务已过法律规定的诉讼时效，既然你把我告到法院了，那实在对不起，这钱我不还了。我气得实在受不了，也咨询律师，律师说你曾经答应过要还钱，这时诉讼时效中断，重新起算，因此，时效还没有经过。但没想到，我在法庭上说你曾经答应过要还钱时，你矢口否认，说你有证据吗？的确，我没有证据，当时你就是当着我的面说的，没有发短信，那时还没有微信。打官司在一定程度上就是打证据，既然拿不出证据，法院判我败诉，驳回了我的诉讼请求。对此，我只好自认倒霉。实践中，类似这样的场景不少，很多人刚开始基于朋友关系不好意思要，等好意思要时，没想到对方已经"好意思"不还了。或者不懂得通过发送书面正式函件催讨债款，只是电话催要、口头催要，或者相信对方电话、口头承诺还钱，没想到真正到法院后，连一页纸都拿不出，钱要不回来不说，还搭进去了诉讼费、律师费，耗费了时间精力，气得半死不活。

当然，有必要强调的是，民法典将普通诉讼时效期间延长为3年，最长诉讼时效期间依然为20年。虽然3年比过去的2年多了1年，但是如果不认真对待，3年一晃也就过去了。

上述例子说明，诉讼时效就是权利受到侵害后，如果在法定期间内持续不行使权利，义务人就取得不履行义务的抗辩权。也就是说，诉讼时效经过的，你虽然有权向债务人提出请求，也有权向法院起诉，但债务人可以不履行，也可以在法院以诉讼时效经过为由予以抗辩，这就意味着，你可能丧失"胜诉权"。之所以说可能丧失"胜诉权"，是因为如果义务人在法庭上不主张诉讼时效经过的抗辩，法院是不能主动适用诉讼时效规定判决原告败诉的。

关于诉讼时效，需要特别关注以下几点。

第一，并不是任何权利都适用诉讼时效。关于诉讼时效的适用对象，各国法律规定并不相同，日本法律规定适用于债权及除所有权外的财产权，德国民法和瑞士债务法规定适用于请求权，我国民法典规定诉讼时效仅适用于债权。《民法典》第一百九十六条规定，下列请求权不适用诉讼时效的规定：（1）请求停止侵害、排除妨碍、消除危险；（2）不动产物权和登记的动产物权的权利人请求返还财产；（3）请求支付抚养费、赡养费或者扶养费；（4）依法不适用诉讼时效的其他请求权。比如，你在小区公共绿地私搭乱建已有5年多，业主委员会请求拆除，你不能抗辩说已经超过3年诉讼时效了。孩子让父母支付抚养费、老人让子女支付赡养费，你总不能说诉讼时效经过了，我就不支付。前两年有个案例引起了广泛关注。案子的基本情况是：1992年张女士在深圳花了33万元买了一套144平方米的房子，购房后被调回香港工作，后来又去国外治病，直到2020年已经74岁的张女士才想起来，28年前自己在深圳买了一套房。当时房价已经涨到4万元一平，房产估价570余万元。可令她没有想到的是，当她委托的人找到房子时，房子已被装修，而且还住了林某一家人。这家人称房子是自己20多年前花了20多万元买的，装修也花了20多万元，只是没有任何证据。后来张女士办了房产证，要求这家人搬走。问题是，这家人能以超过20年为由拒绝搬走吗？张女士能够在28年后顺利办理房产证，足以说明张女士对该房子有所有权，也说明这个房子以前就没有人办理过产权证。因此，林某不是房屋所有权人，张女士有权要求林某返还房屋，而且对于张女士的请求，林某不能以超过诉讼时效抗辩。《民法典》已经明确规定，不动产物权和登记的动产物权的权利人请求返还财产不适用诉讼时效的规定。民法典对此没有改变。这里需要注意的是，不适用诉讼时效规定的请求返还财产的权利，不动产物权不管是否已经登记，而动产物权只能是已经登记的。

第二，诉讼时效有一般诉讼时效、特殊诉讼时效和最长诉讼时效之分，最需要我们老百姓关注的是一般诉讼时效。《民法典》第一百八十八条规定，向人民法院请求保护民事权利的诉讼时效期间为三年。法律另有规定的，依照其规定。这里的三年即为一般诉讼时效期间。而法律另有规定的特殊诉讼时效，比如民法典规定的“因国际货物买卖合同和技术进出口合同争议提起诉讼或者申请仲裁的时效期间为四年”。再比如《产品质量法》第四十五条规定的因产品存在缺陷造成损害要求赔偿的诉讼时效期间为二年。一般诉讼时效和特殊诉讼时效从“知道或者应当知道权利受到损害以及义务人之日起计算”。简单讲，就是能够行使权利时起算。如果你连权利是否受到损害及向谁请求都不知道或不应当知道，就谈不上你不积极行使权利，当然不应起算时效。值得强调的是，人身损害赔偿的诉讼时效，伤害明显的，从受伤害之日起计算；伤害当时未曾发现，后经检查确诊并能证明是由侵害引起的，从伤势确诊之日起算。未成年人遭受性侵害的损害赔偿请求权的诉讼时效期间，自受害人年满 18 周岁之日起计算，这样规定有利于未成年人保护。最长诉讼时效的时效期间为 20 年，这一时效实践中很少用到，因为，这一时效从权利被侵害之日起算，很少有权利被侵害 20 年还发现不了。

第三，一般诉讼时效和特殊诉讼时效是个弹性期间，是可中止、中断的。我们说诉讼时效的主要目的是促使你尽快行使权利，以免在权利上睡觉，使民事权利义务关系处于不稳定状态，同时时间越久，越不利于举证，从而不利于纠纷解决。因此，只要不是权利人主观上不积极行使权利，诉讼时效就不应当经过。比如，发生新冠肺炎疫情，被封闭管理或法院不受理案件，或者我向你请求履行，或者你向我承诺履行。

诉讼时效的中止，是指在诉讼时效进行中，由于某种客观原因而使权利人无法行使请求权，暂时停止计算诉讼时效期间。比如，某人向我借 5 万元说 1 个月内还，可如今已过 2 年半仍不见任何表示，我想起法律规定的诉讼时效期间是3年，马上打电话催要，可没想到电话是空号，找人四处不见。无奈之下，想到法院起诉，没想到疫情期间所在小区封闭管理，法院也暂时不立案。在这种情况下，诉讼时效期间暂时停止计算，等疫情结束可到法院立案时，诉讼时效继续计算，只是为了给权利人比较充裕的时间主张权利，民法典规定自中止时效的原因消除之日起满六个月，诉讼时效期间届满。也就是说，即使原来剩余的时间不满六个月，也补足到六个月。诉讼时效中止只能发生在诉讼时效期间的最后六个月内，因为太早没有中止的必要。可能引起诉讼时效中止的客观原因包括不可抗力；无民事行为能力人或者限制民事行为能力人没有法定代理人，或者法定代理人死亡、丧失民事行为能力、丧失代理权；继承开始后未确定继承人或者遗产管理人；权利人被义务人或者其他人控制等。

诉讼时效的中断，是指在诉讼时效进行中，因某种主观原因致使已经进行的诉讼时效期间全部归于无效，诉讼时效期间重新计算。诉讼时效的中断与中止不同，中止是临时停止，中止的事由是客观原因，等客观原因消灭后时效继续进行，而不是从头再来。中断则不是，中断已经经过的时效期间彻底不算数，重新计算，中断的事由不是客观的，而是主观的，如权利人向义务人提出履行请求；义务人同意履行义务；权利人提起诉讼或者申请仲裁。当然，中止和中断事由也有共性，即无论是客观原因的中止，还是主观原因的中断，本质上都不是权利人不积极主张权利，恰恰相反，要么是客观上无法行使，要么是主观上已经积极行使。需要说明的是，诉讼时效的中断可以多次进行，但最长不得超过法律规定的20年的最长诉讼时效。

第四，诉讼时效经过后，并不导致权利消灭，只是可能影响"胜诉权"。诉讼时效在国外也被称为消灭时效，是指权利受到侵害之人在法定期间内持续不行使其权利，义务人即取得永久性抗辩权的法律制度。换言之，诉讼时效已过的，请求权人虽有权向债务人提出请求，也有权向法院起诉，但债务人可以不履行，也可以在法院以诉讼时效经过为由予以抗辩，这就意味着，请求权人可能丧失"胜诉权"。也就是说，诉讼时效经过，并不导致权利人的权利消灭。因此，诉讼时效期间届满后，如果你已经自愿履行了，就不得请求返还；如果你同意履行的，不得以诉讼时效期间届满为由抗辩。如果你不履行，我仍然可以向人民法院起诉，这时法院应予以受理。而且，法院受理案件后，如果你没有提出诉讼时效届满的抗辩的，人民法院不得主动适用诉讼时效的规定，即不得以原告的权利已经过了诉讼时效而驳回原告的诉讼请求，法院也不能提示你已过诉讼时效，也不能询问你是否主张诉讼时效的抗辩。但是，如果你提出诉讼时效届满抗辩的，法院应当判决驳回原告的诉讼请求。

第五，诉讼时效不得通过约定排除或改变。诉讼时效制度属于法律上的效力性强制性规定。当事人既不得通过约定排除诉讼时效制度的适用，也不得通过约定改变诉讼时效规范的具体内容，即使约定的，其约定也属无效。

最后，特别强调一下取得时效。其实，与诉讼时效并行的还有取得时效，是指自主、和平、公然占有他人的动产、不动产或其他财产权的事实状态经过一定的期限以后，即取得该其所有权或其他财产权。取得时效制度最早始于古罗马法，与诉讼时效共同构成了传统民法上的时效制度。我国的民法通则、物权法、民法总则及民法典等民事法律均未规定取得时效制度，但实践中曾经一度认可取得时效。1989 年 7 月 5 日，原国家土地管理局颁发的《关于确定土地权属问题的若干意见》规定："农民集体使用其他农民集体所有的土地，凡连续使用已满 20 年的，应视为现使用者所有；连续使用不满 20 年，或者虽满 20 年但在 20 年期满之前原所有者曾向现使用者或有关部门提出异议要求归还的，由县级人民政府根据具体情况确定土地所有权。"1992 年最高人民法院在《关于国营老山林场与渭昔屯林木、土地纠纷如何处理的复函》中，正式确认了对地上权的取得时效。1995 年 3 月 30 日原国家土地管理局发布的《确定土地所有权和使用权的若干规定》第三章第二十条，继承了《关于确定土地权属问题的若干意见》中有关时效取得的规定。《确定土地所有权和使用权的若干规定》限制在集体土地所有权之间可适用取得时效，对国有土地与集体土地所有权之间则无明文规定。

三、除斥期间

所谓除斥期间，就是指某种权利法律规定的存续期间就那么长，在这个期间内你不行使，期间届满该权利就消灭。这有点类似于"过了这个村就没这个店"。比如你把房子出租给他人后，发现他未经你同意又转租给了他人，这时，本来你有权要求他撤销转租或者以违法转租为由解除合同，但你却没有管，直到半年后，发现市场上房租涨了，于是你想解除租赁合同，租个更高价，可不可以？民法典规定，出租人知道或者应当知道承租人转租，但是在六个月内未提出异议的，视为出租人同意转租。也就是说你的权利已经没有了。还比如，舅舅立遗嘱将他的宝马车送给外甥，舅舅去世后，外甥知道了遗嘱内容，可没有在 60 日内表示接受遗赠，也没有表示放弃遗赠，按照民法典规定，这种情况下视为外甥放弃受遗赠。其实，民法典的类似规定不少，结婚时一方隐瞒了重大疾病，结婚后发现的，有权撤销婚姻，只是应当在发现或应当发现之日起一年内撤销。他人捡到我遗失的照相机后卖给他人，我知道后若要追回照相机，应在两年内主张。你把汽车送给了邻居，但说好了他免费接送你上下班一年，没想到他接送半年后再也不接你的电话了，你若要撤销赠与，应在一年内行使。你的父亲把房子赠给了侄子，没想到他的侄子后来因其他矛盾杀害了父亲，你若要撤销赠与，只能在 6 个月内行使。你在订立合同后发现原来存在重大误解，那应当在 90 日内撤销。

关于除斥期间的具体时间，除了前面介绍的 60 日、90 日、半年、两年外，民法典规定的绝大多数除斥期间为一年。除斥期间的起算，一般以撤销权人知道或应当知道撤销事由时，或能够行使撤销权时，如受胁迫的，自胁迫行为终止时。如果当事人自民事法律行为发生之日起五年内没有行使撤销权的，撤销权消灭。

需要注意的是，除斥期间为不变期间，是死的期间，不和诉讼时效一样有中断、中止和延长的可能。

四、期间的计算

诉讼时效和除斥期间对权利影响很大，期间计算不对同样影响权利实现。比如租赁合同约定承租人迟延支付房租超过 10 日的，出租人有权解除合同，已交纳的保证金不退还，且需承担一个月租金的违约责任，如果承租人不懂得迟延 10 日的起算和到期规则，或者认为晚一天半天对方不可能计较，就可能招致严重后果。现实中真有卡着时间追究违约责任的案例。因为，租赁合同往往有 3 个月左右租金的押金，卡着时间解除合同，不仅可以没收租金，还可能追究其他违约责任，可得的收益不小。很多人觉得虽然合同有约定，但相信对方不至于那么严格执行合同。但在巨大的利益面前，一定记住，**各种不可能都有可能**。与其陷入被动，还不如主动把控局面。况且，实践中，关于时间的规定或约定种类繁多，比如，有的为 10 日，有的为 10 个工作日，这显然不同。可以说，在民法中，时间往往就是金钱，对权利的影响很大，但很多人对于时间的意义认识不足。

总的来看，民法上涉及时间的规定比较复杂。可能是一个点，如某日、某月或某年。也可能是一段，即期间，如从某年某月某日至某年某月某日。期间具体怎么计算呢？一是民法所称的期间按照**公历**年、月、日、小时计算，而不是阴历，年龄大的不少人习惯阴历，这一点要注意。二是按照日、月、年计算期间的，**开始的当日不算入**，从下一日开始计算。**按照小时计算期间的，自法律规定或者当事人约定的时间开始计算**。三是按照年、月计算期间的，到期月的对应日为期间的最后一日；没有对应日的，月末日为期间的最后一日。比如，

8 月 31 日签订的租赁合同，约定租期一个月，那到期日就是 9 月 30 日。四是期间的最后一日是法定休假日的，**以法定休假日结束的次日为期间的最后一日。**期间的最后一日的截止时间为 24 时；有业务时间的，停止业务活动的时间为截止时间。期间的最后一天是法定休假日，而法定休假日有变通的，以实际休假日的次日为期间的最后一天。五是以上是民法典规定的期间计算方法，如果法律另有规定或者当事人另有约定，则另当别论。六是民法所称的“以上”“以下”“以内”“届满”，包括本数；所称的“不满”“超过”“以外”，不包括本数。因此，我们说不满 8 周岁的未成年人为无行为能力人，而不能说 8 周岁以下的未成年人为无行为能力人。

总之，民法有关时间的规定比较多。我们常说时间就是金钱，这在民法中的确如此。我们或许无法记住那么多有关时间的规定，但我们一定要有时间意识，要有“有权不使，过期作废”的意识，要有不及时履行义务，可能招致严重后果的意识。千万不可躺在权利上睡大觉。

案例解析

案例一：

法院生效裁决认为，系争责任限制条款属于开发公司事先拟定，并在房屋销售中重复使用的条款，属于格式条款。系争责任限制条款使用了小号字体，而且根据当事人陈述的签约过程分析，开发公司并未采取足以引起注意的方式对该条款予以说明。根据《最高人民法院关于适用〈中华人民共和国合同法〉若干问题的解释（二）》第九条规定，提供格式条款的一方当事人违反合同法第三十九条第一款关于提示和说明义务的规定，导致对方没有注意免除或者限制其责任的条款，对方当事人申请撤销该格式条款的，人民法院应当支持。系争责任限制条款虽然以列举免责事项的方式限制了逾期交房违约责任的范围，但并未绝对免除开发公司的违约责任。根据上述法律规定，系争责任限制条款属于可撤销的格式条款，而非绝对无效之格式条款，因张某在法定的一年除斥期间内并未申请撤销该条款，故该条款仍属有效。不过开发公司主张“煤气、道路公共配套设施”为“难以预计”“无法预见”并无正当理由，此类事项不属于法定可免责的“不可抗力”范畴。根据诚信原则，法院判决开发公司支付张某逾期交房违约金 3.2 万余元。

值得注意的是，《民法典》为了保护消费者合法权益，进一步强化了对格式条款的规制，其第四百九十六条规定，采用格式条款订立合同的，提供格式条款的一方应当遵循公平原则确定当事人之间的权利和义务，并采取合理的方式提示对方注意免除或者减轻其责任等与对方有重大利害关系的条款，按照对方的要求，对该条款予以说明。提供格式条款的一方未履行提示或者说明义务，致使对方没有注意或者理解与其有重大利害关系的条款的，对方可以主张该条款不成为合同的内容。同时，第四百九十七条又规定，存在提供格式条款一方不合理地免除或者减轻其责任、加重对方责任、限制对方主要权利，或者提供格式条款一方排除对方主要权利等情形的，该格式条款无效。无论是“不成为合同的内容”，还是“格式条款无效”，显然让格式条款提供一方承担了比之前的可撤销更为严重的后果。

案例二：

本案债权债务关系清楚，关键是张某除于1994年偿还给王某1万元本金外，再未还本付息。王某未能举证证明在张某偿还本金 1 万元后的 20 余年中，自己曾向张某催讨过借款。显然，双方约定的还本付息期限已过20年。也就是说，王某的诉讼请求不仅超过了原《民法通则》规定的 2 年普通时效，也超过了 20 年最长时效，因此，不受法律的保护，法院也因此驳回了王某的诉讼请求。

值得指出的是，民法典将普通诉讼时效期间延长为 3 年，最长诉讼时效期间依然为 20 年，即自权利受到损害之日起超过 20 年的，人民法院不予保护，有特殊情况的，人民法院可以根据权利人的申请决定延长。

第九讲　加快推动配套制度建设

金句名言

真想解除一国的内忧应该依靠良好的立法，不能依靠偶然的机会。

——[古希腊]亚里士多德

一个细小的、瞬息即逝的期望可以经常地从纯自然的环境中产生出来，而一个强烈而持久的期望，则只能来自于法律。

——[英]边沁

要点提示

- 民法典颁布实施，并不意味着一劳永逸解决了民事法治建设的所有问题，仍然有许多问题需要在实践中检验、探索，还需要不断配套、补充、细化。
- 各级政府要以保证民法典有效实施为重要抓手推进法治政府建设，把民法典作为行政决策、行政管理、行政监督的重要标尺，不得违背法律法规随意作出减损公民、法人和其他组织合法权益或增加其义务的决定。
- 民法典要实施好，就必须让民法典走到群众身边、走进群众心里。
- 1804年《法国民法典》共2281条，1900年《德国民法典》共2385条，1997年《意大利民法典》共2969条。今天，《德国民法典》和《意大利民法典》的中文译本分别超过了40万字和60万字。我们的民法典只有1260条、10万余字。民法典的配套制度建设任务繁重。

- 民法典颁布后，个人信息保护法出台、最高人民法院出台了一批司法解释，上海等地出台了不少配套地方性法规、规章，如上海出台了《上海市数据条例》《上海市不动产登记若干规定》等。不过，不动产登记、不动产征收征用、农村集体经济组织等配套制度的制修订还没有完成。在国家法律出台前，地方有一定探索空间。

讨论案例

2022 年 4 月 15 日的《人民法院报》报道了这样一则案例：老李有三段婚姻。第一段婚姻生育了儿子小李，其间于 2004 年买了一套房屋，登记在自己名下。第二段婚姻只维持了一年。柯某是老李的第三任妻子，2012 年结婚。2015 年，老李立下遗嘱表示房子由儿子小李继承，但妻子柯某享有其中一间房间的居住权，并办理了公证。2017 年，老李将房子提前过户给了小李，但老两口仍然照常居住在内。2021 年 1 月老李刚刚去世，小李就以所有权人的身份更换了门锁，要求柯某限期搬离。柯某诉至法院，要求确认保障其对房屋的居住权并办理居住权登记。

思考问题：柯某对房屋有居住权吗？

思考问题

居住权登记的实践做法及问题

民法典颁布后，民法典规定的居住权制度引起了社会各界的广泛关注。一方面，居住权登记的需求超过了当时立法者的预期；另一方面，居住权登记需要解决的问题及其分歧也超过了不动产登记部门的预期，以至于 2021 年 1 月 1 日民法典实施后，居住权登记等相关不动产登记的顶层制度设计并没有及时到位，不动产登记暂行条例及其实施细则没有修改。本来，自然资源部拟专门出台针对居住权登记的具体操作办法，以指导地方的居住权登记。然而，考虑到居住权为民法典规定的新型权利，民法典的规定比较原则概括，老百姓对居住权的需求类型、可能面临的问题等都无从把握，稳妥起见，自然资源部没有第一时间出台相应的居住权登记办法。

民法典实施后，上海等地陆续出台了居住权登记的具体办法，开始探索居住权登记。从我们调研的情况看，东部发达地方已有不少办理居住权的案例。在设立居住权的情形方面，大多基于家庭、血缘的特定关系设立居住权，其中父母出资为子女购买房屋或将房产赠与、过户给子女，子女为父母设立居住权为主要情形，另外还有个别是基于婆媳、祖孙（如为孙子女入学，老人将房产赠与孙子女并为自己设立居住权）、兄弟姐妹等其他家庭关系设立居住权，以及婚前登记为夫妻一方为另一方设立居住权，还有再婚配偶一方为另一方设立居住权，或夫妻离婚后为无房一方设立居住权；还有产权人以房养老，将房屋出售给养老机构，养老机构为原产权人设立居住权；也有极少数人突破现行购房政策为自己设立居住权登记，如无购房资格找人代持；在居住期限和范围方面，绝大多数居住期限为长期（终身、永久），少数居住期限为固定期限（如夫妻协议离婚后一方为另一方设立居住权，居住权期限为“从合同签订时起至女方再婚为止”）。此外居住权大多为无偿设立，也有个别有偿的。

实践中提出的问题主要有：

1. 法人、其他组织可否被登记为居住权人？

2. 是否只有住宅才能设立居住权，如何审查？

3. 农房能否设立居住权？

4. 以遗嘱方式设立居住权的，如何判断遗嘱有效性，是否需要参照非公证继承登记办理要求，全部继承人到场进行核验？

5. 以遗嘱方式设立居住权的，申请居住权登记和继承的转移登记如何衔接，有无先后顺序；继承不动产的转移登记办理后再次办理了转移、抵押、居住权登记的，能否继续办理居住权登记？

6. 先抵押再设立居住权或者先设立居住权再抵押，是否存在冲突？

7. 居住条件和要求（包括有偿和允许出租）、禁止住宅抵押或转让的约定，居住范围等是否需要记载？

8. 同一不动产不同部位上能否设立多个居住权？

9. 是否会存在法院判决设立居住权？

主要内容

实施好民法典，是当下及未来很长时期各级领导干部的一项重要任务。习近平总书记之所以特别强调实施好民法典，不仅因为实施好民法典具有重大意义，而且在于实施好民法典还有很多繁重工作要做。正如总书记指出的，在立法方面，民法典的颁布实施，并不意味着一劳永逸地解决了民事法治建设的所有问题，仍然有许多问题需要在实践中检验、探索，还需要不断配套、补充、细化。需要加强同民法典相关联、相配套的法律法规制度建设，修改完善相关法律法规和司法解释。在执法司法方面，各级政府要以保证民法典有效实施为重要抓手推进法治政府建设，把民法典作为行政决策、行政管理、行政监督的重要标尺，不得违背法律法规随意作出减损公民、法人和其他组织合法权益或增加其义务的决定。民事案件同人民群众权益联系得最直接最密切。各级司法机关要秉持公正司法，提高民事案件审判水平和效率。要加强民事司法工作，提高办案质量和司法公信力。要及时完善相关民事司法解释，使之同民法典及有关法律规定和精神保持一致，统一民事法律适用标准。在普法方面，民法典共 7 编 1260 条、10 万多字，是我国法律体系中条文最多、体量最大、编章结构最复杂的一部法律。民法典要实施好，就必须让民法典走到群众身边、走进群众心里。的确，民法典实施的任务繁重，但最为繁重的依然是配套制度建设。民事法律规范的体系化不会因为民法典的颁布实施而一劳永逸地终结，我们的民法典只有 1260 条，比 1804 年法国民法典约少 1000 条，比今天的德国民法典少 20 多万字，民法典还有不小的提升空间。本讲重点介绍民法典实施的配套制度建设。

一、民法典配套制度建设取得的成效

民法典出台后，个人信息保护法颁布并施行，最高人民法院更是清理出台了一批司法解释，包括《最高人民法院关于适用〈中华人民共和国民法典〉物权编的解释（一）》《最高人民法院关于适用〈中华人民共和国民法典〉婚姻家庭编的解释（一）》《最高人民法院关于适用〈中华人民共和国民法典〉继承编的解释（一）》《最高人民法院关于适用〈中华人民共和国民法典〉时间效力的若干规定》《最高人民法院关于适用〈中华人民共和国民法典〉有关担保制度的解释》《最高人民法院关于适用〈中华人民共和国民法典〉总则编若干问题的解释》等。一些部委也出台了相关的文件，如《民政部关于贯彻落实〈中华人民共和国民法典〉中有关婚姻登记规定的通知》(民发〔2020〕116号)、《自然资源部关于做好不动产抵押权登记工作的通知》(自然资发〔2021〕54号)等。

在地方层面，上海等地出台了不少相关的地方性法规、规章。根据不完全统计，上海在民法典颁布后出台的与民法典实施相关的地方性法规有:《上海市数据条例》(2021.11.25发布、2022.01.01实施)、《上海市住宅物业管理规定(2020修正)》(2020.12.30发布、2021.01.01实施)、《上海市农村集体资产监督管理条例(2020修正)》(2020.12.30发布、2021.01.01实施)、《上海市遗体捐献条例(2020修正)》(2020.12.30发布、2021.01.01实施)、《上海市地下空间规划建设条例(2020修正)》(2020.12.30发布、2021.01.01实施)、《上海市合同格式条款监督条例(2020修正)》(2020.12.30发布、2021.01.01实施)、《上海市知识产权保护条例》(2020.12.30发布、2021.03.01实施)、《上海市促进家庭农场发展条例》(2020.11.27发布、2021.01.01实施)、《上海市不动产登记若干规定》(2020.11.27发布、2021.03.01实施);出台的地方政府规章有:《上海市石油天然气管道保护办法》(2022.01.30发布、2022.04.01实施)、《上海市绿色建筑管理办法》(2021.09.30发布、2021.12.01实施)、《上海市再生资源回收管理办法(2021修正)》(2021.09.24发布、2021.12.01实施)、《上海市公共资源交易管理办法》(2021.08.26发布、2021.10.01实施)、《上海市停车场(库)管理办法(2021修正)》(2021.05.08发布、2021.05.08实施)、《上海市居住房屋租赁管理办法(2021修正)》(2021.05.08发布、2021.05.08实施)、《上海市海域使用管理办法(2021修正)》(2021.05.08发布、2021.05.08实施)。以上法规规章有力地推动了民法典在上海的贯彻落实。如《上海市数据条例》明确规定，商场、超市、公园、景区、公共文化体育场馆、宾馆等公共场所，以及居住小区、商务楼宇等区域，不得以图像采集、个人身份识别技术作为出入该场所或者区域的唯一验证方式。这对于自然人隐私权和个人信息保护具有重要意义。《上海市不动产登记若干规定》规定了居住权、土地经营权等权利的登记，有利于民法典新设权利的落地。当然，各地在民法典配套制度建设方面的进展差别比较大，有的地方几乎没有出台相应的配套法规规章。

二、从不动产权利体系建设看民法典配套制度建设的任务

（一）现行法规定的不动产权利制度存在的不足

第一，自然资源所有权与土地所有权的界限不太明确。从宪法、物权法到民法典，我国法律一方面规定土地所有权，另一方面又规定森林、草原、山岭、荒地、滩涂、水流、海域等资源所有权。从民法典的规定来看，一方面，土地所有权包括国家土地所有权和集体土地所有权，土地的范围包括城市的土地、农村的土地和城市郊区的土地，而且农村土地承包经营权涵盖的土地包括耕地、林地和草地等用于农业的土地。但另一方面，又规定了森林所有权、草原所有权、荒地所有权、山岭所有权、水流所有权、滩涂所有权、海域所有权等不同类型的资源所有权。这样规定的结果是，土地所有权与资源所有权不可避免地发生摩擦冲突。荒地就是土地，森林、草原在本质上也是生长林木和草的土地，各国将林木也规定为土地的组成部分，不认可林木存在独立的所有权，何况草原之上的草。毋庸置疑，土地是所有自然资源中最基础的资源形态，是承载各类资源的最为宝贵的资源，所以比较法上，一般以土地为基础规定不动产所有权。我国将土地和资源并行规定导致的问题就是包括土地在内的各类资源所有权之间的界限不清甚至交叉重叠，比如山岭和森林、草原等之间的交叉。

第二，不动产用益物权类型存在漏洞。不动产用益物权在改革开放之后取得了长足发展，用益物权类型不断丰富，民法典规定的不动产用益物权类型包括海域使用权、土地承包经营权、土地经营权、国有建设用地使用权、宅基地使用权、居住权、地役权、探矿权、采矿权、取水权以及使用水域、滩涂从事养殖、捕捞的权利等。此外，土地管理法等法律还规定了集体建设用地使用权等用益物权类型，土地管理法实施条例还规定了租赁国有建设用地使用权。应该说，现行法规定的用益物权种类不少了，但仍然存在漏洞。主要表现在：一是欠缺农用地使用权（包括国有农用地使用权和集体农用地使用权）的规定。在土地用益物权体系构成中，建设用地使用权覆盖了所有类型建设用地，土地承包经营权和土地经营权这两种农用地用益物权只能涵盖农民以承包方式使用

的、属于集体所有和国家所有交由农民集体使用的耕地、林地、草地以及其他用于农业的土地，非由农民集体使用的国有农用地及集体经济组织或集体企业直接使用的农用地之上没有相应的用益物权类型可以利用。然而，事实上，仅就国有农用地而言，全国农垦（包括新疆生产建设兵团）土地总面积约 5.75 亿亩，其中耕地面积约 0.97 亿亩，牧草地面积约 2.37 亿亩、林地面积约 0.61 亿亩。[①]林场使用的林地面积尚未查到权威统计数据，估计约 8 亿亩。对于农垦和国有林场等实际占有使用的国有农用地，林地、草原在不动产统一登记之前尚可登记林地使用权、草原使用权，而在不动产登记暂行条例实施之后，林地使用权、草原使用权不再是可登记的不动产权利，耕地从来没有相应的用益物权类型涵盖。由是观之，在不动产统一登记的背景下，由农垦、国有林场等使用的国有农用地之上缺乏可以成立的用益物权类型，使得现行法在土地用益物权制度设计方面出现了不小漏洞。另外，集体农用地也并非都已发包，未发包而由集体经济组织或集体企业等直接使用的农用地，也没有相应的用益物权类型涵盖。二是矿业权用地，油气管道、电力电信管线铺设维护等用地尚无可靠的权利保障。比如，矿业权用地如果一概按照建设用地管理，并采用出让或征收后再出让方式，不仅程序复杂、增加矿业权人负担，而且事实上很多矿业用地并非长期用地，无征收的必要。为了解决矿业权用地问题，2019 年 12 月 17 日自然资源部公开征求意见的《矿产资源法（修订草案）（征求意见稿）》第三十条明确规定，有关人民政府自然资源主管部门应当依法保障矿业权人通过出让、出租、作价出资（入股）等方式使用勘查、开采矿产资源所需土地（含林地、草地）、海域。但问题是，这样的柔性规定依然无法真正保障矿业权人的用地需求。再比如，油气管道铺设维修、电力电信设备架设维修等的用地问题，如果通过征收方式解决，面临矿业用地一样的问题。概言之，这类土地使用的特点是公共产品的经营者不需要取得土地使用权，只要享有地役权即可满足客观需要，[②]然而，让这些公用企业通过和成千上万的土地所有权人或使用权人逐个协商方式取得地役权，既不现实也无法保障公共利益的实现。

---

① 农业农村部农垦局、中国农垦经济发展中心：《2017 中国农垦统计年鉴》，中国农业出版社 2018 年版，第 228 页。

② 李延荣：《土地管理视角下的法定地役权研究》，载《中国土地科学》2012 年第 6 期，第 4–9 页。

从现行法来看，石油天然气管道保护法、电力法、电信条例等，为了油气管道、电力电信等管线铺设，对相关土地的权利作出了明确限制，但没有明确规定征收外的其他合法妥当措施，也没有赋予这些公用企业维护管线、维护企业合法权益的相应权利基础。

第三，不动产用益物权的逻辑性、科学性还不够。典型的表现有：一是土地承包经营权与林地使用权、草原使用权等权利边界不清。农村林地、草原承包经营的，既可成立承包经营权，也可成立林地使用权、草原使用权。二是土地经营权制度设计不能实现中央承包地“三权分置”改革的目标。土地经营权自“三权分置”改革主张提出以来，分歧最大且贯穿始终的是性质界定，即使在民法典物权编规定土地经营权之后，争论依然不止。不过，必须指出的是，土地经营权的定性问题在农村土地承包法的制度架构下的现实意义并没有想象的那么大。因为，物权的主要特征是直接支配，本来若将土地经营权界定为物权，就意味着土地经营权人可以不经承包方同意直接再流转土地经营权或以土地经营权担保融资，但按照农村土地承包法的制度设计，土地经营权人再流转土地经营权或以土地经营权担保融资仍需经过承包方同意，这不仅使土地经营权的定性问题更加复杂，还使土地经营权物权债权之争的意义大打折扣。事实上，农村土地承包法的土地经营权内容设计，还无法完满达成中央提出的“放活经营权”和“不能把农民利益损害了”的承包地“三权分置”改革目标。“放活经营权”需要土地经营权的自由设立，尤其是经营权自由再流转和担保融资。农村土地承包法再流转经营权或用经营权担保融资需承包方“书面同意”的制度设计，意在赋予承包方控制土地经营权流转风险的权利，但让土地经营权人在土地经营权存续期间取得成百上千承包方的书面同意无疑会影响甚至窒息土地经营权流转；如果允许在签订土地流转合同时即可一并约定“书面同意”再流转或担保融资的内容，鉴于承包方的法律意识和风险防范能力水平，可能使控制承包方风险的制度目标落空，从而损害农民的利益。另外，农村土地承包法并无可靠制度保障承包方的租金收益。承包方流转土地的对价形式主要是年付租金，农村土地承包法既严格限制承包方解除合同的权利，也没有规定土地经营权再流转或担保融资后承包方租金收益的确保机制，存在农民利益受损的制度缺陷。三是土地承包经营权概念无法区分其背后的土地所有权，不利于国家所有权的维护。实行承包经营的农村土地，既有国家所有交由集体发包的，也有集体所有并发包的，农牧民通过承包取得的权利被统一称为土地承包经营权。其结果是，土地承包经营权背后的土地所有权分类被忽视，时间越久国家所有权被集体化的可能性越大。这显然不利于维护国有土地所有权。四是通过租赁方式取得的国有建设用地使用权不应被纳入不动产用益物权体系。20 世纪 90 年代末《土地管理法实施条例》认可以租赁方式取得类似于出让方式获得的国有建设用地使用权，主要背景是国有企业改制过程中减轻国有企业负担，毕竟一次性支付几十年土地出让金的出让方式对于一些限于困境但又无偿占有使用大量国有土地的国有企业的市场化改革来说，租赁方式取得国有土地使用权是一种暂时脱困的不错选择。但问题是，通过行政法规及部委规范性文件设立新类型物权，在《物权法》实施后的确是有合法性问题。这也就是 2008 年《土地登记规则》还规定租赁国有土地使用权具有登记能力，但 2015 年《不动产登记暂行条例》并未作出同样规定的原因。当然，2021 年《土地管理法实施条例》依然规定了租赁这种一级土地市场上取得国有建设用地使用权的方式。然而，即使如此，租赁国有土地使用权是在特定发展阶段解决特殊问题的产物，随着国有企业改革的深入和依法治国的全面推进，这一权利类型应当逐步退出历史舞台。

第四，森林法、农民专业合作社法等还规定了林权，林权具体包括林地所有权、林地使用权、森林所有权、森林使用权、林木所有权、林木使用权等众多权利。然而，事实上，根据基本民法原理，即使认可林木所有权，作为集合物存在的森林之上是不能成立所有权的，当然，森林所有权不能成立的情况下，森林使用权也无法成立。另外，在林木所有权之外再承认林木使用权并无多大价值。由于林权是法律明确规定的权利类型，而且农村土地承包法等法律还明确规定林权可以作为不动产登记的权利类型。如果不动产登记将林木所有权、使用权登记为林权，很容易使权利人产生林地使用权也属于其的误解。当然，这一问题的产生，也与不动产登记制度不完善有关，即林地使用权、林木所有权等的分别登记。

（二）完善不动产权利制度

第一，完善不动产权利制度的必要性和紧迫性。不动产市场化交易的前提是权属明晰，权属明晰需要统一的不动产登记制度，而不动产权利的体系化是建立科学的不动产登记制度的基础。没有科学的不动产登记制度，就无法有效确权，不仅影响不动产交易，也会造成难以化解的不动产纠纷。最典型的例子就是国有农场、林场农用地，由于国有农场、林场等占有使用的国有农用地没有相应的用益物权类型涵盖，导致国有农场农用地确权受阻、流转受限、维权困难。具体讲，一方面制约了国有农场、林场不动产登记进程和质量，而确权登记的不到位，进而影响到国有农场、林场土地权益维护及权利实现。土地是农垦最重要的资产，农垦的健康发展，需要土地权利的清晰界定，这不仅是预防和化解纠纷的需要，也是推动农垦企业化、市场化发展的基础。另一方面，产权清晰是有序流转的前提，农垦的市场化改革必须建立在国有农用地产权明晰的基础上。因此，完善国有农用地用益物权制度，健全国有农场、林场国有农用地用益物权体系，进而加快并规范国有农场、林场国有土地确权登记，这是维护国有农场、林场权益的基础性工作。不仅如此，从实践来看，国有农用地被恶意侵占、任意划拨、随意确权给其他单位，农场、林场国有农用地流失严重，不利于国家粮食和重要农产品安全战略实施。国有农用地权利被侵犯的一个重要原因就是确权不到位，据了解，全国农垦（不含新疆生产建设兵团）4.29 亿亩土地中，权属争议地达 1500 万亩。[①] 总的来讲，不动产权利的体系化，不仅必要而且紧迫。

第二，完善不动产权利制度的基本思路。一是以土地为基础构建不动产权利体系。未来的土地所有权类型中不应再有林地所有权、草地所有权、荒地所有权等的具体划分，而应当以统一的土地所有权称之。至于土地用途的区分可以在不动产登记中标明。二是填补土地用益物权的类型漏洞，优化其权利内容。土地用益物权的理想体系构成是将其细分为基地使用权、农用地使用权和邻地利用权，基地使用权将现行法上的国有建设用地使用权、集体建设用地使用权、宅基地使用权等纳入；农用地使用权在涵盖既有的土地承包经营权和土地经营权的基础上，增加农用地使用权；邻地利用权包括相邻权和地役权，地役权在约定地役权之外，增加法定地役权类型，以解决矿业权用地、油气电力电信管线等用地需求。此外，明确土地经营权的物权属性，并依此完善农村土地承包法的土地经营权制度。最后，租赁方式取得用益物权性质的国有建设用地使用

① 数据来源于作者参与的课题调研。

权属于特殊时期解决特定问题的特殊举措，随着改革的深化，这一取得国有建设用地使用权的方式应当逐步退出历史舞台。

三、民法典配套制度建设的具体任务

民法典配套制度建设的主要任务之一就是不动产权利的体系化，因为只有不动产权利的体系化，方可以此为基础建立逻辑清晰、相互配合的权利制度体系。从前述分析来看，这项基础性工作可以通过不动产登记法的制定、土地管理法及农村土地承包法等法律的修改达成。

其实，民法典的配套制度建设任务远不止于此。民法典的配套制度建设，从民法典预设的立法任务及已经进行的配套制度建设来看，司法解释到位比较及时，现在主要集中在法律行政法规和规章层面。如农村集体经济组织法、不动产登记法的制定已经启动但尚未完成，数据和虚拟财产保护的法律、住宅建设用地使用权续期费用的法律制度等尚未制定，不动产登记法出台之前现行不动产登记的行政法规规章等的修改仍未完成，一些部委的配套规章规范性文件修改仍在进行中，最典型的就是涉及房屋抵押的部门规章。下面从不动产登记制度的完善透视民法典配套制度建设的具体任务。

不动产登记制度，关乎亿万老百姓的切身利益。目前的不动产登记制度，还存在许多需要完善的内容。比如，可以登记的不动产权利、网络登记的范围及流程，以及居住权、土地经营权等的登记条件、程序等，都有探讨的空间。这可以从地方不动产登记的实践窥其一斑。

首先，我们看看地方的探索。

一是登记权利范围方面，《上海市不动产登记若干规定》（2021 年 3 月 1 日实施）增加规定了居住权，土地经营权只规定“依法取得流转期限为五年以上土地经营权的”一种情形。《江苏省不动产登记条例》（2020 年 11 月 27 日实施）对可登记权利的列举规定中没有规定土地经营权，但具体规定中分别对流转期限五年以上的土地经营权登记和四荒地的土地经营权登记作了规定。《浙江省自然资源厅关于进一步规范不动产登记工作的若干意见》（2021 年 10 月 27 日起实施）增加了居住权、土地经营权、林地使用权等权利类型，同时将“无居民海岛使用权”修改为“海域使用权（无居民海岛）”。《杭州市不动产登记若干规定》(2022年2月1日起施行)未列举规定可登记权利，规定了居住权登记，但未规定土地承包经营权和土地经营权登记。

二是登记便民措施的运用方面，上海、江苏、广州、杭州等地都有不少制度创新。《上海市不动产登记若干规定》规定，应当提交的申请材料中涉及住房城乡建设管理、房屋管理、农业农村、林业、海洋、交通、税务等部门的审批信息、交易信息等，不动产登记机构能够通过市大数据资源平台实时互通共享获取的，不得要求申请人重复提交。《广州市不动产登记办法》规定了登记机构之间的合作。《江苏省不动产登记条例》规定，不动产登记机构可以在银行、公积金管理中心等场所设立不动产登记便民服务点，提供办理不动产抵押权登记等服务(第十四条第一款)。《杭州市不动产登记若干规定》规定，申请人选择线上方式申请不动产登记的，通过符合国家规定的身份认证系统进行实名认证。符合《电子签名法》规定条件的可靠的电子签名，与手写签名或者盖章具有同等法律效力。不动产登记机构能够通过公共数据平台提取的材料，不再要求申请人重复提供，但可以要求申请人予以确认；申请人认为通过公共数据平台提取的材料与实际不符的，以申请人提供的材料作为申请材料。不动产登记机构通过公共数据平台提取的电子证照、证明等材料，与纸质材料具有同等法律效力。

三是关于继承、受遗赠登记办理，《上海市不动产登记若干规定》规定，对当事人提交死亡证明材料、遗嘱或者全部法定继承人关于不动产分配的协议以及与被继承人的亲属关系材料等的，不动产登记机构可以进行公告，公告期不少于三个月。《杭州市不动产登记若干规定》规定，为了核实有关情况，不动产登记机构可以采用公告的形式进行调查，公告期不少于15个工作日。

四是关于宅基地登记，《江苏省不动产登记条例》规定宅基地或者房屋实际面积超过规定面积标准或者批准面积，符合宅基地使用权申请条件以及当地人民政府规定的分户条件的，可以申请分户登记或者按共用宗地登记，申请登记的面积不得大于分户后的面积标准之和。

五是其他方面，《上海市不动产登记若干规定》规定，本市探索建立不动产登记员制度，选取符合要求的不动产登记工作人员担任不动产登记员，独立负责不动产登记的审核、登簿等专门性工作。另外，《上海市不动产登记若干规定》《杭州市不动产登记若干规定》和《广州市不动产登记办法》均规定探索建立不动产登记责任保险制度。《南京市不动产登记失信行为信用管理暂行办法》（2020 年 8 月 1 日起施行）对不动产登记失信行为惩戒作出了具体规定。

其次，关于不动产登记制度的完善。

不动产登记暂行条例及其实施细则等配套制度，对我国不动产统一登记制度的建立发挥了重要作用。但随着实践的发展，尤其是民法典的颁行，不动产登记制度的问题充分暴露了出来。完善不动产登记制度，不仅是不动产确权登记和市场流转的需要，同时也是正确处理不动产登记与已经开展的自然资源统一确权登记的需要。目前正在开展的自然资源统一确权登记，主要目标是“划清全民所有和集体所有之间的边界，划清全民所有、不同层级政府行使所有权的边界，划清不同集体所有者的边界，划清不同类型自然资源之间的边界”，而要划清边界，就需要对国家土地所有权、林地所有权、草原所有权等进行确权登记，由此引发的问题就是如何处理好自然资源统一确权登记与不动产登记之间的关系。在国家近期制定专门的自然资源确权登记法不太现实的情况下，正在制定的不动产登记法能否对自然资源确权登记进行适当规定，就是一个很现实的问题。

伟大的时代必然出现伟大的法典。1804 年《法国民法典》如此，1900 年《德国民法典》也如此，两部法典各引领世界 100 年。我们这一代人有幸见证自己国家民法典的降生，也有责任切实实施民法典，使其成为不愧于时代的伟大民法典。实施好民法典，需要持续发力、久久为功！

四、居住权登记的实践应对及其问题分析

（一）居住权登记的实践应对

以下针对前述问题，对一些地方居住权登记概括介绍。

问题一：是否只有住宅才能设立居住权，如何审查？

某地在办理居住权登记时，要求房屋用途为“住宅”，住宅包括商品房、保障性住房以及农村宅基地上所建房屋等。

另一地方规定只有住宅（包含居住式公寓）才能设立居住权。

还有地方仅规定设定居住权登记的不动产限定为合法取得并经登记的住宅。

问题二：以遗嘱方式设立居住权的，如何判断遗嘱有效性，是否需要参照非公证继承登记办理要求，全部继承人到场进行核验？

以遗嘱方式设立居住权的，各地实践区分公证遗嘱和非公证遗嘱而有不同要求。持公证遗嘱设立居住权的，各地均规定可以直接办理居住权登记。持非公证遗嘱设立居住权的，各地的做法比较谨慎，有的地方参照非公证继承的登记要求全部继承人到场核验，登记机构还需要结合笔迹鉴定等材料进行审核。有的地方增加公告程序。此外，上海、常州、无锡等地在非公证遗嘱继承中开展了政府购买公证服务，《上海市不动产登记技术规定》规定了遗产管理人制度。如上海规定受遗赠设立居住权的，申请人还应当召集全部继承人或者遗产管理人到场确认，并提交书面确认声明。

问题三：以遗嘱方式设立居住权的，申请居住权登记和继承的转移登记如何衔接，有无先后顺序；继承不动产的转移登记办理后再次办理了转移、抵押、居住权登记的，能否继续办理居住权登记？

从一些地方的规定来看，居住权登记和继承转移登记办理的先后顺序不是问题，但继承的转移登记后再次办理转移登记、抵押登记的，不得办理居住权登记。已经以遗嘱方式设立了居住权登记的，只要居住范围不冲突，新产权人可以继续设立居住权。

问题四：先抵押再设立居住权或者先设立居住权再抵押，是否存在冲突？

从地方的做法来看，抵押权和居住权之间存在一定冲突，至少对登记部门可能带来一定风险，当然，冲突程度或风险大小并不相同。在先设立居住权再抵押的场合，各地并没有限制性规定，只是出于防范诉讼风险的考虑，登记部门再办理抵押登记时，要求登记人员告知当事人该不动产上存在居住权，并通过询问的方式由当事人进行确认，或者由权利人在相关申请书中标记已知悉存在居住权登记的说明，或者受让方、抵押权利人应签注已知晓设立居住权，并自行承担风险的书面承诺。青岛还要求在抵押合同中对居住权的期限以及在实现抵押权时的冲突问题等情况进行约定。

而对于已经存在抵押的不动产是否允许设立居住权？有的做法是在系统

中设置强对抗，对于存在抵押的不动产不允许设立居住权。并提出，在实践中，银行等抵押权人与抵押人在合同中约定禁止设立居住权，对于该约定登记部门是否应当根据约定进行记载和限制，还需要进一步探究。有的做法是要求提交抵押权人同意的证明。

问题五：是否存在法院判决设立居住权？即《民法典》第二百二十九条规定的因生效法律文书导致物权发生变动的情形？

从地方的规定和做法来看，均认可存在法院判决设立居住权的情形，有的地方规定涵盖仲裁机构的法律文书，《浙江省自然资源厅关于进一步规范不动产登记工作的若干意见）（2021 年 10 月 27 日起实施）指出，“以合同、遗嘱、人民法院或仲裁机构的生效法律文书以及法律法规规定的其他情形设立居住权的，根据当事人申请办理居住权首次登记，对符合居住权登记条件的，核发不动产登记证明”。

问题六：居住条件和要求（包括有偿和允许出租）、禁止住宅抵押或转让的约定，居住范围等是否需要记载？

有的地方规定，对于居住条件和要求、居住范围等，基于当事人意思自治的原则，不动产登记部门应当根据合同约定或遗嘱中的相关内容记载于不动产登记簿。对于禁止住宅抵押、转让等约定，由于没有法律依据，只能在当事人之间发生效力，因此登记部门不予审查和记载。济南将居住权范围记载在“居住条件和要求”项，在不动产居住权合同（示范文本）“其他约定”中注明。有的地方在登记簿“居住权登记事项页”中分别设置了“居住范围”和“居住条件和要求”两个栏目，有的设置为“居住条件和要求（含居住范围）”。具体记载为“详见居住权合同”或“以申请人居住权合同约定为准”。

《浙江省自然资源厅关于进一步规范不动产登记工作的若干意见》规定，“居住条件和要求”栏填写当事人约定的条件和要求，“居住权期限”栏填写当事人约定的具体期限。

问题七：同一不动产不同部位上能否设立多个居住权？

有的地方均规定，原则上同一套住宅不能按部位办理多个居住权登记，如合同中约定在部分住宅上设立居住权，登记系统上仍以整套房屋设立居住权，并在附记栏中记载具体部位。有的规定，同一不动产，不同部位可以设置多个居住权，同一部位上不能设置多个居住权，但是，比如同一个居住权，夫妻双方共同来申请。有的地方已有为部分住宅上设立居住权的案例。

问题八：农房能否设立居住权？

有的地方规定农房可以设立居住权，但提出由于设立居住权不同于租赁房屋，没有期限限制，若允许农村宅基地上的房屋任意设立居住权，可能导致借用居住权名义进行农房买卖。建议农房居住权设立问题随同农房流转制度进行研究，对符合农房流转条件的，应当允许设立居住权。有的地方规定，农村宅基地上的住宅设立居住权的，居住权人限定于原宅基地审批户内成员的法定继承人、离婚配偶范围内，其他户内成员应当到场表示同意，居住权人为非本集体经济组织成员的，需经村集体经济组织同意。

（二）对居住权登记实践问题的反思

从居住权登记实践来看，一些地方的探索很有意义，试出了实践需求，也试出了问题，当然也试出了一些可行的办法。当然，地方的做法有共性也有个性，所暴露的问题，有些是居住权登记本身的问题，有些属于实体法规定的问题，比如农房的居住权登记问题，本质上是农房及其宅基地的流转问题；再比如，居住权登记和房屋抵押的关系问题，事实上反映了民法典第四百零六条类似的问题。

居住权登记的问题很多，土地经营权登记的问题也不少。这些问题的暴露，及相应登记制度的迟迟不能到位，也反映出了我国立法存在的一个突出问题，即法律往往比较原则，对一些争议问题或者可能争议的问题不作明确规定，而是留给配套制度解决。而配套制度建设由于没有和法律的制定过程同步，结果是，法律的制定者缺乏对配套制度制定难度的考虑，缺乏对未来配套制度建设的指导。而配套制度的建设者缺乏对法律制定过程的参与，对配套制度建设可能出现的问题、遇到的困难在立法过程中不能有效反映，而待法律正式通过后，才启动配套制度建设。由于立法过程中已经暴露的分歧在配套制度建设过程中往往依然存在，而且立法的实施还会暴露出新的问题，何况由部门主导配套制度建设，还可能涉及部门立法的问题，结果配套制度建设迟迟不能到位。解决此类问题的有效办法是：进一步提高法律的明确性、针对性和可操作性。

案例解析

本案是福建省厦门市思明区人民法院公开审理的民法典实施以来该省首例遗嘱设立居住权纠纷案件。[①] 柯某提起诉讼后，被告小李提出了三点答辩意见：第一，房子购买于父亲与第二任妻子的婚姻关系存续期间，属于夫妻共同财产，父亲擅自设立居住权的遗嘱是无效的。第二，父亲于 2017 年就将房屋卖给了自己，说明已经不打算让柯某继续居住，原来的遗嘱不必再履行。第三，自己现已是房屋的所有权人，柯某没有登记居住权就是没有设立居住权，自己也不同意继续为柯某登记设立居住权。

案件审理过程中，老李的第二任妻子表示，二人离婚时已明确没有其他财产争议，自己和房子没有瓜葛。法庭也对房产过户的具体情况进行了核实，发现父子虽签订了买卖合同，但交易价格远低于市场价格，且小李没有实际支付购房款的凭证。法院审理后认为，老李的遗嘱自其去世开始产生效力，此时民法典已经开始实施，并增设了居住权制度，老李的遗嘱符合设立居住权的法定要件，不需要在登记之后才产生法律效力。老李将房产提前过户给儿子，从客观结果上看与遗嘱安排并不矛盾，过户之后老李并未撤销遗嘱，且主动向民警要求协调解决柯某居住问题，其未改变安置柯某居住的意思表示。小李在获得房产所有权的同时，应当尊重老李的意愿及柯某享有的居住权益。法院据此判决确认了柯某的居住权，并要求小李配合柯某到不动产登记中心办理居住权登记手续。一审判决后，小李不服，提起上诉。二审维持了原判。

本案值得探讨的问题有：第一，本案比较特殊，老李在订立公证遗嘱明确房屋归小李、柯某对其中一间享有居住权之后，在遗嘱生效之前将房屋过户给了小李。因此，需要讨论的是，房屋过户之后，遗嘱是否还有效？一般情况下，如果遗嘱人在立遗嘱后，实施了与遗嘱内容相反的行为，就意味着对遗嘱相关内容的撤回（见《民法典》第一千一百四十二条第二款）。本案中，法院之所以在房屋提前过户的情况下，依然支持柯某的居住权请求，关键在于老李与小李的房屋买卖并非真实的买卖（有可能是为了避免老李去世后办理遗嘱继承登

---

① 参见《人民法院报》网站，http://rmfyb.chinacourt.org/paper/html/2022-04/15/content_215892.htm?div=-1，2022 年 4 月 27 日访问。

记过于烦琐），老李在将房产提前过户给儿子之后，依然“主动向民警要求协调解决柯某居住问题，其未改变安置柯某居住的意思表示”。第二，关于居住权的生效问题，本案法院认定遗嘱生效时设立。这与《民法典》第二百三十条“因继承取得物权的，自继承开始时发生效力”的规定一致。但关于遗嘱设立居住权的生效时间，学术界有遗嘱生效设立和登记设立两种不同观点。本书认为，《民法典》第三百七十一条规定，“以遗嘱方式设立居住权的，参照适用本章的有关规定”。而规定居住权的第十四章第三百六十八条规定“居住权自登记时设立”。就民法典的规定解释，既然该章对遗嘱设立居住权有特殊规定，就应当解释为和其他法律行为设立居住权一样，居住权自登记时设立。另外，居住权和房屋所有权不同，房屋所有权是只要房屋存在就必然存在的权利，因此规定被继承人死亡时所有权自动转移，不办理过户登记不得再转让不会对交易安全造成什么影响。但居住权不同，若认定遗嘱生效时设立，一方面会影响居住权人办理居住权登记的积极性，另一方面，未登记居住权的可能存在，会严重影响交易安全和交易效率。第三，民法典在实施中出现类似的争议问题实属常见，对于一些争议问题不同地方的法院，甚至同一法院的不同法官作出不同判决也无可厚非。最高人民法院需要及时研究实践问题，出台司法解释或通过典型案例引导，实现“同案同判”。在这个意义上，可以说民法典配套制度建设永远在路上。

第十讲　民法典普法如何“普”

金句名言

国无常强，无常弱。奉法者强，则国强；奉法者弱，则国弱。

——《韩非子》

君臣上下贵贱皆从法，此谓为大治。

——《管子》

徒善不足以为政，徒法不能以自行。

——《孟子》

家有常业，虽饥不饿；国有常法，虽危不亡。

——《韩非子》

法之不行，自上犯之。

——［秦］商鞅

君好法，则臣以法事君；君好言，则臣以言事君。君好法，则端直之士在前；君好言，则毁誉之臣在侧。

——［秦］商鞅

有法而不循法，法虽善与无法等。

——［清］沈家本

不知道法律的规定不能成为免责的理由。

——古罗马谚语

不遵守规章制度的，不能自由。

——［英］卡莱尔

法律给人类带来的好处是：法律为每一个人规定了行为准则，描述了使他能获得社会支持和保护的方式。

——［英］约翰逊

一旦法律丧失了力量，一切就都告绝望了；只要法律不再有力量，一切合法的东西也都不会再有力量。

——［法］卢梭

一切法律中最重要的法律，既不是刻在大理石上，也不是刻在铜表上，而是铭刻在公民的内心里。

——［法］卢梭

法律必须被信仰，否则就形同虚设。

——［美］伯尔曼

若是没有公众舆论的支援，法律是丝毫没有力量的。

——［美］菲力普斯

要点提示

- 民法典是“十四五”时期普法的重点。
- 未来民法典的普法应坚持需求导向、目标定向、科学规划、形式多样原则。

- 领导干部的民法典普法应突出实施好民法典重大意义、民法基本原则和基本制度的宣传教育。
- 青少年的民法典普法应尊重青少年成长规律、教育规律，突出民法价值引领，培养积极、负责任公民。
- 广大群众的民法典普法要贴近生活，既要重视权利教育也要强调权利界限和义务教育，要重点关注老年人和小微企业的民法典教育，使优质普法资源向基层下沉。

讨论案例

黄玲和郭军是同班同学，他们住在一个小区里，经常一起上下学。一天晚上，郭军的妈妈从黄玲家回来后，在客厅里小声地和爸爸聊天。郭军听见妈妈唉声叹气地说："黄玲这孩子真让人心疼，她爸爸犯罪被抓走了，妈妈现在也得了急病，以后谁来照顾她啊！"

"是啊！"爸爸说，"以后家里的经济负担很大啊，而且家里的大小事情，也没人管。"

郭军一听，心里吃了一惊，原来，黄玲家里出了这么大的事。他想自己和她这么熟悉，她都没跟自己说过。于是，郭军从自己的房间里走出来，对爸爸妈妈说："我有一个好办法。明天上学的时候，我就把黄玲家的困难告诉老师和同学，让全班同学一起给她捐钱，这样就能帮助黄玲了。还可以告诉大家，以后不要当着黄玲的面议论她的爸爸。"

郭军的爸爸赶紧说："小军，你可不能这么做。"看着他疑惑的样子，爸爸接着说："你愿意帮助同学是好事，但她爸爸犯罪入狱、妈妈生病的事情属于她的隐私。这件事能否告诉老师和同学，应该由黄玲自己决定。隐私，就是个人生活中不希望被人知道或公开的事情。"

听爸爸这么一说，郭军恍然大悟，原来这种事情就叫作隐私，年龄虽小也有隐私权啊！

思考问题：黄玲爸爸犯罪入狱、妈妈生病的事情属于黄玲的隐私吗？

主要内容

民法典诞生的第二天，中央政治局就围绕"切实实施民法典"举行集体学习，习近平总书记在讲话中指出，“要广泛开展民法典普法工作，将其作为‘十四五’时期普法工作的重点来抓”[①]。“广泛开展民法典普法工作”是对普法对象广度的要求，民法典的普及不能局限于某一个或某几个重点群体。“将其作为‘十四五’时期普法工作的重点来抓”是对民法典普法工作长期性和重要性的强调，民法典的普及不可能通过一两场报告、讲座即可完成。做好“十四五”时期民法典普法工作，应该坚持需求导向、目标定向、科学规划、形式多样等原则，分别针对领导干部、青少年和社会大众制定不同的普法规划。

一、“十四五”时期民法典普法工作应坚持的原则

（一）需求导向

对于非民法专业人员尤其是非法律专业人员，要求其全面学习掌握民法典既无必要也不现实。需要是最好的老师，年龄不同、行业不同、职位不同，乃至财富拥有的不同，对民法的需求不同。需要又有个人需要、工作需要、组织需要等不同类别。要想让民法典不仅走到群众身边、走进群众心里，还让民法典的普法工作取得实效，就应瞄准不同群体的不同需要，精准供给，力戒“大水漫灌”、轰轰烈烈搞形式主义、走过场。即使做不到根据个体需要绝对精准，也应尽可能细分普法对象实施相对精准普法。比如，针对领导干部的民法典教育培训要突出领导干部的岗位职责需求，要使领导干部在掌握基本民事法律知识、认真对待民事主体合法权益、妥当处理公权私权关系上下功夫；针对青少年的民法教育要根据青少年成长规律和教育规律，贴近不同年龄段的民事法律知识需求，从最基本的家庭权利义务、学习生活权利义务关系入手，满足成长中青少年的民法知识需求；针对社会大众的民法宣传应突出婚姻家庭、遗产继承、人身财产权的保护等基本知识的普及。当然，普法对象的划分还应更加具体，比如针对社会大众的民法典普法，至少应当包括针对老年人对民法的特殊需求，专门量身打造的方案。“十四五”民法典普法，需求导向是应当坚持的

---

① 习近平：《充分认识颁布实施民法典重大意义　依法更好保障人民合法权益》，载《求是》2020年第12期。

首要原则。

（二）目标定向

法治精神是在民法原则的基础上形成的，民法最充分地体现了现代法治的价值。[①]法治中国的实现需要时日，民法典普法是一项长期性工作，是“十四五”普法的重点，也应该成为未来很长一段时期普法的重点。

未来民法典的普法，要坚持目标导向，确立总目标和不同阶段的具体目标，协调好需求和目标的关系。对于领导干部的民法典教育培训，要以保护民众合法权益、正确处理公权私权关系、发展市场经济、提高治理能力为目标，突出平等、自愿、公平、诚信等民法基本原则、基本精神的教育培训。对于青少年的民法典教育，要以具备基本民法素养、培育基本民法精神为总目标，根据不同年龄阶段的特点，设置具体目标，既要重视基本知识的普及，更要强化权利及权利界限教育、义务教育，要将民法原则教育贯穿整个过程。对于普通群众的民法典普法，要从权益保障和全民守法的高度出发，既要重视权益保护，也要强调权利界限及义务的宣传，突出规则意识、守法用法意识。

（三）科学规划

2020年是“七五”普法收官之年。回顾“一五”至“七五”普法，成绩不容否定，但普法缺乏科学规划及规划缺乏刚性的问题比较突出。民法典的普法，是一项基础性长期工程，民法典纳入青少年国民教育需要科学规划，要从中小学法治教育大纲、教材及师资队伍建设等方面全面规划。领导干部和普通民众的民法典普法也应当科学规划，统筹部署、有节奏地开展，避免多头普法、重复普法、低效甚至无效普法。

（四）形式多样

多样的群体、多元的需求，需要多样、丰富的供给形式。普法要力戒应付、走过场、凑数字、完任务等诸多形式主义。民法典的普法，要以满足不同群体对于民法的需求为出发点，充分利用好传统和现代的各种形式，面向实践、不

---

① 张文显：《中国步入法治社会的必由之路》，载《中国社会科学》1989年第2期。

留死角，让民法真正走到群众身边、走进群众心里，解决群众的困惑、难题甚至纠纷。

总之，面对博大精深、体量庞大的民法典，其宣传普及工作必须分门别类、有的放矢，提高针对性、突出实效性，力戒形式主义、走过场。

二、领导干部的民法典普法工作

领导干部的民法典普法工作应突出实施好民法典的重大意义、民法基本原则及基本制度三个重点。

（一）实施好民法典的重大意义

第一，要让领导干部充分认识到实施好民法典是保障民事主体权益实现和发展的必然要求。民法是权利法，民法典是以权利为要素构建起来的权利大厦。权利是借助于“法之力”保障的民事利益，权利的核心是利益。实现好、维护好、发展好人民的根本利益，首先应当实现好、维护好、发展好人民的权利。民事权利的实现与发展，既需要民事权利受到侵犯或有侵犯之虞时得到公权力的保护或裁决，也需要公权力创造权利实现的条件，如不动产权利转让的登记。民事权利是老百姓的根本利益之所在，领导干部不了解基本民事权利，就意味着不了解民众的基本需求，为人民服务很可能沦为一句空话。

第二，要让领导干部充分认识到实施好民法典是发展社会主义市场经济、巩固社会主义基本经济制度的必然要求。民法源自古罗马法，罗马法包含着资本主义时期的大多数法权关系，是“商品生产者社会第一个世界性法律”。民法表达的是商品生产与交换的一般条件，包括社会分工与所有权、身份平等、契约自由。民法的历史表明，民法的发达程度与市场经济的繁荣程度呈正相关。民法典是民事基本规范的系统整合，是市场经济的基本法。市场交换的主体（自然人、法人和非法人组织）、对象（权益）、工具（合同等）及交换脱轨的救济（违约、侵权）等基本制度均由民法典规定。领导干部学习民法，应当对民法典建立的市场经济制度基本框架有所了解，要对市场经济运行的基本制度有所把握。此外，民法典以法典的形式肯定了社会主义市场经济体制等社会主义基本经济制度，意义深远，在固根本的同时，有利于稳预期和利长远。

第三，要让领导干部充分认识到实施好民法典是提高我们党治国理政水平的必然要求。提高党治国理政水平，一项重要任务就是规范约束公权力，避免公权对私权的不当侵犯。领导干部是公权力的执掌者，公权力与私权利的关系错综复杂，只知道自己手中的公权力是无法行使好公权力的，只有既知公权，又明私权，且懂公权限制私权的基本准则，方可妥当行使公权，维护和实现私权。比如，公权限制私权的基本准则是：目的的正当性（公共利益）、形式的正当性（法定性）、程序的正当性（可参与性和可救济性），以及征收征用情形补偿的公正性（及时合理补偿）。领导干部如果掌握了这些公权力限制私权利的基本要求，在诸如新冠肺炎疫情防控、征收征用等活动中涉及限制民事权利时，多问问是否符合公共利益标准、是否有法律依据、是否履行了正当程序、是否给予了公正补偿，就会减少社会矛盾，降低舆情风险。

（二）民法典的基本原则

民法典规定的基本原则有平等、自愿、公平、诚信、守法、公序良俗、绿色。民法典规定的这些基本原则，是整部民法典的灵魂，是贯穿民法典的价值主线。如民法典不仅在总则编规定了民事活动应当遵守平等原则及主体平等，而且在分编规定了各种产权平等受保护，婚姻家庭男女平等，家庭成员应当维护平等、和睦、文明的婚姻家庭关系，继承权男女平等，等等。再如，民法典在总则编规定了民事活动的自愿原则，在各分编分别规定了契约自由、婚姻自由、夫妻财产自由、遗嘱自由等。又如，民法典在总则编规定了公平原则及显失公平法律行为的撤销制度，在合同编规定了情势变更导致的合同变更和撤销制度，在侵权责任编规定了双方均无过错行为的公平补偿制度。应该说，在民法的诸原则中，平等是最基本的原则，自愿是最核心的原则。民法的奥秘就在于意思自治，而立基于意思自治基础上的自主参与、自己责任是社会发展和经济繁荣的活力之源，也正是在这个意义上，我们说意思自治是一个社会的发动机。而民法的公平、诚信、守法、公序良俗及绿色等原则，更像是为自由发展的民事主体奠定基本遵循、划定底线。对于领导干部而言，基本原则的深刻学习领会是打开民法典的钥匙，是提高科学立法、严格规范公正文明执法、公正司法能力的关键。掌握了基本原则，就不会犯方向性、原则性的低级错误，就会逐渐树立民法精神、民法思维，进而培育法治精神。

（三）民法典的基本制度

民法博大精深、规则复杂，专业术语众多。领导干部学习民法，应重点掌握基本的主体制度、权利制度、行为制度、责任制度、婚姻家庭制度及继承制度，这是领导干部学习把握民法的基础，也是深刻领会民法基本原则的基础，更是正确行使权力、保护民事权益的基础。而在基本制度之外，民法典在不少地方直接规定了政府和有关组织的责任，如因发生突发事件等紧急情况，监护人暂时无法履行监护职责，被监护人的生活处于无人照料状态的，被监护人住所地的居民委员会、村民委员会或者民政部门应当为被监护人安排必要的临时生活照料措施。民法典规定的类似职责不少，这是需要领导干部特别关注的。

三、青少年的民法典普及工作

（一）法治教育及其重点

法治教育真正受到重视是在 20 世纪中后期。1978 年美国国会通过的《法治教育法案》（Law-Related Education Act of 1978），将法治教育（law-related education）定义为“用与法律、法律程序、法律系统及它们赖以为基础的基本原则和价值观相关的知识和技能装备非法律专业人员的教育”[①]。莱明（Leming）与海利（Healy）认为，法治教育是“一种有组织的学习经历，它向教师和学生提供理解法律制度赖以建立的价值和原则的机会”。[②] 日本关东律师协会联盟于 2002 年发表了题为《为了青少年的法教育》的宣言，将法教育定义为：以非法律专业人士为对象的、使其掌握有关法律法规、法律程序、法律制度以及奠定它们基础的基本原则和价值观等方面的知识和技术的教育。其特征是让受教育者掌握自由、公正的民主主义社会所必需的，基于自由、公正、责任等原则

---

① Robert S Leming. Essentials of Law-related education . American Bar Association’s National Law-Related Education Resource Center，1995.

② Carolyn Pereira. Law-related Education in Elementary and Secondary Schools . ERJC Clearinghouse for Social Studies/Social Science Education Bloomington IN，1988.

的思考方式。[①]

从法治教育的历史来看，法治教育就是以青少年为重点对象的法律知识、法律原则和价值观教育，主要内容涉及知识、技能和价值观三个方面，如美国法治教育的主要内容包括知识（核心概念包括法律、权力、公正、自由和平等）、技能（研究、思考、交流与社会参与）和态度、信念、价值观三个部分。[②] 法治教育的目标是培养积极的、有法治精神的、负责任的公民。

（二）我国青少年普法教育的问题

青少年一直是我国普法的重点。从过去30多年普法的历程来看，青少年普法教育在摸索中前进，取得了一定进展，但存在的问题必须面对。中国教育科学研究院的郄芳认为，当前中小学法治教育主要存在四个方面的问题：育人目标不够凸显，法治观念和法治精神的培育仍待加强，课堂教学的形式不能满足法治教育的要求，法治教育的师资比较匮乏。[③] 总的来看，我国青少年法治教育还处于碎片化的法律条文教育、知识教育、说教教育阶段，没有充分结合青少年的学习、生活实际，缺少价值观的引导与渗透，在培养青少年知权利、明义务、守规矩、懂责任等方面还很欠缺。而中小学法治教育之薄弱，也体现在法治教育教材的"四重四轻"，即重知识传授，轻观念和能力培养；重灌输说教，轻互动实践；重法制，轻法治；重知法、守法好公民培养，轻具备法治能力的积极公民培养。各阶段教材缺乏统筹规划，内容简单重复比较多，生动性、可读性、趣味性不够。

（三）青少年民法典教育的重点

在我国，民法是青少年普法教育的一项重要内容，民法教育存在与法治教育同样的问题。"十四五"时期及之后的民法典教育，应当针对当前法治教育教材及实践中存在的突出问题，从教学大纲改革入手，优化法治教育教材，创

---

① 关东律师协会联盟：《法教育指导纲要（方案）》，沈晓敏、刘晓萍译，载《全球教育展望》2016年第2期。

② 蒋一之：《培养积极公民的另一种努力——美国中小学法治教育述评》，载《外国中小学教育》2003年第9期。

③ 郄芳：《论中小学法治教育课程的四个转向》，载《课程教育研究》2019年第5期。

新内容和形式。在内容上突出与各年龄阶段生活、学习相关的民事基本知识教育，如自然人民事行为能力、父母子女权利义务关系、隐私与个人信息保护、基本财产权制度等；突出平等、自愿、公平、诚信、公序良俗等基本原则教育，将价值引领贯穿于中小学法治教育的始终。在形式上更加重视活动、项目和实践等参与式法治教育，让学生从被动听适当转向做中学、参与中悟，切实提高民法典普法的实效，提高学生运用民法分析问题、处理问题的能力，树立民法精神和民法思维。

四、社会大众的民法典普法工作

社会大众的民法典普法，很难像对青少年那样进行系统规划、长期开展。在内容设计上，应当更加突出实用性、可操作性，以社会大众普遍关注的热点、难点问题为重点。在形式上，要突出多样性、力求全覆盖，从而满足不同年龄段、不同行业、不同地域、不同民族、不同文化水平群众的需要。以下特别强调三点：

（一）内容上重视权利教育和义务教育

首先，要重视权利教育。民法是权利法，民法典的普法自然应以权利为中心，突出权利种类、权利实现、权利维护、权利救济，尤其是民法典新规定的居住权、隐私权、土地经营权等新型权利。一方面，要加强权利种类、权利实现的宣传教育，让广大群众知道自己享有哪些权利，如何实现权利。民法典规定的权利类型有人格权、身份权、物权、债权、知识产权和股权等类型，在每一类权利之下，又有众多具体权利或者次级权利类型，如自然人的人格权包括生命权、身体权、健康权、姓名权、肖像权、名誉权、荣誉权、隐私权、婚姻自主权等具体权利，物权包括所有权、用益物权、担保物权，而用益物权又包括国有土地使用权、农村土地承包经营权、宅基地使用权、集体建设用地使用权、土地经营权、居住权、地役权等具体权利。要给广大群众盘点清楚可能享有的具体权利及其实现方式，更多地从自由、选择、活学活用的角度宣传权利。因为，权利即自由，多掌握一种权利，就多一种选择、多一种方法。比如，对于老年再婚者而言，知道了民法典新创设的居住权制度，就可以为无房的配偶设定居住权（需到登记部门登记），赋予配偶有生之年无偿居住的权利，以保障其晚年住房需要，同时给子女留下房屋所有权，从而比较好地平衡再婚配偶和子女的利益冲突。对于农村土地承包经营户而言，知道了民法典新规定的土地经营权制度，就可以通过创设土地经营权实现担保融资。再如，民法典对夫妻债务、遗嘱形式及效力等作出了实质性修改，这对于老百姓的权利实现有重大影响，需要重点普及。另一方面，要加强权利维护及其救济的宣传。权利需要维护，“有权不使，过期作废”在民事生活中是存在的，比如：对他人遗产的受遗赠权如果在知道受遗赠权后 60 日不明确表示接受，将被视为放弃受遗赠；基于重大误解实施的民事法律行为，行为人有权请求人民法院或者仲裁机构予以撤销，但重大误解的当事人自知道或者应当知道撤销事由之日起 90 日内没有行使撤销权的，撤销权消灭。权利受到侵犯后要及时行使救济权，超过诉讼时效（民法典规定的一般诉讼时效是 3 年）就得不到法律的保护。

其次，要重视权利界限的教育。需要特别强调的是，权力有边界，权利也有其界限；权力不得滥用，权利同样不得滥用。从我国的实践来看，权力滥用存在，权利滥用的现象也比较普遍。《日本民法典》第一条（基本原则）明确规定：私权应服从公共福利；行使权利及履行义务时，应恪守信义，诚实实行；不得滥用权利。在第三章所有权部分，第一节的标题即为“所有权的界限”，突出权利的界限。《德国民法典》第二百二十六条规定“权利的行使不得以损害他人为目的”，第九百零三条关于所有权人的权限的规定中，首先规定“在不违反法律和第三人利益的范围内，物的所有权人可以随意处分其物……”，第九百零四条规定了紧急状态情形对所有权的限制，第九百零五条规定了土地所有权的限度。《意大利民法典》第八百三十三条规定所有权人不得从事旨在损害或者骚扰他人的活动。第八百三十四条至第八百三十九条分别规定了为公共利益进行的征用、紧急情况征调及对有关企业的约束、物资储备、对涉及国民生产利益或者公共利益的财产实行的征收等财产权限制。《韩国民法》第二条（诚实信用）规定：权利的行使和义务的履行，应恪守信义，诚实履行；权利不得滥用。我国《民法典》第七条在规定“民事主体从事民事活动，应当遵循诚信原则，秉持诚实，恪守承诺”这一诚信原则的同时，在第一百三十二条又规定：“民事主体不得滥用民事权利损害国家利益、社会公共利益或者他人合法权益。”此外，第八十三条、第三百八十四条对营利法人出资人滥用出资人权利和法人独立地位，地役权人滥用地役权等作出了禁止性规定和相应的救济措施。总的来看，诚信是民法的帝王条款，禁止权利滥用是民法的基本精神，权利的正当行使是权利实现、利益协调、纠纷预防的重要方面。在民法典的普法过程中，一定要加强权利正当行使及不得滥用的教育，这对于权利意识、规则意识的形成至关重要，对于社会治理能力的提高、和谐社会的构建也至关重要。

最后，要重视民事义务的教育。《民法典》第一百三十一条规定：“民事主体行使权利时，应当履行法律规定的和当事人约定的义务。”义务即担当、责任，多明晰一些义务，就可能少一些纠纷、多一份担当和责任。民法规定的义务既可能是积极的作为，如承租方支付房租的义务；也可能是容忍他人权利行使的消极不作为义务，如不干涉他人行使房屋所有权；还可能是兼具权利属性的义务，如父母对未成年子女的抚养、教育和保护义务。民法典新设定的或予以明确的义务不少，掌握这些义务，就有利于减少矛盾、保障权利、维护和谐。比如，民法典规定了民政部门在特殊情形下的临时监护义务，这对于无缝隙保护无行为能力人或限制行为能力人有重大意义。再如，如果了解了民法典关于“物业服务人已经按照约定和有关规定提供服务的，业主不得以未接受或者无须接受相关物业服务为由拒绝支付物业费”的规定，就不至于以“未接受相关物业服务为由”和物业公司对簿公堂。当然，民法典对以往民事规定的延续，也不见得大家都已掌握。又如，很多人不知道儿媳对公婆、女婿对岳父母无法定赡养义务（也很难有继承遗产的权利），很多人不知道民法典规定的家庭成员仅仅包括配偶、父母、子女和其他共同生活的近亲属，不包括公婆和岳父母，以至于在家庭关系处理中对儿媳、女婿提出过高的要求，从而影响到家庭关系的妥当处理。民法倡导互相帮助、和睦相处的良好家风，但良好家庭关系的维护一定要在基本权利义务明晰的基础上，履职尽责、相互鼓励，追求更高的境界，不顾实际地一味拔高标准、出于自己的感情而给他人提出过高的要求往往适得其反。

民法是社会生活的百科全书。要让广大老百姓明权利、知义务，还需民法典的宣传教育再往基层走、往心里走。要贴近生活，突出家庭成员权利义务明晰、财富保障传承和风险防范需求，紧紧围绕大家最为关心的婚姻家庭、财产继承、小区业主权利行使和物业关系处理等展开，不仅要让老百姓知道如何维护权利，也要让其知道如何妥当履行义务；不仅要让其知道遵守法律，更要让其懂得活学活用民法合理安排生活、妥当处理关系，善于运用民法典修身齐家、和睦邻里、积累财富、稳妥交易、防范风险、处理纠纷，从而让生活美好幸福。

具体讲，通过民法典普法，要让老百姓知道在和谁打交道、交换的究竟是什么权利、交换是否有效，以及可能的风险。一是要知道和谁打交道。在改革开放之前及之后的一段时间，市场交易不多且主要发生在知根知底的熟人之间，因此，相对比较安全。但现在就不同了，市场舞台上活动的主体类型越来越多，有个人，有独资企业、合伙企业、公司，等等。你究竟在和谁打交道？谁为你负责，他能不能为你负责。你是在和个人打交道，还是在和企业打交道？比尔·盖茨有钱，并不代表他所设立的所有公司都很有实力，更不意味着他对他的公司的债务都要兜底。和你打交道的如果是公司，它的经营是否正常，是否存在不诚信记录，你在交易之前是否上企业信息网等网站了解过？为你提供担保的公司是不是被担保公司的关联公司，实践中一个人名下或实际控制多家甚至几十家公司的现象并不鲜见。好多善良的普通百姓，尤其是老年人投资上当，一辈子积攒的养老保命钱打了水漂，很多就是在对交易对手一无所知的情况下发生的。二是知道你到底交换了什么，能否得到想要的权利。交换主要是权利的交换。你用 200 万元买了一套房，你就是用货币所有权交换了房屋所有权及其国有土地使用权。这样说似乎很简单。但问题是，你款付了，房屋所有权和土地使用权取得了吗？或者能取得吗？实践中，有的房屋住进去好多年了，但至今仍办不了产权证。有些老百姓买了房子，房款也付完了，房子也住进去好几年了，但产权证没有办，突然有一天，接到法院强制执行通知，很多人纳闷这是什么状况？原来该房屋及其土地使用权已被开发商抵押担保贷款，开发商跑路，房子被强制执行。在很多老百姓的心目中，房款付完了，房子也住了好多年了，这房子肯定是他的了，但事实上并非如此，房屋所有权的取得以登记过户为前提。本书第三讲案例中，那个老人表面上和别人签的是投资协议，但实际上并不是投资，而是借贷，因为投资没有保本付固定收益的。也就是说，案件中的老人所取得的并不是投资性权利，而仅仅是一个债权。至于有的以房养老，则是用你的房子抵押取得贷款之后再用你的贷款投资理财，事实上你对房屋的权利及其房屋抵押取得的权利已处于失控状态。再比如，我们好多人不止一套房，有些人为了省事，就将多余的房子直接交给别人代为出租或者租给别人允许别人转租，什么证件、授权都给了别人，然后不再过问，结果可能是中间人提前多收了租金和押金后跑路了，或者你给中间人的租期到了后，找中间人找不着，房子也收不回来，因为中间人给别人的租期还没有到，拿了租金和押金后就不见人了。这也是典型的因为不了解风险而导致的权利失控状态。三是知道你的交易行为是否已经生效，以及如何才能实现你的交易目的。市场交换需要通过合同这一工具来实现。合同何时成立、生效、履行，以及不履行或不完全履行的法律后果等，既需要当事人的约定，也需要法律提供一般的规则，而这些规则往往比较复杂。实践中，不仅一些大公司的重大交易合同文本动辄百八十页，就是一般的房屋租赁合同文本，也越来越厚。对很多非专业人员来说，真是眼花缭乱、不知所云。但再复杂也要看下去，而且要认真、反复研究、琢磨，否则一时偷懒、后患无穷。近年来，有些人，尤其是老年人上当受骗的一个主要原因是看不懂合同、不懂得交易形式，有些老人甚至连合同文本看都没有看一眼，就签了字、盖了章。或者别人随便签个字、盖个章，就以为合同已经生效了，投资已经生效了，担保已经成立了，万事大吉了。其实，有些合同、投资、担保的生效往往还需要一些特殊手续，比如履行登记手续。四是知道你行为不当的后果有多严重、风险是否能够承受得了，以及如何控制、分散风险。现代社会是个风险社会，风险来源很多，不管你意识到还是没有意识到，风险都在那里，签订合同就有违约的风险，开车上路、生产销售商品，就会产生交通事故风险、产品质量风险。现代社会的风险很高，稍有不慎就可能血本无归、倾家荡产。在北上广等发达城市，开车不小心撞死一个人的赔偿风险在百万以上，即使在落后地区，也动辄三四十万元。而违约的后果有时更高，有些人签订合同时不怎么关注违约责任的约定，合同签署后也不怎么认真履行合同，有些甚至履行期过了几年也不当回事，而等对方一纸诉状告到法院才醒过来，原来违约赔偿的利息或违约金高得惊人，甚至超过了本金。实践中的很多办卡充值，本质上就是你先履行了自己的付款义务、丧失了货币所有权，至于别人义务的履行，就看别人的履行能力和诚信状况了，也就是说你对别人是否履行义务早已失去了控制能力，之后只能看别人脸色了。事先付款，你用什么保证对方一定提供服务、履行合同呢？事实上把风险完全留给了自己。我们买比较值钱的东西时，为什么要通过分期付款的方式，这不仅是有没有钱的问题，更主要是通过你的分期付款制约、促使对方履行他的义务，从而降低对方不履行合同的风险。

（二）对象上要突出对老年人等弱势群体的民法典普法

民法典与每一个人关系密切，因此，需要广泛宣传教育。但从近年来的纠纷类型、上当受骗及其他权益受损情况来看，老年人、小微企业的民法典普法工作应首先予以保障。

从近年来的新闻报道和纠纷类型来看，老年人已然是权益容易受到侵犯的一个主要群体。2021 年，全国老龄办、公安部等部门联合发布《关于养老领域非法集资的风险提示》，指出养老领域非法集资有四种表现形式，即以提供“养老服务”为名非法集资，以投资“养老项目”为名非法集资，以销售“老年产品”为名非法集资；以宣称“以房养老”为名非法集资，并指出各种非法集资的具体表现，比如以提供“养老服务”为名非法集资表现为明显超过床位供给能力承诺服务，以办理“贵宾卡”“会员卡”“预付卡”、预交“养老服务费用”等名义，以向会员收取高额会员费、保证金或者为会员卡充值等形式非法集资。而各种非法集资的主要风险是：高额利息无法兑现、资金安全无法保障、养老需求无法满足。无论是投资上当、集资诈骗，还是以房养老骗局，其对老年人及家庭的影响是巨大的。而基本民法知识缺乏，民事法律风险防范能力低是老年人权益受损的主要原因。对老年人的民法典普法，内容上应针对老年人权益受损的主要类型，突出讲清、讲透相关纠纷类型中的基本权利义务关系，尤其是导致老年人权利受损的主要法律风险点；形式上要结合老年人的特点和活动规律，走到老年人身边、走到老年人活动密集的地方去，用老年人喜闻乐见、易于接受的方式，通过典型案例解析等，让老年人对基本民事法律关系有所了解，切实提高风险防范能力。

民法典的普法还应突出对小微企业的特殊关照。“小微企业不仅是吸纳就业的‘主力军’，更是激励创新、带动投资、促进消费的重要‘生力军’。”[①] 但小微企业的法律意识、合规意识淡薄，依法防范风险能力低下。面对日益增加的法律顾问成本，小微企业的合规和风险防范需求很难通过自己聘用法律工作

---

① 《为何把支持小微企业发展摆到这么重要的位置？》，载中国政府网，http：//www.gov.cn/guowuyuan/2017-09/29/content_5228599.htm，2020 年 9 月 21 日访问。

人员或法律顾问形式得到满足。民法是市场经济的基本法，与企业关系非常密切。民法典的普法，应当专门针对小微企业进行规划设计，以物权担保、合同订立、违约及侵权风险防范等为重点，加大对小微企业普法的支持力度。

（三）推动民法普法优质资源向基层下沉

我国的优质法治教育资源主要分布在法学院校和研究机构比较集中的几个城市，如北京、上海等。北京市海淀区人民法院可以邀请到北大、清华、人大、法大、中国社会科学院等著名高校和法学研究机构的名家解读民法典，而这在很多中部，尤其是西部边远地区是很难实现的。前不久，中宣部等八部门印发通知，部署学习宣传民法典，要求“推动民法典进机关、进乡村、进社区、进学校、进企业、进单位”。贯彻落实中央要求，关键的一点就是如何保证普法优质资源向基层下沉。为此，建议中央普法主管部门根据民法典普法的要求，组织优质普法资源，开发个性化、多样化的普法产品，免费提供给地方，尤其是落后地方的基层单位使用。

通过普法，让我们的普通老百姓明白，我们每个人来到这个世界，从小到大，由大变老，要面对太多的第一次，太多的不明白，从进入婚姻殿堂之前如何对待婚姻自由，到结婚之后如何处理夫妻关系、父母子女关系、儿媳与公婆关系、女婿与岳父母关系，尤其是敏感复杂的婆媳关系，何况生活在这样一个快速变化的年代。遇到麻烦事、烦心事、新鲜事，该怎么办呢？我的建议是向作为“社会生活的百科全书”的民法典请教，向专业人员请教。因为民法典所规定的其实就是我们进行社会生活的基本准则，这是社会普遍认同的规则。在纷繁复杂的、剪不断理还乱的社会生活中，民法典为我们提供了解决问题的基本规则、基本思路。

案例解析

这是《中小学道德与法治案例手册》（四年级上册）（人民教育出版社）刊载的一则案例故事。该书在案例分析部分写道：通常情况下，隐私包括个人生活和行为所不愿公开的一切秘密，隐疾、住所、电话等都属于法定的隐私范围。相应地，保护个人隐私，防止他人刺探、侵扰、泄露、公开自己隐私的权利，即为隐私权。隐私权作为一项重要的人格权利，对于每个人来说都至关重要。

我国和世界上许多国家都将隐私权作为一种宪法权利加以保护。……本案例中黄玲家里的事情就是她个人生活中的事情，是她个人的隐私，她有权保护，任何人无权擅自传播或公开。如果没有经过黄玲的同意，擅自传播和公开她家的隐私，就侵犯了黄玲的隐私权。

其实，本案例故事中，孩子对父亲犯罪入狱、母亲生病的信息是否有隐私权并非没有不同看法。为此，我专门请教了几位民法专家。专家的意见如下：

专家一：从现有材料来看，这些信息属于隐私。首先是父母的隐私，如果父母选择不公开，孩子也不愿意公开，就也是孩子的隐私，涉及家庭生活经济状况等。

专家二：应该不是吧，至多属于信息范畴，从孩子利益角度来看，不能用它们损害孩子。

专家三：隐私以主观不想为外人知，客观外人还不知为条件，文明社会应设定自然人与他人的私人生活空间界限，尽量保护自然人私密信息，因此以为父亲被抓和母亲生病是孩子隐私。

专家四：从人格尊严的影响来判断，父亲被抓是孩子的隐私，母亲生病不是孩子的隐私。

另，登录某高级法院网站，发现公开的刑事判决书中，有的被告用了真名，有的作了隐名处理。请教法院的朋友，朋友回复说一般情况下对不公开审理的案件会作隐名处理，比如强奸案，猥亵儿童案等。

我们认为，目前的中小学法治教材和读物，总体而言取得了不小进步，图文并茂，故事性、趣味性都比较强。但与青少年健康成长的需求、法治中国及国家治理现代化的要求相比，还有不小的距离。突出表现在，一味地强调守法，缺少对法治精神、要义的阐发。法治包括立法、执法、司法、守法等诸多环节，法治的核心是规范约束公权力、保障私权利，因此，青少年的法治教育，不能总是停留在“守法”的层面，而应逐步强化立良法善规、正当程序、权责相当等方面能力的培养。就法治教育方法而言，应特别突出孩子们的参与、讨论、互动，要让孩子们在行动中学习，切实提高法治能力。比如，本案例中黄玲对其父亲被判刑入狱、母亲生病的信息是否有隐私权虽然多数学者赞同，但也没有完全形成一致意见。而且，如果肯定孩子对父亲犯罪入狱的信息有隐私权，那么高级法院网站公开刑事判决时对被告姓名作隐名化处理是不是更为妥当？

当然，可以说裁判文书公开了父亲犯罪入狱的信息，但未公开父亲与孩子关系的信息。因此，从保护孩子的角度讲，应对承认孩子对父亲犯罪入狱的信息有隐私权。但问题是，这样的高标准在实践中能否行得通，也就是说，如果本案中的郭军在没有取得黄玲同意的情况下，在学校公开了黄玲父亲犯罪入狱、母亲生病的信息，黄玲可以向法院起诉吗？法院能支持黄玲的诉讼请求吗？在法院公开裁判文书时还没有完全作隐名处理的今天，如何在现实中推进个人隐私和信息保护，值得深入探讨，毕竟权利保护的程度应与社会法治观念的提升程度相一致，不能过分扩大权利的保护范围、拔高权利保护的程度，否则可能出现欲速不达的后果。

就孩子的法治教育而言，这样具有争论的案例故事是最适合孩子们深入讨论、辩论的。因此，与其简单地、直截了当地告诉孩子们答案（何况还有不同意见），不如引导孩子们讨论，老师在总结孩子们意见的基础上概括提炼。

图书在版编目 (CIP) 数据

领导干部民法典十讲 / 刘锐著 . —2 版 . —北京：中国法制出版社，2022.5

ISBN 978-7-5216-2640-7

Ⅰ. ①领… Ⅱ. ①刘… Ⅲ. ①民法–法典–中国–干部教育–学习参考资料 Ⅳ. ① D923.04

中国版本图书馆 CIP 数据核字（2022）第 067208 号

责任编辑：程　思（chengsi@zgfzs.com）　　封面设计：杨泽江

领导干部民法典十讲

LINGDAO GANBU MINFADIAN SHIJIANG

著者 / 刘　锐

经销 / 新华书店

印刷 / 三河市紫恒印装有限公司

开本 / 710 毫米 ×1000 毫米　16 开　　印张 / 14.5　字数 / 240 千

版次 / 2022 年 5 月第 2 版　　2022 年 5 月第 1 次印刷

中国法制出版社出版

书号 ISBN 978-7-5216-2640-7　　定价：48.00 元

北京市西城区西便门西里甲 16 号西便门办公区

邮政编码：100053　　传真：010-63141600

网址：http://www.zgfzs.com　　编辑部电话：010-63141806

市场营销部电话：010-63141612　　印务部电话：010-63141606

（如有印装质量问题，请与本社印务部联系。）